Roland Pietsch

Beiträge zur deutschen Mystik

Roland Pietsch

Beiträge zur deutschen Mystik

2026

Harrassowitz Verlag · Wiesbaden

In Zusammenarbeit mit dem Hafis Institut.

Bibliografische Information der Deutschen Nationalbibliothek
Die Deutsche Nationalbibliothek verzeichnet diese Publikation in der Deutschen Nationalbibliografie; detaillierte bibliografische Daten sind im Internet über https://www.dnb.de/ abrufbar.

Bibliographic information published by the Deutsche Nationalbibliothek
The Deutsche Nationalbibliothek lists this publication in the Deutsche Nationalbibliografie; detailed bibliographic data are available on the internet at https://www.dnb.de/.

Informationen zum Verlagsprogramm finden Sie unter
https://www.harrassowitz-verlag.de

Gedruckt auf alterungsbeständigem Papier.
Druck und Verarbeitung: docupoint GmbH
Printed in Germany

ISBN 978-3-447-12485-0
eISBN 978-3-447-39756-8

Inhalt

Vorwort

Prof. Dr. Roland Pietsch beging in diesem Jahr sein Goldenes Doktorjubiläum, das im Rahmen eines akademischen Festakts der Universität Insbruck gewürdigt wurde. Roland Pietsch hat in den letzten 50 Jahren neben seiner Lehrtätigkeit an deutschen Universitäten verschiedene Länder in Zentralasien, die Ukraine und den Iran bereist und war dort als Gastprofessor tätig. Die gründliche Auseinandersetzung mit den Kulturen dieser Länder hat sein Verständnis der eigenen Kultur wesentlich geprägt. Dadurch erwuchs ihm ein vertieftes Verstehen der deutschen Geistesgeschichte, dass sich in zahlreichen Veröffentlichungen niedergeschlagen hat. Das Hafis-Institut veröffentlicht zu Ehren des Jubilars zehn Aufsätze von ihm, die alle der Geschichte der deutschen Mystik gewidmet sind. Das Hafis-Institut wünscht dem Jubilar weiterhin eine gute Gesundheit und viel Schaffenskraft und Freude bei seinen Forschungen.

Berlin, im September 2025

Andrea Röschke
Vorsitzende des Hafis-Instituts e.V.

Akbar Tarighat
Vorstandsmitglied des Hafis-Instituts e. V.

1 Meister Eckharts Lehre vom Ursprung und Ziel des Menschen

Meister Eckhart[1], der bedeutendste christliche Mystiker des Mittelalters, wurde um 1260 in Tambach bei Gotha in Thüringen als Sohn eines Ritters geboren. 1275 trat er in Erfurt in den Dominikanerorden ein, studierte dann wahrscheinlich an der Ordenshochschule (Studium generale) in Köln, wo er Albertus Magnus (gestorben 1280) kennenlernte. Im Jahr 1294 ist er an der Universität in Paris, wo er als lector sententiarum wirkt. Anschließen wurde er zum Prior im Dominikanerkloster in Erfurt gewählt und später zum Generalvikar des Ordens in Thüringen bestimmt. Von 1302 bis 1303 lehrt er erneut an der Universität in Paris, diesmal als Magister der Theologie. Diesen Auftrag nimmt er auch von 1311 bis 1313 wahr. In der Zwischenzeit wurde er zum Provinzial von Sachsen und zum Generalvikar des Ordens in Böhmen ernannt. Von 1314 bis 1324 wirkt er in Straßburg vor allem als Prediger in Frauenklöstern. 1325 wird er in Köln vom dortigen Erzbischof der Häresie angeklagt. Zu seiner Verteidigung begibt er sich 1327 nach Avignon, wo Papst Johannes XXII residiert. Hier stirbt er 1328, sein Grab ist unbekannt. Nach seinem Tod werden in der Bulle „In agro dominico" einige Sätze seiner Lehre verurteilt. Seine mystische Lehre wird indessen zum Teil unterirdisch von seinen Schülern und Ordensbrüdern Johannes Tauler, Heinrich Suso bis zu Martin Luther und Nicolaus Cusanus weitergegeben; und in den folgenden Jahrhunderten bis zu Valentin Weigel, Daniel von Czepko, Angelus Silesius. Nach einer Zeit des Vergessens werden seine Werke Anfang des 19. Jahrhunderts von Franz von Baader (1765–1841) und Franz Pfeiffer (1815–1868) wiederentdeckt, dadurch hat seine Lehre auch auf die Vertreter des deutschen Idealismus[2] gewirkt. Im 20. Jahrhundert sind besonders Martin Heidegger und zahlreiche andere Philosophen und Theologen weltweit von Meister Eckhart beeinflusst worden.

1 K. Ruh, Meister Eckhart: Theologe, Prediger, Mystiker, München 2018, Verlag C. H. Beck. K. H. Witte, Meister Eckhart: Leben aus dem Grunde des Lebens: eine Einführung, Freiburg i. Br. 2016. Herder.

2 Ernst Benz, Die Mystik in der Philosophie des deutschen Idealismus, in: Euphorion, Bd. 46, 1952, S. 280–300.

Über die ursprüngliche Einheit von Gott und Mensch

Meister Eckhart lehrt, dass der Mensch in seinem Innersten, im Grund seiner Seele und in der Tiefe seines Herzens schon immer mit der göttlichen Wirklichkeit und Wahrheit eins ist.

Dadurch aber, dass sich der Mensch mit seinem ichhaften Eigenwillen von dieser ursprünglichen Einheit abtrennt und sich nach außen in die Vielheit wendet, ist er der göttlichen Wirklichkeit nicht mehr gleich, sondern ungleich. Diese Ungleichheit vermag der Mensch einzig und allein durch Gelassenheit und Abgeschiedenheit zu überwinden. Gelassenheit und Abgeschiedenheit bedeuten, dass der Mensch sich von seinem Eigenwillen, das heißt von sich selbst, von allen Lebewesen und von allen Dingen loslösen und abtrennen muß. Durch dieses radikale Loslassen und Abtrennen findet er wieder zur Gleichheit und Einheit mit der göttlichen Wirklichkeit im Grunde seiner Seele zurück. Und diese göttliche Wirklichkeit im Grunde seiner Seele ist die höchste Abgeschiedenheit selbst, mit der er wieder eins wird. Das Loslassen des Menschen von sich selbst, von allen Lebewesen und von allen Dingen hat zum Ziel, von allen fremden Bildern leer zu werden, das heißt von allen Wahrnehmungen, Vorstellungen, Erkenntnissen, Absichten und Zwecken. Er muß von all diesen Bildern so vollkommen leer werden, »wie er war, da er noch nicht war *(als er was, dô er niht enwas)*«[3]. Meister Eckhart verweist damit auf den Ursprung des Menschen im uranfänglichen Sein der einen göttlichen Wirklichkeit selbst, die ein Nichts ist im Sinne eines über alles Sein hinausweisenden Überseins. »Wenn aber alle Bilder der Seele abgeschieden werden und sie nur noch das Eine schaut, dann findet das reine Sein der Seele – erleidend (passiv) in sich selbst ruhend – das reine, formenfreie Sein göttlicher Einheit, das ein überseiendes Sein ist *(Swenne aber alle bilde der selen abegescheiden werden vnd ›si‹ allein schowet das einig ein, so vindet das bloze wesen der seien das blose formlose wesen gotlicher einkeit, de do ist ein vberwesende wesen)*»[4], oder ein Nichts. Die Abgeschiedenheit als Leerwerden und Leersein von allen Bildern bezeichnet aber zugleich den geistigen Weg als Rückkehr zur Einheit mit dem göttli-

3 Meister Eckhart, Die deutschen und lateinischen Werke, hrsg. im Auftrag der Deutschen Forschungsgemeinschaft, Abt. I: Die deutschen Werke, Bd. I, hrsg. und übers, von Josef Quint, Stuttgart 1958, S. 434–25. Im Folgenden abgekürzt: DW. Die erste Seitenzahl bezieht sich auf die deutsche Übersetzung, die zweite auf den mittelhochdeutschen Urtext. Hinweise auf den gegenwärtigen Forschungsstand zum Leben, zu den Werken und zur Lehre des Meisters Eckhart sowie zu seinem Sprachstil und zur Werksrezeption (mit reichen Literaturangaben sind zu finden im Lexikon des Mittelalters, Bd. III, München und Zürich 1985, Sp. 1547–1552,- Lexikon für Theologie und Kirche, Bd. HI, Freiburg / Basel / Rom / Wien 1995, Sp. 443–446.

4 DW, III, S. 584–437 f.

chen Ursprung selbst. Diese Einheit mit dem überseienden Sein oder dem Nichts als Leerheit von allen fremden Bildern erfährt der Mensch im tiefsten Grunde seiner Seele, deren Grund in Wirklichkeit ein Grund ohne Grund ist.

Diese Einsichten nachzuvollziehen setzt sich dieser Beitrag zum Ziel. Um nahe an der Sprache des großen Mystikers zu bleiben und ihre Wiedergabe auf ihre Genauigkeit überprüfbar zu machen und dabei auch die Vielfalt von Wortbedeutungen zu verdeutlichen, werden den im heutigen Sprachstil dargebotenen Worten des Meisters Eckhart der mittelhochdeutsche Urtext angeschlossen. So dürfte es leichter möglich sein, seine Mystik und Metaphysik zu erfassen und zu verstehen.

Seelengrund und Gottesgrund

Meister Eckhart beschreibt den Seelengrund als das Innerste und Tiefste in der Seele des Menschen, das er auch als Bürglein der Seele, Fünklein der Seele, Kraft im Geiste oder Licht des Geistes bezeichnet, als ein Etwas, das »von allen Namen frei und aller Formen bloß, ganz ledig und frei *(von allen namen vrî und von allen formen blôz, ledic und vrî zemâle)*«[5] ist wie die göttliche Wirklichkeit in sich selber ledig und frei ist. Dieses Etwas ist »heimlich und verborgen *(gar heimlîches und verborgens)*«[6], »abgeschieden und abgelöst von allen Kreaturen *(abegescheiden und abegeloeset von allen crêatûren)*«[7] und »ganz und gar geistig *(zemâle geistlich)*«[8]. Der Seelengrund ist über aller Zeit und allem Raum und »weiß nichts vom Gestern noch vom Vorgestern, vom Morgen noch vom Übermorgen, denn in der Ewigkeit gibt es kein Gestern und Morgen, da gibt es vielmehr nur ‹ ein gegenwärtiges Nun; was vor tausend Jahren war und was nach tausend Jahren kommen wird, das ist da gegenwärtig und »ebenso« das, was jenseits des Meeres ist *(Si einweiz von gester noch êgester, von morne noch von übermorne, wan ez ist in der êwicheit weder gester noch morne, dâ ist ein gegenwertigez nû; daz vor tûsent jâren was und daz über tûsent jâr komen sol, daz ist dâ gegenwertic, und daz jensît mer ist)*»[9]. Weil der Seelengrund aber dies alles in einem gegenwärtigen Nun erkennen kann, ist er auch reines Erkennen, Licht und Vernunft in sich selbst. Licht und Vernunft werden von Meister Eckhart einander gleichgesetzt. Das Licht, das zugleich Vernunft ist, »ist ungeschaffen und unerschaffbar *(ungeschaffen und ungeschepfelich)*«[10]; es ist ein lauteres Licht, das in sich selbst ist und allezeit leuchtet. Es ist unermeßlich und

5 DW,I, S. 437–40.
6 DW, I, S. 457–123.
7 DW, III, S. 528–130.
8 DW, I, S. 435–32.
9 DW, I, S. 473–182 f.
10 DW, II, S. 713–418.

»so weit, dass es (der) Weite entwächst: es ist weiter als die Weite *(sô wît, daz ez der wîte entwahset; ez ist wîter dan diu wîte)*«[11]. Dieses Licht oder dieser intellectus purus (reine Vernunft) will grundsätzlich wissen, woher das reine göttliche Sein, das ja nicht ein Sein, sondern vielmehr ein reines Über-Sein ist, kommt; »es will in den einfaltigen Grund, in die stille Wüste *(ez will in den einvaltigen grunt, in die stillen wüeste)*«[12] scheinen, in der es keinen Unterschied mehr gibt. In diesem »Innersten, wo niemand daheim ist,« ist der intellectus purus oder das Licht »innerlicher, als es in sich selbst ist; denn dieser Grund ist eine einfaltige Stille *(inniger, dan ez in im selben sî; wand irre grunt ist ein einvaltic stille)*«[13] und das »einige Eine ... ohne Weise und ohne Eigenart *(einvaltic ein, âne alle wîse und eigenschaft)*«[14]. Dieses Eine ist in sich selbst unbeweglich, und »von dieser Unbeweglichkeit aber werden alle Dinge bewegt *(von dirre unbewegelicheit werdent beweget alliu dinc)*«[15], und aus ihr gehen alle Lebewesen und Dinge hervor. Dieser Seelengrund ist in seinem Innersten zugleich Gottes Grund oder mit den Worten Meister Eckharts: »Gottes Grund und der Seele Grund ›sind‹ ein Grund *(in dem grund der sele, da gottes grund vnd der sele grund ain grund ist)*«[16]. Mit Gott meint Eckhart in diesem Zusammenhang nicht den persönlichen Gott, sondern vielmehr die überpersönliche Gottheit. Dementsprechend ist der Grund Gottes der Grund, der Boden, der Strom und der Quell der Gottheit[17]. Dieser Grund oder »Abgrund seiner Gottheit *(abgrunt sîner gotheit)*«[18], der zugleich »eine Fülle aller Lauterkeit *(ein vüllede aller lûterkeit)*«[19] ist, wird von Eckhart auch Vater genannt, der »ein Beginn der Gottheit ›ist‹, denn er begreift sich selbst in sich selbst *(ain begin der gothait, wan er begriffet sich selber in im selber)*«[20]. Zugleich ist der Vater »ein innebleibendes Ende der Gottheit in dem eine lautere Ruhe ist und ein Rasten alles dessen, was je Sein gewann. Der Beginn ist um des letzten Endes willen, denn in dem letzten Ende ruht alles *(ain ende ist der gothait inne belibend ...da ain lûter ruw ist vnd ain rasten alles des, das wesen ie gewan. Das begin ist durch des endes willen, wan in dem lesten end ruwet alles das)*«[21]. Meister Eckhart hat die verschiedenen Anblicke dieser unbedingten göttlichen Wirklichkeit und ihrer ewigen Kundgebungen auf großartige Weise in seiner

11 DW, II, S. 551–261.
12 DW, II, S. 713–420.
13 DW, II, S. 713–421.
14 DW, I, S. 437–43 f.
15 DW, II, S. 713–421.
16 DW, I, S. 490–253.
17 Vgl. Meister Eckhart, Deutsche Predigten und Traktate. Hrsg. von Josef Quint, München 1963, S. 273. Im Folgenden abgekürzt: Quint.
18 DW, I, S. 476–194.
19 DW, I, S. 389–217.
20 DW, I, S. 490–252.
21 DW, I, S. 490–252.

metaphysischen Deutung von Exodus 3, 14 zusammengefasst: »Die Wiederholung: ich bin, der ich bin, zeigt die Lauterkeit der Bejahung unter Ausschluss jeder Verneinung von Gott an. Wiederum auch eine Art Rückwendung des Seins zu sich und auf sich selbst und ein Verharren oder Feststehen in sich, ferner aber gleichsam ein Aufwallen oder Sichselbstgebären – (das Sein ist) in sich brausend und in sich und auf sich fließend und wallend, Licht, das in Licht und zu (neuem) Licht (erstrahlt), das sich selbst ganz durchdringt, das von allen Seiten ganz auf sich selbst zurückfließt und -strahlt, nach dem Wort des Weisen: ›die Einheit zeugt – oder zeugte – die Einheit, und auf sich selbst strahlte sie ihre Liebe – oder ihre Glut – zurück'. Daher heißt es: »in ihm war das Leben (Joh. 1, 4). Leben nämlich bedeutet eine Art Überquellen, wodurch etwas in sich selber anschwillt und sich zuerst ganz und gar in sich selbst ergießt, jedes Teilchen mit sich selbst durchdringend, bevor es sich ausgießt und überwallt. Daher kommt es, dass das Ausfließen der Personen in der Gottheit der Grund für die Schöpfung ist und ihr vorangeht. Denn so (heißt es): »im Anfang war das Wort« und dann erst: »alles ist durch es geworden« (Joh. 1, 1.3) *(quod repetitio, quod bis ait: sum qui sum, puritatem affirmationis excluso omni negativo ab ipso deo indicat; rursus ipsius esse quandam in se ipsum et super se ipsum reflectivam conversionem et in se ipso mansionem sive fixionem;, adhuc autem quandam bullitionem sive parturitionem sui – in se fervens et in se ipso et in se ipsum liquescens et bulliens, lux in luce et in lucem se toto se totum penetrans, et se toto super se totum conversum et reflexum undique, secundum illud sapientis: ›monas monadem gignit – vel genuit – et in se ipsum reflexit amorem – sive ardorem‹. Propter hoc Ioh. 1 dicitur: ›in ipso vita erat‹. Vita enim quandam dicit exseritionem, qua res in se ipsa intumescens se profundit primo in se toto, quodlibet sui in quodlibet sui, antequam effundat et ebulliat extra. Hinc est quod emanatio personarum in divinis ratio est et praevia creationis. Sic enim Ioh. 1: ›in principio erat verbum‹, et post demum:›omnia per ipsum facta sunt‹)*«[22]. In diesem Quellen und Überquellen der göttlichen Urwirklichhkeit als einem ewigen Kreisen in sich und zu sich selbst ereignet sich von Ewigkeit her die »Geburt Gottes«.

Gottesgeburt und Durchbruch

Die Grundlage der Gottesgeburt liegt jenseits von allem Personsein Gottes in dem einen Grund Gottes und der Seele. Die Gottesgeburt ist Ausdruck der Gottessohnschaft aller Menschen in der ewigen Einheit von Gottesgrund und Seelengrund. Diese Einheit erklärt Meister Eckhart mit Hilfe der christlichen Lehre von der Dreifaltigkeit Gottes, wobei er alle dogmatischen Begrenzungen weit über-

22 Meister Eckhart, Die deutschen und lateinischen Werke, Abt. II, Bd.II, hrsg. von und übers, von Konrad Weiss, Stuttgart 1992, S. 21 f. Im Folgenden abgekürzt: LW.

schreitet. Die Gottesgeburt ereignet sich im Gottes- und Seelengrund. Meister Eckhart hat diesen uranfänglichen Grund auch als erste Ursache bezeichnet und aus eigenem Erleben eindrucksvoll beschrieben: »Als ich ›noch‹ in meiner ersten Ursache stand, da hatte ich keinen Gott, und da war ich Ursache meiner selbst; da wollte ich nichts und begehrte ich nichts, denn ich war ein lediges Sein und ein Erkenner meiner selbst im Genuss der Wahrheit. Da wollte ich mich selbst und wollte nichts sonst; was ich wollte, das war ich, und was ich war, das wollte ich, und hier stand ich Gottes und aller Dinge ledig *(Dô ich stuont in miner êrsten sache, dô enhâte ich keinen got, und dô was ich sache min selbes; dô enwolte ich niht, noch enbegerte ich niht, wan ich was ein ledic sîn und ein bekenner mîn selbes nâch gebrûchlîcher wârheit. Dô wollte ich mich selben und enwolte kein ander dinc; daz ich wollte, daz waz ich, und daz ich was, daz wollte ich, und hie stuont ich ledic gotes und aller dinge)*«[23]. Aus dieser ersten Ursache oder aus diesem »seinem Grund, aus seiner Wesenheit und aus seinem ›überseienden‹ Sein wird der Vater angetrieben zu gebären *(sînem grunde und von sîner wesunge und von sînem wesen wirt der vater beweget ze geberne)*«[24], und dieses Gebären oder diese Geburt wird »vom Vater im Grunde und im Innersten der Seele vollzogen«[25]. Diesen Grund hat Meister Eckhart auch als die eine Kraft in der Seele oder des Geistes bezeichnet: »In dieser Kraft ist Gott ganz so grünend und blühend in aller der Freude und aller der Ehre, wie er in sich selbst ist *(In dirre kraft ist got alzemâle grüenende und blüejende in aller der êre, daz er in im selber ist)*«[26], und »in dieser selben Kraft gebiert der Vater seinen eingeborenen Sohn so wahrhaft wie in sich selbst, denn er lebt wirklich in dieser Kraft, und der Geist gebiert mit dem Vater denselben eingeborenen Sohn und sich selbst als denselben Sohn und ist derselbe Sohn in diesem Lichte und ist die Wahrheit *(in dirre selber kraft ist der vater geberende sînen eingeborenen sun als gewaerlîche als in im selber, wan er waerlîche lebet in dirre kraft, und der geist gebirt mit dem vater den selben eingebornen sun und sich selber den selben sun und ist derselbe sun in disem* liehte *und ist diu wârheit)*«[27]. Und weiter: »Der ewige Vater gebiert seinen ewigen Sohn in dieser Kraft ohne Unterlass *(der êwige vater gebirt sînen ewigen sun in dirre kraft âne underlâz)*«[28]. Meister Eckhart geht dann noch einen Schritt weiter, wenn er feststellt »Er (Gott) gebiert mich als seinen Sohn und als denselben Sohn. Ich sage noch mehr: Er gebiert mich nicht allein als seinen Sohn; er gebiert mich als sich und sich als mich ... Alles, was Gott wirkt, das ist Eins. Darum gebiert er mich als seinen Sohn ohne Unterschied *(er gebirt mich*

23 DW, II, S. 728–492.
24 DW, II, S. 686–263.
25 Quint, S. 426.
26 DW, I, S. 435–32.
27 DW, I, S. 437–41.
28 DW, I, S. 436–32.

sînen sun und den selben sun. Ich spriche mêr: er gebirt mich niht aleine sînen sun, mêr: er gebirt mich sich und sich mich ... Allez, waz got würket, daz ist ein; dar er mich sînen sun âne allen underscheit)«[29]. Dieses Gebären des Sohnes, das sich auf alle umbe gebirt Menschen bezieht und sich ausnahmslos von Ewigkeit her in allen Menschen ereignet, ist zugleich Ausdruck der göttlichen Liebe, die Gott selbst ist. Gott »liebt uns mit derselben und gleichen Liebe, mit der er sich selbst, seinen gleichewigen Sohn und den Heiligen Geist liebt *(qui eodem et pari amore, quo se ipsum, filium suum coaeternum et spiritum sanctum diligit sive amat, nos amat)*«[30]. Für Meister Eckhart ist diese göttliche Liebe ein Wunder, das er immer wieder von neuem preist. »Merkt auf dies Wort: ›Gott liebt‹. Welch Wunder! Was ist Gottes Liebe? Seine Natur und sein Sein: das ist seine Liebe. Wer Gott dessen beraubte, dass er uns liebt, der raubte ihm sein Sein und seine Gottheit, denn sein Sein hängt daran, dass er mich liebt. Und in dieser Weise geht der Heilige Geist aus. Bei Gott! Was für ein Wunder ist dies! Liebt mich Gott mit seiner ganzen Natur – die nämlich hängt daran -, so liebt mich Gott recht so, als hänge sein Werden und sein Sein daran. Gott hat nur eine Liebe: mit eben dieser selben Liebe, mit der der Vater seinen eingeborenen Sohn liebt, mit der liebt er mich *(Merket diz wort: ›got minnet. Ein wunder! Waz ist gotes minne? Sîn natûre und sîn wesen: daz ist sîn minne. Der gote daz benaeme, daz er uns minnet, dex benaeme im sîn wesen und sîne* gotheit, *wan sîn wesen swebet dar ane, daz ex mich minnet. Und in dirre wîse sô gât ûz der heilige geist. Got segen! Waz wundexs ist diz! Minnet mich got mit aller sîner natûre – wan diu hanget hie ane – sô minnet mich got rehte, als sîn gewerden und sîn wesen dar ane hange. Got enhât niht wan eine minne: mit der selben minne, dâ der vater sînen eingebornen sun mite minnet, dâ mite minnet ex mich)*«[31]. Das göttliche Gebären und Lieben als ewiges Wirken der Einheit ist somit ein einziger Vorgang im Gottes- und Seelengrund oder in der Kraft, die den Menschen mit unbegreiflich großer Freude erfüllt. »Besäße ein Mensch ein ganzes Königreich oder alles Gut der Erde und gäbe das lauterlich um Gottes willen hin und würde der ärmsten Menschen einer, der irgendwo auf Erden lebt, und gäbe ihm dann Gott so viel zu leiden, wie er je einem Menschen gab, und litte er alles dies bis an seinen Tod, und ließe ihn dann Gott einmal nur mit einem Blick schauen, wie er in dieser Kraft ist: – seine Freude würde so groß, dass es an allem diesem Leiden und an dieser Armut immer noch zu wenig gewesen wäre. Ja, selbst wenn Gott ihm nachher nimmermehr das Himmelreich gäbe, er hätte dennoch allzu großen Lohn empfangen für alles, was er je erlitt *(Haete ein mensche ein ganzez künicrîche odex allez daz guot von ertrîche und lieze daz lûterlîche durch got und würde der ermesten*

29 DW, I, S. 454- 109 f.

30 LW, IV, S. 53.

31 DW, II, S. 690–287.

menschen eier, der ûf ertrîche ienex lebet, und gaebe im denne got alsô vil ze lîdenne, als er ie menschen gegap, und lite er allez diz unz an sînen tôt und gaebe im dene got einen blik ze einem male ze schouwenne, wie er in dirre kxaft ist: sîn vröude würde alsô grôz, daz alles diss lîdens und armüetes waexe nochdenne ze kleine. Jâ, engaebe im joch got her nâch niemer mê himelrîches, er haete nochdenne alzegrôzen lôn enpfangen umbe allez, daz er ie geleit; wan got in dirre kraft als in dem êwigen nû)«[32]. Und weiter sagt Eckhart: »Wäre der Geist des Menschen« allzeit mit Gott in dieser Kraft vereint, der Mensch könnte nicht altern; denn das Nun, darin Gott den ersten Menschen schuf, und das Nun, darin der letzte Mensch vergehen wird, und das Nun darin ich spreche, die sind gleich in Gott und sind nichts als ein Nun. Nun seht, dieser Mensch wohnt in einem Lichte mit Gott; darum ist ihm weder Leiden noch Zeitfolge, sondern eine gleich bleibende Ewigkeit. Diesem Menschen ist in Wahrheit alles Verwundern abgenommen, und alle Dinge stehen wesenhaft in ihm. Darum empfängt er nichts Neues von künftigen Dingen noch von irgendeinem (Zufall), denn er wohnt in einem Nun, allzeit neu, ohne Unterlaß. Solche göttliche Hoheit ist in dieser Kraft *(Waere der geist alle zît mit gote in dirre kraft, der mensche enmöhte niht altern; wan daz nû, dâ got den êrsten menschen inne machete, und daz nû, dâ der leste mensche inne sol vergân, und daz nû, dâ ich inne spriche, diu sint glîch in gote und enist niht dan ein nû. Nû sehet, dirre mensche wonet in einem liehte mit gote; dar umbe enist in im noch lîden noch volgen sunder ein glîchiu êwicheit. Disem menschen ist in der wârheit wunder abe genomen, und alliu dinc stânt weselîche in im. Dar umbe enpfaehet er niht niuwes von künftigen dingen noch von keinem zuovalle, wan er wonet in einem nû alle zît niuwe âne underlâz. Alsolîchiu götlîchiu hêrschaft ist in dirre kraft)*«[33]. In ihr herrscht eine »so große Freude und so große unermeßliche Wonne, dass es niemand erschöpfend auszusagen oder zu offenbaren vermag *(alsô grôziu vröude und alsô grôziu, unmaezigiu wunne, daz nieman vollen dar abe gesprechen noch geoffenbâren kann)*«[34]. Diese vollkommene Freude und Glückseligkeit übersteigt alle natürlichen Freuden des Menschen, denn sie überschreitet »alle Geschaffenheit und Zeitlichkeit und alles Sein *(alle geschaffenheit und alle zîtlicheit und allez wesen)*«[35]. Diese Gottesgeburt mit all ihrer Freude und Glückseligkeit ereignet sich im Menschen unabhängig davon, ob er will oder nicht. Die Tatsache, dass viele Menschen von dieser Geburt in ihrem Innersten nichts wissen und nichts empfinden, erklärt Eckhart damit, dass er sagt, die Zunge solcher Menschen sei mit anderem Schmutz beklebt, das heißt, diese Menschen sind im Äußerlichen gefangen[36]. Sie müssen sich vom Schmutz

32 DW, I, S. 436–32 ff.
33 DW, I, S. 436–34 f.
34 DW, I, S. 436–36.
35 DW, II, S. 696–309.
36 Vgl. DW, I, S. 520–387.

des Äußerlichen reinigen und befreien und sich nach innen zum Gottes- und Seelengrund wenden, um durch diese Innenwendung zum Durchbruch durch die äußere Schale bis in die innerste Gottesgeburt zu gelangen, die in allen Menschen ja immer schon in alle Ewigkeit verborgen leuchtet. Der Durchbruch selbst ereignet sich wie ein Blitzschlag. Die Kraft und der Geist muß »alle Vielheit durchbrechen, und er wird .dann« von Gott durchbrochen,- ebenso aber, wie er mich durchbricht, so wiederum durchbreche ich ihn. Gott leitet diesen Geist in die Wüste und in die Einheit seiner selbst, wo er ein lauteres Eines ist und ›nur noch« in sich selbst quillt. Dieser Geist hat kein Warum ›mehr‹; sollte er aber irgendein Warum haben, so müßte ›auch‹ die Einheit ihr Warum haben. Dieser Geist steht in Einheit und Freiheit *(alle menige durchbrechen, und er wirt von gote durchbrochen; und alsô, als er mich durchbrichet, also durchbriche ich in wider. Got leitet disen geist in die wüstunge und in die einicheit sîn selbes, da er ein lûter ein ist und in im selben quellende ist. Dirre geist hat kein warumbe, und sölte er dehein warumbe haben, sô müeste diu einichet ir warumbe haben. Dirre geist stât in einicheit und in vrîheit)«*[37]. Im Durchbrechen aber, »wo ich ledig stehe meines eigenen Willens und des Willens Gottes und aller seiner Werke und Gottes selber, da bin ich über allen Kreaturen und bin weder ›Gott‹ noch Kreatur, bin vielmehr was ich war und was ich bleiben werde jetzt und immerfort. Da empfange ich einen Aufschwung, der mich bringen soll über die Engel. In diesem Aufschwung empfange ich so großen Reichtum, dass Gott mir nicht genug sein kann mit allem dem, was er als ›Gott‹ ist, und mit allen seinen göttlichen Werken; denn mir wird in diesem Durchbrechen zuteil, dass ich und Gott eins sind. Da bin ich, was ich war, und da nehme ich weder ab noch zu, denn ich bin da eine unbewegliche Ursache, die alle Dinge bewegt *(dâ ich ledic stân mîn selbes willen und des willens gotes und aller sîner werke und gotes selben, sô bin ich ob allen crêatûren und enbin weder got noch crêatûre, mêr: ich bin, daz ich was und daz ich bliben sol nû und iemermê. Dâ enpfâhe ich einen îndruk, der mich bringen sol über alle engel. In disem îndruke enpfâhe ich sôgetâne rîcheit, daz mir niht genuoc enmac gesîn got nâch allem dem, daz er ›got‹ ist, und nach allen sînen götlîchen werken. Dâ bin ich, daz ich was, und dâ nime ich weder abe noch zuo, wan ich bin dâ ein unbewegelîchiu sache, diu alliu dinc beweget)«*[38]. Wenn Meister Eckhart seine Schüler auffordert, geduldig auf diesen Durchbruch der Gottesgeburt in der Tiefe des eigenen Herzens zu warten, dann meint er mit dem Warten im eigentlichen Sinn des Wortes den geduldigen und stetigen Weg des Menschen in seine Gelassenheit und vollkommene Abgeschiedenheit, wo er in seinem verborgenen innersten Grund mit der göttlichen Wirklichkeit immer schon

37 DW, II, S. 652–76 f.
38 DW, II, S. 730–504 f.

eins ist. Diesen innersten einfaltigen Grund bezeichnet Meister Eckhart auch als »stille Wüste *(stillen wüeste)*«[39] oder »unergründliches Meer *(ungrüntlich mer)*«[40].

Gelassenheit

Damit der Mensch aber wieder in diese stille Wüste, in das unergründliche Meer oder in seine erste uranfängliche Ursache zurückkehren kann, muss er alle Hindernisse beseitigen, die dem entgegenstehen. Das größte Hindernis ist der Eigenwille. Den eigenen Willen loszulassen bedeutet, sich selber loszulassen, die Welt und alle Dinge loszulassen und schließlich Gott um Gottes willen loszulassen.

Meister Eckhart erklärt das Loslassen oder die Gelassenheit, indem er in seinen »Reden der Unterweisung« zunächst von Menschen spricht, die sich selber noch nicht losgelassen haben. Solche »ungelassenen« Leute sprechen und denken: »Ach, ja, Herr, ich möchte gern, dass ich auch so gut zu Gott stünde und dass ich ebensoviel Andacht hätte und Frieden mit Gott, wie andere Leute haben, und ich möchte, mir ginge es ebenso oder ich wäre ebenso arm, oder: Mit mir wird's niemals recht, wenn ich nicht da oder dort bin und so oder so tue, ich muß in der Fremde leben oder in einer Klausur oder in einem Kloster. *(Die Menschen sprechent: ›eyâ, herre, ich wölt gerne, daz mir alsô wol mit gote waere und alsô vil andâht haete und vride mit gote, als ander liute hânt, und wölte, daz mir alsô waere oder ich alsô arm sî‹, oder: ›mir enwirt niemer reht, ich ensî denne dâ oder dâ und tuo sus oder sô, ich muoz in ellende sîn oder in einer klûsen oder in einem klôster‹)*«[41]. Meister Eckhart sieht hinter dieser Art zu denken und zu sprechen nichts anderes als Ichhaftigkeit und Eigenwille. »Wahrlich, darin steckt überall dein Ich und sonst ganz und gar nichts. Es ist der Eigenwille, wenn zwar du's auch nicht weißt und es dich auch nicht so dünkt: niemals steht ein Unfriede in dir auf, der nicht aus dem Eigenwillen kommt, ob man's nun merke oder nicht. Was wir da meinen, der Mensch solle dieses fliehen und jenes suchen, etwa diese Stätten und diese Leute und diese Weise oder diese Menge oder diese Betätigung – nicht das ist schuld, dass dich die Weise oder die Dinge hindern: du bist ›vielmehr‹ selbst in den Dingen, was dich hindert, denn du verhältst dich verkehrt zu den Dingen. *(In der wârheit, diz bist dû allez selber und anders niht zemâle. Ez ist eigener wille, aleine enweist dû es niht oder endünket dich es niht: niemer enstât ein unvride in dir ûf, ez enkome von eigenem willen, man merke ez oder man enmerke ez niht, Swaz wir daz meinen, daz der mensche disiu dinc sol vliehen und jeniu sol suochen – daz sint die stete und die liute und die wîse oder*

39 DW, II, S. 713–420.
40 DW, I, S. 457- 121.
41 DW, V, S. 506- 191.

diu menige oder diu werk -, daz enist niht schult, daz dich diu wîse oder diu dinc hindernt: dû bist ez in den dingen selber, daz dich hindert, wan dû helfest dich unordenlîche in den dingen)«[42]. Angesichts dieser Ichverhaftung und Eigenwilligkeit fordert Meister Eckhart nachdrücklich: »Darum fang zuerst bei dir selbst an und laß dich! Wahrhaftig, fliehst du nicht zuerst dich selbst, wohin du sonst fliehen magst, da wirst du Hindernis und Unfrieden finden, wo immer es auch sei. Die Leute, die da Frieden suchen in äußeren Dingen, sei's an Stätten oder in Weisen, bei Leuten oder in Werken, in der Fremde oder in Armut oder in Erniedrigung – wie eindrucksvoll oder was es auch sei, das ist dennoch alles nichts und gibt keinen Frieden. Sie suchen völlig verkehrt, die so suchen. Je weiter weg sie in die Ferne schweifen, umso weniger finden sie, was sie suchen. Sie gehen wie einer, der den Weg verfehlt: je weiter der geht, um so mehr geht er in die Irre. Aber was soll er denn tun? Er soll zuerst sich selbst lassen, dann hat er alles gelassen. Fürwahr, ließe ein Mensch ein Königreich oder die ganze Welt, behielte aber sich selbst, so hätte er nichts gelassen. Läßt der Mensch aber von sich selbst ab, was er auch dann behält, sei's Reichtum oder Ehre oder was immer, so hat er alles gelassen. *(Dar umbe hebe an dir selber an ze dem êrsten und lâz dich. In der wâhrheit, dû envliehest dich denne ze dem êrsten, anders, swâ dû hine vliehest, da vindest dû hindernisse und unvride, ez sî, swâ daz sî. Die liute, die vride suochent in ûzwendigen, ez sî an steten oder an wîsen oder an liuten oder an werken oder daz ellende oder diu armuot oder smâcheit, swie grôz diu sî oder swaz daz sî, daz ist dennoch allez nihtes noch engibet keinen vride. Sie suochent alles unrehte, die alsô suochent: ie verrer sie ûzgânt, ie minner sie vindent, daz sie suochent. Sie gânt als einer, der eines weges vermisset: ie verrer er gât, ie mêr er irret. Mêr: waz sol er tuon? Er sol sich selber lâzen ze dem êrsten, sô hât er alliu dinc gelâzen. In der wârheit, lieze en mensche ein künicrîche oder alle die werlt und behielte sich selber, so enhaete er nihtes gelâzen. Jâ, und laezet der mensche sich selber, swaz er denne beheltet, ez sî rîchtuom oder êre oder swaz daz sî, so hat er alliu dinc gelâzen)*«[43]. Meister Eckhart geht dann auf die Worte des heiligen Petrus ein: »Sieh, Herr, wir haben alles gelassen«[44]. Er stellt zunächst fest, dass Petrus doch nur sein Netz und Schiff verlassen habe und deutet dieses Lassen mit folgenden Worten: »Wer das Kleine willig läßt, der läßt nicht nur dies, sondern er läßt alles, was weltliche Leute gewinnen, ja selbst, was sie nur begehren können. Denn wer seinen Willen und sich selbst läßt, der hat alle Dinge so wirklich gelassen, als wenn sie sein freies Eigentum gewesen wären und er sie besessen hätte mit voller Verfügungsgewalt. Denn was du nicht begehren willst, das hast du alles hingegeben und gelassen um Gottes willen. Darum sprach unser Herr: »Selig sind die Armen im Geist« ›Matth. 5, 3‹, das heißt: an Willen.

42 DW, V, S. 506 f.–192 f.

43 DW, V, S. 507–193 f.

44 Mt 19, 27.

Und hieran soll niemand zweifeln: Gäb's irgendeine bessere Weise, unser Herr hätte sie genannt, wie er ja auch sagte: »Wer mir nachfolgen will, der verleugne zuerst sich selbst« ›Matth. 16, 24‹; daran ist alles gelegen. Richte dein Augenmerk auf dich selbst, und wo du dich findest, da laß von dir ab; das ist das Allerbeste. Du mußt wissen, dass sich noch nie ein Mensch in diesem Leben so weitgehend gelassen hat, dass er nicht gefunden hätte, er müsse sich noch mehr lassen. Der Menschen gibt es wenige, die das recht beachten und darin beständig sind. Es ist ein gleichwertiger Austausch und ein gerechter Handel: So weit du ausgehst aus allen Dingen, so weit, nicht weniger und nicht mehr, geht Gott ein mit all dem Seinen, dafern du in allen Dingen dich des Deinen völlig entäußerst. Damit heb an, und laß dich dies alles kosten, was du aufzubringen vermagst. Da findest du wahren Frieden und nirgends sonst *(swer daz kleine williclîche laezet, der enlaezet ez niht aleine, mêr: er laezet allez, daz werltlîche liute mügen gewinnen, jâ, ouch, daz sie mügen begern; wan, der sînen willen und sich selber laezet, der hât alliu dinc gelâzen als waerlîche, als sie sîn vrî eigen waeren und sie besezzen haete in ganzem gewalte. Wan, daz ûu niht enwilt begern, daz hâst dû allez übergeben und gelâzen durch got. Dar umbe sprach unser herre: ›saelic sint die armen des geistes‹, daz ist des willens. Und hier ane ensol nieman zwîvelen: waere dehein bezzer wîse, unser herre haete sie gesprochen, als er ouch sprach: ›swer mir welle nâchvolgen, der verzihe sich sîn selbes ze dem êrsten; dâ liget ez allez ane. Nim dîn selbes war, und swâ dû dich vindest, dâ lâz dich; daz ist daz aller beste. Dû solt wizzen, daz sich nie dehein mensche sô vil geliez in disem lebene, er envünde sich dennoch mêr ze lâzenne. Der luute ist wênic, die des rehte war nement und dar ane bestânt. Ez ist rehte ein glîch widergelt und glîcher kouf: als vil dû ûzgâst aller dinge, als vil, noch minner noch mêr, gât got ıin mit allem dem sînen, als dû zemâle ûzgâst in allen dingen des dînen. Dâ hebe ane, und daz lâz dich kosten allez, daz dû geleisten maht. Dâ vindest dû wâren vride und niendert anderswâ)*«[45]. Dieses Sich-Selber-Lassen ist die Voraussetzung für den mystischen Aufstieg, der in Wirklichkeit ein Weg nach Innen ist, so tief, bis es keinen Unterschied mehr zwischen Außen und Innen gibt. Den mystischen Weg nach Innen hat Eckhart mit Hilfe des folgenden Textes aus dem Lukas-Evangelium erklärt: »Unser Herr Jesus Christus ging hinauf in ein Burgstädtchen und ward empfangen von einer Jungfrau, die ein Weib war *(unser herre Jêsus Kristus der gienc ûf in ein bürgelîn und wart empfangen von einer juncvrouwen, diu in wîp was)*«[46]. In diesem Satz bedeutet der Aufstieg Jesu in das Burgstädtchen, dass Gott selbst in das Burgstädtchen einkehren will. Das Burgstädtchen ist aber das Sinnbild für das Innerste des Menschen. Gott wird dort von einer Jungfrau empfangen, die einen Menschen symbolisiert, »der von allen fremden Bildern ledig ist, so ledig, wie er war, da er noch nicht war *(der von allen*

45 DW, V, S. 507-195 f.
46 Lk 10, 38.

vremden bilden ledic ist, alsô ledic, als er was, dô er niht enwas)«[47], das heißt in vollkommener Einheit mit dem göttlichen Ursprung oder der ersten Ursache selbst. Um dorthin gelangen zu können, müssen die Menschen von allem ablassen, was sie daran hindert. Der erste und wichtigste Schritt dafür ist das Sich-Selber-Lassen, das wiederum die Voraussetzung dafür ist, die Welt und alle Dinge zu lassen. Das ist aber »eine schwere Aussage für diejenigen, die sich dieser Welt und materiellen Dingen zugewandt haben: für die sind diese gar süß zu besitzen, und schwer und bitter zu lassen. Hieran kann man erkennen, wie schwer es gewissen Leuten fällt, von allen materiellen Dingen abzulassen. … Demgegenüber fällt es einem einsichtsvollen Menschen, der geistige Dinge erkennt, leicht, von allen materiellen Dingen abzulassen *(daz ist ein swaeriu rede den, die sich geneiget hânt ûf diese werlt und ûf lîplîchiu dinc: den sint sie gar süeze ze habenne und swaere und bitter ze lâzenne. Hie bî mac man merken, wie swaere etlîchen liuten sint ze lâzenne alliu lîplîchiu dinc, die geistlicher dinge niht enbekennent. … Alsô ist dâ enge-gen einem bekanten menschen lîhte ze lâzenne alliu lîplîchiu dinc, der geistlîchiu dinc bekennet)*«[48]. Aus dieser Sicht rät Eckhart seinen Zuhörern, die Welt und ihre Dinge einfach nicht zu beachten. »Die Seele, die Gott finden soll, die muß alle Kreaturen überhüpfen und überspringen *(Diu sêle, diu got vinden sol, diu muoz überhüpfen und überspringen alle crêatûren)*«[49]. Die Kreaturen und die ganze geschöpfliche Welt »sind ein reines Nichts *(sint ein lûter niht)*[50]«; sind deshalb ein Nichts, weil sie kein eigenes Sein haben, »denn ihr Sein hängt an der Gegenwart Gottes. Kehrte sich Gott nur einen Augenblick von allen Kreaturen ab, so würden sie zunichte *(wan ir wesen swebet an der gegenweiticheit gotes. Kêrte sich got ab allen crêatûren einen ougenblik, sô würden sie ze nihte)*«[51]. Weil aber die Kreaturen und alle Dinge ihr Sein von Gott empfangen, leuchtet in ihnen auch das Leben Gottes. Der Mensch, der sich selbst und alle Dinge gelassen hat, erkennt in ihnen die Wirklichkeit, die ihnen ihr Sein gibt. Der gelassene Mensch nimmt deshalb Gott in allen Dingen wahr, denn »Gott ist in allen Dingen. Je mehr er in den Dingen ist, um so mehr ist er außerhalb der Dinge; je mehr drinnen, um so mehr draußen, und je mehr draußen, um so mehr drinnen *(Got ist in allen dingen. Ie mê er ist in den dingen, ie mê er ist ûz den dingen: ie mê inne, ie me ûze, ie mê inne)*«[52]. Und dadurch werden dem Menschen alle Dinge lauter Gott51. Gott aber »ist die Wahrheit und ein Licht in sich selbst. … In allen seinen Werken ist er ledig und frei und wirkt sie aus echter Liebe *(Got der ist diu wârheit und ein lieht in im selber. … in allen sînen werken ist er lediec und vrî und würket sie*

47 DW, I, S. 434–25.
48 DW, II, S. 750–610 f.
49 DW, III, S. 535–163.
50 DW, I, S. 444–69.
51 DW, I, S. 444–70.
52 DW, II, S. 657–94.

ûz rehter minne)«[53]. »Die Liebe[54] aber hat kein Warum *(die minne enhât kein warumb)*«[55]. Ebenso wirkt auch der Mensch, der mit Gott vereint ist, und er »steht auch ledig und frei in allen seinen Werken und wirkt sie allein Gott zu Ehren und sucht das Seine nicht, und Gott wirkt es in ihm *(stât ouch ledic und vrî in allen sînen werken und würket sie aleine gote ze êren und ensuochet des sî niht, und got der würket ez in ihm)*«[56]. Dieses selbstvergessene Wirken des Menschen, das im Sich-Selber-Lassen und damit auch im Lassen der Welt und aller Dinge gründet, führt in die göttliche Wirklichkeit, der sich der Mensch ganz überläßt. »Die Menschen, die sich Gott überlassen und mit allem Fleiß nur seinen Willen suchen, was immer Gott einem solchen Menschen gibt, das ist das Beste; sei dessen so gewiß, wie dass Gott lebt, dass es notwendig das Allerbeste sein muß und dass es sonst keine Weise geben könnte, die besser wäre. Mag es auch sein, dass doch etwas anderes besser scheine, so wäre es für dich doch nicht so gut; denn Gott will eben diese Weise und nicht eine andere, und diese Weise muß notwendig für dich die beste Weise sein *(die menschen, die sich ze gote lâzent und sînen willen aleine suochent mit allem vlîze, swaz got dem menschen gibet, daz ist das beste; dû sîst des gewis als daz got lebet, daz ez von nôt daz aller beste muoz sîn und daz kein wîse anders möhte gesîn, diu bezzer waere. Swie daz sî, daz doch ein anderz bezzer schîne, sô enwaere ez dir doch niht als guot, wan got will diese wîse und niht ein ander wîse, und diusiu wîse muoz von nôt dir diu beste wîse sîn)*«[57]. Dieses Sich-Gott-Überlassen besteht vor allem darin, sich dem Willen Gottes zu überlassen. »Der Mensch, der in Gottes Willen steht und in Gottes Liebe, dem ist es lustvoll, alles das zu tun, was Gott lieb ist, und alles das zu lassen, was wider Gott ist; und ihm ist's unmöglich, irgend etwas zu unterlassen, was Gott getan haben will, wie irgend etwas zu tun, was wider Gott ist. ... Der Mensch, der sich selbst und die Dinge gelassen hat, der des Seinen nichts an irgendwelchen Dingen sucht und alle seine Werke ohne Warum und ›nur‹ aus Liebe tut, ein solcher Mensch ist für die ganze Welt tot und lebt in Gott und Gott in ihm *(Der mensche, der dâ stât in gotes willen und in gotes minne, dem ist lustlich alliu dinc ze tuonne, diu gote liep sint, und alliu dinc ze lâzenne, diu wider got sin;, und im ist als unmügelich dehein dinc zu lâzenne, daz got geworht wil haben, als dehein dinc zu tuonne, daz wider got ist. ... Der mensche, der sich selben und alliu dinc gelâzen hât, der des sînen niht ensuochet an deheinen dingen und würket alliu sîniu werk âne warumbe und von minne, der mensche ist tôt aller der werlt und lebet in gote und got in im)*«[58]. Wie aber kann der Mensch wissen, was der Wille Gottes ist? Meister Eckhart ant-

53 Vgl. Quint, S. 437.
54 DW, I, S. 430–9.
55 DW, II, S. 649–59.
56 DW, I, S. 430–9.
57 DW, I, S. 442–61.
58 DW, II, S. 653–79 f.

wortet auf diese Frage: »Wäre es auch bloß für einen Augenblick nicht Gottes Wille, so wäre es auch nicht; es muß »vielmehr« stets sein Wille sein *(und enware ez gotes wille niht einen ougenblik, sô enware ez niht; ez muoz iemer sîn wille sîn)*«[59]. Damit will der Meister sagen, dass alles das, was geschieht, Gottes Wille ist. Dieser Wille Gottes ist das Allerbeste für den Menschen, und dementsprechend erachtet Meister Eckhart es »besser denn alles: dass sich der Mensch gänzlich Gott überlasse, so dass, wenn immer Gott irgend etwas ihm aufbürden wolle, sei's Schmach, Mühsal oder was es sonst für ein Leiden sei, er es mit Freuden und Dankbarkeit hinnehme und sich mehr von Gott führen lasse, als dass der Mensch sich selbst darein versetze. Und darum lernet gern von Gott in allen Dingen und folget ihm, so wird's recht mit euch (*daz bez-zer dan alliu dinc, daz sich der mensche gote lâze groezlîche, swenn er ûf in ihtes werfen welle, ez sî smâcheit, ez sî arbeit, ez sî, swaz lîdens daz sî, daz er ez mit vröuden und danknaemicheit neme und lâze sich got mêr vüeren, dan daz sich der mensche selber dar în setze. Und dar umbe lernet gerne alliu dinc von. gote und volget im, sô wirt iu reht)*«[60]. Es ist also nicht wichtig, ob es Freude oder Leid ist, was der Mensch erfährt, sondern vielmehr, dass er dies alles als den Willen Gottes annimmt. »Alles, was der gute Mensch um Gottes willen leidet, das leidet er in Gott, und Gott ist mit ihm leidend in seinem Leiden. Ist mein Leiden in Gott und leidet Gott mit, wie kann mir dann das Leiden ein Leid sein, wenn das Leiden das Leid verliert und mein Leid in Gott und mein Leid Gott ist *(allez, daz der guote mensche lîdet durch ,got, daz lîdet er in gote, und got ist mit im lîdende in sinem lîdenne. Ist mîn lîden in gote und mitlîdet got, wie mac mir danne lîden leit gesîn, sô lîden leit verliuset und mîn leit in gote ist und mîn leit got ist)*«[61] Mit anderen Worten, das Leid ist in Gott gelassen und damit aufgehoben. Mit dem Leiden will Gott die Ichverhaftung des Menschen auflösen und ihn dadurch zur vollkommenen Gelassenheit und Abgeschiedenheit führen: »Das schnellste Tier, das euch zur Vollkommenheit trägt, ist das Leiden *(Daz snelleste tier, daz iuch treget ze dirre vol-komenheit, daz ist lîden)*«[62]. Der gute Mensch wird aber nicht durch Leiden, sondern auch von der Freude zur göttlichen Vollkommenheit geführt. Grundsätzlich gilt, dass die innere Mitte des Menschen, wo der göttliche Funke oder der Wipfel des Geistes gegenwärtig ist, ohne jegliche Leiden mit dem Sein Gottes verbunden ist. Den Gelassenen, dessen Mitte mit dem Willen Gottes vereint ist[63], bringt nichts mehr von Gott ab. Der gelassene Mensch vollendet seine Gelassenheit indessen erst dann, wenn er letztendlich auch das Lassen läßt, was von Meister Eckhart auch als

59 DW, II, S. 691 -291
60 DW, V, S. 524–256 f,
61 DW, V, S. 493–53 f.
62 DW, V, S. 547–433.
63 Vgl. DW, III, S. 589–488.

»das lautere Entwerden des Wollens *(lûtern entwerdenne willen)*«[64] bezeichnet wird. Ein solcher Mensch, der auch das Lassen gelassen hat, ist der wahrhaft Arme im Geiste[65], von dem das Evangelium spricht. Die Armut im Geiste ist somit ein Ausdruck für die vollkommene Gelassenheit, die von Meister Eckhart auch als Abgeschiedenheit bezeichnet wird. Die Armut im Geiste erklärt er folgendermaßen: »Solange der Mensch dies noch ›an sich‹ hat, dass es sein Wille ist, den allerliebsten Willen Gottes erfüllen zu wollen, so hat ein solcher Mensch nicht die Armut, von der wir sprechen wollen; denn dieser Mensch hat ›noch‹ einen Willen, mit dem er dem Willen Gottes genügen will, und das ist nicht die rechte Armut. Denn, soll der Mensch wahrhaft Armut haben, so muß er seines geschaffenen Willens so ledig sein, wie er's war, als er »noch« nicht war. Denn ich sage euch bei der ewigen Wahrheit: Solange ihr den Willen habt, den Willen Gottes zu erfüllen, und Verlangen habt nach der Ewigkeit und nach Gott, solange seid ihr nicht arm *(als lange als der mensche daz hât, az daz sîn wille ist, daz er will eivüllen den allerliebsten willen gotes, der mensche enhât niht armuot, von der wir sprechen wellen; wand dirre mensche hât einen willen, mit dem er genuoc will sîn dem willen gotes, und daz enist niht rehtiu armuot. Wan, sol der mensche armuot haben gewaerlîche, sô sol er sînes geschaffenen willen alsô ledic stân, als er tete, dô er niht entwas. Warn ich sage iu bri der êwigen wârheit: als lange als ir willen hât, ze ervüllenne den willen gotes, und begerunge hât der êwicheit und gotes, als lange ensît ir niht arm)*«[66]. Denn nur »das ist ein armer Mensch, der nichts will und nichts weiß und nichts hat *(daz ist ein arm mensche, der niht enwil und niht enweiz und niht enhât)*«. Dieses Nichts-Wollen, Nichts-Wissen und Nichts-Haben sind die drei wesentlichen Kennzeichen der geistigen Armut. Das Nichts-Wollen übersteigt das Lassen des Eigenwillens, »denn wer seinen Willen und sich selbst läßt, der hat alle Dinge so wirklich gelassen, als wenn sie sein freies Eigentum gewesen wären und er sie besessen hätte mit voller Verfügungsgewalt. Denn was du nicht begehren willst, das hast du hingegeben und gelassen um Gottes willen *(wan, der sînen willen und sich selber laezet, der hat alliu dinc gelâzen als waerlîche, als sie sîn vrî eigen waeren und sie besezzen haete in ganzem gewalte)*«[67]. Dieser vollkommen gelassene Mensch ist seines eigenen Willens und des Willens Gottes ledig, und er ist dann »wie er's war, als er ›noch‹ nicht war *(als er was, dô er niht enwas)*«[68]. In gleicher Weise wie das Nichts-Wollen ein wesentliches Kennzeichen der Armut im Geiste ist, so ist es auch das Nichts-Wissen, denn »der Mensch, der diese Armut haben soll, der muß so leben, dass er nicht ›einmal‹ weiß, dass er weder sich selber noch der Wahrheit noch Gott lebe; er muß vielmehr

64 DW, V, S. 531–283.
65 Vgl. Mt 5, 3.
66 DW, II, S. 728–491 f.
67 DW, V, S. 507-195.
68 DW, II, S. 729–499.

so ledig sein alles Wissens, dass er nicht wisse noch erkenne noch empfinde, dass Gott in ihm lebt; mehr noch: er soll ledig sein alles Erkennens, das in ihm lebt. Denn, als der Mensch ›noch‹ im ewigen Wesen Gottes stand, da lebte in ihm nicht ein anders; vielmehr, was da lebte, das war er selber. So denn sagen wir, dass der Mensch so ledig sein soll seines eigenen Wissens, wie er's tat, als er ›noch‹ nicht war, und er lasse Gott wirken, was er wolle, und der Mensch stehe ledig *(der mensche, der diz armüete haben sol, der sol leben alsô, daz er niht enweiz, daz er niht enlebe in keiner wîse weder im selben noch der wârheit noch gote;, mêr: er sol alsô ledic sîn alles wizzennes, daz er niht enwizze noch enbekenne noch enbevinde, daz got in im lebe; mêr: er sol ledic sîn alles des bekennennes, daz in im lebende ist. Wan, dô der mensche stuont in der êwigen art gotes, dô enlebete in im niht ein anderz; mêr: waz dâ lebete, daz war er selber. Alsô sprechen wir, daz der mensche alsô ledic sol stân sînes eigenen wizzennes, als er tete, dô er niht enwas, und lâze got würken, waz er welle, und stâ der mensche ledic)*«[69]. Nach dem Nichts-Wollen und Nichts-Wissen ist das Nichts-Haben die äußerste oder vollkommenste Form der Armut. Sie ist dann erreicht, wenn der Mensch »so ledig Gottes und aller seiner Werke steht, dass Gott, dafern er in der Seele wirken wolle, selbst die Stätte sei, darin er wirken will, – und dies tut er ›gewiß‹ gern. Denn, findet Gott den Menschen so arm, so wirkt Gott sein eigenes Werk und der Mensch erleidet Gott so in sich, und Gott ist eine eigene Stätte seiner Werke angesichts der Tatsache, dass Gott einer ist, der in sich selber wirkt. Allhier, in dieser Armut, erlangt der Mensch das ewige Sein ›wieder‹, das er gewesen ist und das er jetzt ist und das er ewig bleiben wird *(alsô ledic stâ gotes und aller sîner werke, welle got würken in der sêle, daz er selbe sî diu stat, dar inne er würken will, – und diz tuot er gerne. Wan, vindet er den menschen alsô arm, so ist got sîn selbes werk würkende, und der mensche ist got alsus in im lîdende, und got ist ein eigen stat sîner werke mit dem, daz got ist ein würker in im selben. Allhie, in dirre armuot so ervolget der mensche daz êwic wesen, daz er ist gewesen und daz er nû ist und daz er iemer blîben sol)*«[70]. Diese Armut im Geiste, in der der Mensch zu seinem Ursprung zurückfindet, bezeichnet Meister Eckhart auch als Abgeschiedenheit.

69 DW, II, S. 728 f.–494 f.
70 DW, II, S. 730–500 f.

Abgeschiedenheit und die Einheit aller Kreaturen und Dinge in Gott

Meister Eckhart will mit dem Begriff Abgeschiedenheit vor allem auf die Notwendigkeit des Leerwerdens und Leerseins des Menschen von allem Wollen, Wissen und Haben hinweisen und damit in letzter Folgerichtigkeit deutlich machen, dass der Mensch zu Nichts werden muß, wenn er mit der allerhöchsten göttlichen Wirklichkeit, die in seinem Seelengrund verborgen ist, gleich werden soll. Wenn der Mensch dazu bereit ist, dann muß sein Herz »auf einem reinen Nichts stehen, und darin liegt auch die größte Möglichkeit, die sein kann. Da nun das abgeschiedene Herz auf dem Höchsten steht, so muß dies auf dem Nichts sein, denn in dem liegt die größte Empfänglichkeit *(ûf einem blôzen nihte, und dar inne ist ouch diu groeste mügelicheit, diu gesîn mac. Wan nû daz abegescheiden herze stât ûf dem hoechsten, daz muoz sîn ûf dem nihte, wan dâ ist diu groeste enpfenclicheit inne)*«[71]. Diese Bereitschaft des Herzens veranschaulicht Meister Eckhart mit einem Gleichnis: Wenn ich auf einer Wachstafel etwas schreiben will, dann kann ich das am besten, wenn alles, was vorher auf der Tafel stand, ausgelöscht wurde. »Ganz ebenso muß, soll Gott auf das allerhöchste in mein Herz schreiben, alles aus dem Herzen herauskommen, was dies oder das heißen kann, und ganz so steht es mit dem abgeschiedenen Herzen. Deshalb kann Gott darin auf das allerhöchste und nach seinem höchsten Willen wirken. Darum ist des abgeschiedenen Herzens Gegenstand weder dies noch das *(Ze glîcher wîse: sol got in mîn herze schrîben ûf daz aller hoehste, sô muoz ûz dem herzen komen allez, daz diz und daz geheizen mac, und alsô stât daz abegescheiden herze. Dâ von sô mac got dâ gewürken ûf daz aller hoehste und nâch sinem obersten willen. Dâ von ist des abegescheidenen herzen gegenwurf weder diz noch daz)*«[72], sondern der seins- und grundlose Grund. Abgeschiedenheit ist somit ein ständiges Auslöschen aller Anhaftungen und Bindungen und zugleich die Bereitschaft für die Empfängnis der höchsten göttlichen Freiheit als reinem Nichts. In dieser Freiheit vermag das abgeschiedene Herz oder der abgeschiedene Geist die Einheit der göttlichen Wirklichkeit unverhüllt zu schauen. Der Mensch, der nicht mehr an Begrenzungen gebunden ist, wird in dieser reinen Freiheit zum wahren Menschen, der sich, alle Lebewesen und alle Dinge in ihrer reinen Wirklichkeit und Wahrheit erkennt. Das Ziel der Abgeschiedenheit besteht nicht darin, auf irgendwelche Neigungen zu schauen. »Sie will weder drunter noch drüber stehen, sie will aus sich selbst dastehen, niemand zu Liebe noch zu Leide, und will weder Gleichheit noch Ungleichheit mit irgendeiner Kreatur haben noch dies und das: sie will nichts

71 DW, V, S. 545–425.
72 DW, V, S. 545–426.

anderes als sein. Dass sie aber dies oder das sein möchte, das will sie nicht; denn wer dies oder das sein will, der will etwas sein, Abgeschiedenheit hingegen will nichts sein. Daher bleiben alle Dinge von ihr unbeschwert *(sie enwil weder under noch oben sîn, si will alsô stân von ir selber, niemanne ze liebe noch ze leide, und enwil weder glîcheit noch unglîcheit mit keiner crêatûre haben noch diz noch daz: si enwil niht anders wan sîn. Daz si aber welle diz oder daz sîn, des enwil si niht. Wan swer will diz oder daz sîn, der will etwaz sîn, sô enwil abegescheidenheit nihtes niht sîn. Dâ von stânt alliu dinc von ir unbeswaeret)*«[73]. Daraus folgt, dass für das abgeschiedene Herz oder den abgeschiedenen Menschen alle Dinge so sind, wie sie es in der Einheit der absoluten Wirklichkeit sind. Die Abgeschiedenheit oder Losgelöstheit von den Dingen und von der Welt bedeutet für Meister Eckhart aber nicht, ihnen gegenüber teilnahmslos zu sein. Der gelassene und abgeschiedene Mensch ist einerseits von der Welt und allen Dingen losgelöst, zugleich bleibt er ihnen aber auch zugewandt. Meister Eckhart löst dieses Paradoxon auf, indem er die Abgeschiedenheit als einen Zustand des inneren Menschen bestimmt. Er stützt sich dabei auf die überlieferte Lehre vom äußeren und vom inneren Menschen. Der Mensch, der nach außen gerichtet ist, ist der äußere Mensch. Der innere oder geistige Mensch hingegen ist von allem Äußeren unbewegt und nur für die göttliche Wirklichkeit allein empfänglich. Er richtet sich auf das reine göttliche Nichts. Der geistige Mensch soll sich deshalb ständig von außen nach innen wenden, das heißt sein Geist soll aller Liebe, allem Leiden, allen Ehren, aller Schande und allen Schmähungen unbeweglich gegenüberstehen, »wie ein bleierner Berg unbeweglich ist gegenüber einem schwachen Winde *(als ein blîgîn berc unbewegelich ist gegen einem kleinen winde)*«[74]. Wenn sich der Mensch in diesem Zustand befindet, dann kann es geschehen, »dass der äußere Mensch sich in Betätigung befinden kann und doch der innere Mensch davon gänzlich frei und unbewegt bleibt *(daz der ûzer mensche mac in üebunge sîn, daz doch der inner mensche des genzlîche ledic stât und unbeweglich)*«[75]. Abgeschiedenheit in diesem Sinne ist keine Weltflucht, sondern sie bezieht sich unmittelbar auf die innerste göttliche Mitte des Menschen. Meister Eckhart hat den Unterschied und zugleich den Zusammenhang zwischen innerem und äußerem Menschen in folgendem Bild auszudrücken versucht: »Eine Tür geht in einer Angel auf und zu. Nun vergleiche ich das äußere Brett der Tür dem äußeren Menschen, die Angel aber vergleiche ich dem inneren Menschen. Wenn nun die Tür auf- und zugeht, so ändert sich das äußere Brett in seiner Bewegung hin und her, und doch bleibt die Angel unbeweglich an ihrer Stelle und wird deshalb niemals verändert *(ein tür*

73 DW, V, S. 540–406.
74 DW,V, S. 541–412.
75 DW,V, S. 544–421.

gât in einem angel ûf und zuo. Nû glîche ich daz ûzer bret an der tür dem ûzern menschen, so glîche ich den angel dem innern menschen. Sô nû diu tür ûf und zuo gât, so wandelt sich daz ûzer bret hin und her, und blîbet doch der angel an einer stat unbewegelich und enwirt dar umbe niemer verwandelt)«[76]. Die unbewegliche Türangel als Sinnbild des inneren Menschen »bringt den Menschen in die größte Gleichheit mit Gott *(bringet den menschen in die groeste glîcheit mit gote)*«[77]. Nachdrücklich betont Meister Eckhart, dass die unbewegliche Abgeschiedenheit der Grund dafür ist, dass Gott, mit dem der Mensch in seiner Abgeschiedenheit gleich ist, vor allem deshalb Gott ist, weil er selbst unbewegliche Abgeschiedenheit ist: »Denn dass Gott Gott ist, das hat er von seiner unbeweglichen Abgeschiedenheit, und von der Abgeschiedenheit hat er seine Lauterkeit und seine Einfaltigkeit und seine Unwandelbarkeit *(Wan daz got ist got, daz hât er von sîner unbewegelîchen abegescheidenheit, und von der abegescheidenheit hât er sîne lûterkeit und sîne einvalticheit und sîne unwandelbaerkeit)*«[78]. In diesem Zusammenhang spricht Eckhart auch von der Überwindung der Zweiheit von Gott und Mensch am Beispiel des Gebets und fragt: »Was ist abgeschiedenen Herzens Gebet? Darauf antworte ich wie folgt und sage: Abgeschiedene Lauterkeit kann nicht beten, denn wer betet, der begehrt etwas von Gott, das ihm zuteil werden solle, oder aber begehrt, dass ihm Gott etwas abnehme. Nun begehrt das abgeschiedene Herz aber gar nichts, es hat auch gar nichts, dessen es gerne ledig wäre. Deshalb steht es ledig allen Gebets, und sein Gebet ist nichts anderes als einförmig zu sein mit Gott. Das macht sein ganzes Gebet aus *(waz ist des abegescheidenen herzen gebet? Des antwürte ich alsô und spriche, daz abegescheideniu lûterkeit enkan niht beten, wan swer betet, der begert etwaz von gote, daz im werde, oder begert aber, daz im got etwaz abeneme. Nû enbegrt daz abegescheiden heize nihtes niht, ez enhât ouch nihtes niht, dez es gerne ledic waere. Dar umbe sô stât ez ledic alles gebetes und enist sîn gebet niht anders dan einförmic sîn mit gote. Dar ûf stat allez sîn gebet)*«[79]. Das Einförmigsein mit Gott bedeutet aber, dass der Mensch aus seinem Eigenen lebt, »wie Gott aus seinem Eigenem lebt *(als got lebet ûzer sînem eigen)*«[80]. In dieser dynamischen Einheit vollendet sich das eigentliche Wesen alles Menschseins. In diesem Zustand ist dann dasselbe Erkennen, in dem sich Gott selbst erkennt, auch sein Erkennen: »darum ist Gott der Seele näher, als sie sich selbst ist; darum ist Gott im Grunde der Seele mit seiner ganzen Gottheit *(dar umbe ist got der sêle naeher, dan si ir selbei sî; dar umbe*

76 DW, V, S. 544–422.
77 DW, V, S. 541–412.
78 DW, V, S. 541 f.-412.
79 DW, V, S. 545–426 f.
80 DW, I, S. 450–90.

ist got in dem grunde der sêle mit aller sîner gotheit)«[81]. In diesem Seelengrund, der, wie gesagt, zugleich der abgrundlose Grund Gottes ist, sind alle Lebewesen und Dinge eins. Diese All-Einheit ist der Grund dafür, dass nichts verloren gehen kann. Alles Lassen und Loslassen und alle Abgeschiedenheit führen deshalb nicht ins Sich-Verlieren. Vielmehr gilt, dass sich derjenige, der sich und die Welt und alle Dinge losgelassen hat, »reicher wieder heim(kommt), als er »von ihr‹ ausgegangen war. Wer so aus sich selbst ausgegangen wäre, der würde sich selbst im eigentlichen Sinne wiedergegeben. Und alles, was er in der Mannigfaltigkeit gelassen hat, das wird ihm allzumal wieder zuteil in der Einfaltigkeit, denn er findet sich selbst und alle Dinge im gegenwärtigen *Nun der Einheit (kumet richer wider hain, denn er us gegangen. Der alsus usgegangen wäre sin selbes, der solti im selber aigenlicher wider geben werden. Vnd allu ding, als er su gar gelassen hat in der manigualtikait, das wirt im alzemal wider in der ainualtikait, wan er sich selber vnd allu ding in dem gegenwurtigen nu der ainikait vindet)*«[82]. Ausgehen bedeutet in diesem Zusammenhang loslassen. Der Mensch aber, der wirklich losgelassen hat »und gelassen ist und der niemals mehr nur einen Augenblick auf das sieht, was er losgelassen hat, und beständig bleibt, unbewegt und in sich selbst und unwandelbar, – der Mensch allein ist gelassen *(gelâzen ist und der niemermê gesihet einen ougenblik uf daz, daz er gelâzen hât, und blîbet staete, unbeweget in im selber und unwandellîche, der mensche ist aleine gelâzen)*«[83]. Dieser vollkommen gelassene und abgeschiedene Mensch ist in seinen ewigen göttlichen Ursprung zurückgekehrt. Gelassenheit und Abgeschiedenheit bezeichnen in diesem Zusammenhang den Zustand der höchsten Einheit mit der absoluten göttlichen Wirklichkeit, wo Gott über allem Sein und über aller Unterschiedlichkeit ist und wo das ursprüngliche Wesen des Menschen schon immer vorhanden war. Darüber sagt Meister Eckhart: »In jenem Sein Gottes nämlich, wo Gott über allem Sein und über aller Unterschiedenheit ist, dort war ich selber, da wollte ich mich selber und erkannte mich selber ›willens‹, diesen Menschen ›mich‹ zu schaffen. Darum bin ich Ursache meiner selbst meinem Sein, das ewig ist, nicht aber meinem Werden nach, das zeitlich ist. Und darum bin ich ungeboren, und nach der Weise meiner Ungeborenheit kann ich niemals sterben. Nach der Weise meiner Ungeborenheit bin ich ewig gewesen und bin ich jetzt und werde ich ewig bleiben. Was ich meiner Geborenheit nach bin, das wird sterben und zunichte werden, denn es ist sterblich; darum muß es mit der Zeit verderben. In meiner . ewigen« Geburt wurden alle Dinge geboren, und ich war Ursache meiner selbst und aller Dinge; und hätte ich gewollt, so wäre weder ich noch wären alle Dinge;

81 DW, I, S. 467–162.
82 DW, I, S. 488–245 f.
83 DW, I, S. 479–203.

wäre aber ich nicht, so wäre auch »Gott« nicht: dass Gott ›Gott‹ ist, dafür bin ich die Ursache; wäre ich nicht, so wäre Gott nicht ›Gott‹ *(wan in dem selben wesene gotes, dâ got ist obe wesene und ob underscheide, dâ was ich selbe, dâ wollte ich mich selben und bekante mich selben ze machenne disen menschen. Her umbe sôn bin ich mîn selbes sache nâch mînem wesene, daz êwic ist, und niht nâch mînem gewerdenne, daz zîtlich ist. Und her umbe sô bin ich ungeborn, und nâch mîner ungebornen wîse sô enmac ich niemer ersterben. Nâch mîner ungebornen wîse sô bin ich êwicîiche gewesen und bin nû und sol êwiclîche blîben. Daz ich bin nâch gebornheit, daz sol sterben und ze nihte werden, wan ez ist toetlich; her umbe sô muoz ez mit der zît verderben. In mîner geburt, dâ wurden alliu dinc geborn, und ich was sache mîn selbes und aller dinge; und haete ich gewolt, ich enware niht, noch alliu dinc enwaeren niht; und enware ich niht, so enware ouch ›got‹ niht. Daz got ›got‹ ist, des bin ich ein sache; enware ich niht, sô enware got niht ›got‹)*«[84].

Zum Abschluss

Im Menschen »wie er war, da er noch nicht war«[85], liegt sein göttlicher Usprung und zugleich sein Ziel. In diesem Zustand ist der Mensch frei von aller Ichhaftigkeit und vollkommen eins mit dem wahren und göttlichen Selbst. Der Unterschied zwischen dem ewigen Ursprung und Ziel allen wahren Menschseins als Einssein mit der einen und allumfassenden göttlichen Wirklichkeit und Wahrheit ist nur scheinbar. Dieser scheinbare Unterschied bezeichnet die Scheinwirklichkeit und zugleich die zeitliche Wegstrecke, die der Mensch beschreiten muß, wenn er zur Einheit mit der wahren Wirklichkeit gelangen will. Die Aufhebung dieser Scheinwirklichkeit ist die wichtigste Aufgabe des Menschen auf seinem Weg zum Einen. Die göttliche Wirklichkeit als die eine Wirklichkeit »ist ein Sein oberhalb alles Seins ... ein seinsloses Sein ... über alles hinaus, was man auszusprechen vermag *(ist wesen ob allen wesen ... ein wesen weselôs ... über allez sprechen)*«[86]. In dem mystischen Gedicht »Granum sinapis de divinitate pulcherrima in vulgari (Das Senfkorn von der herrlichen Gottheit in deutscher Sprache)«, das Meister Eckhart zugesprochen wird und das nach Form und Gehalt zum Schönsten gehört, was die geistliche Poesie des Mittelalters hervorgebracht hat[87], wird der geistige Weg des Menschen zu dieser überseienden göttlichen Wirklichkeit besungen. In den ersten drei Strophen wird die göttliche Dreifaltigkeit und Einheit als Ziel des geistigen Weges dargestellt. Ab der vierten Strophe wird dann der Weg durch Wüste und

84 DW, II, S. 730–502 ff.
85 Vgl. Anmerkung 45.
86 DW, III, S. 583–431.
87 Vgl. Kurt Ruh, Geschichte der abendländischen Mystik, Bd. III, München 1996, S. 282.

Ich-Vernichtung zur mystischen Einheit mit Gott als seinslosem Sein und überwesenhaftem Gut geschildert. In diesem wunderbaren Gedicht, dessen Form eine kirckliche Sequenz ist, hat Meister Eckhart seine Lehre vom Ursprung und Ziel des Menschen kurz und auf einfache Weise zusammengefaßt und vorgetragen[88]:

I. In dem begin
hô uber sin
ist ie daz wort,
ô richer hort
dâ ie begin begin gebâr!
ô vader brust,
ûz der mit lust
daz wort ie vlôz!
doch hat der schôz
daz wort behalden, daz ist war.

hoch über (alles) Begreifen
In dem Beginn
ist stets das Wort.
O reicher Hort,
da stets Beginn Beginn gebar!
O Vaterbrust,
aus der mit Lust
das Wort stets flöß!
Doch hat der Schoß
das Wort behalten, das ist wahr.

II. Von zwên ein vlût,
der minnen glût,
der zweier bant,
den zwein bekannt,
vlûzet der vil sûze geist
vil ebinglîch,
unscheidelîch.
dî drî sin ein.
weiz du waz? nein,
iz weiz sich selber aller meist.

Von zweien als eine Flut,
der Minne Glut,
der zweier Band,
den zweien bekannt,
fließt der liebsüße Geist
ebengleich,
untrennbar.
Die drei sind eins.
Weißt du ihr Wesen? Nein.
Es versteht sich selber am besten.

III. Der drîer strik
hat tîfen schrik,
den selben reif
nî sin begreif:
hîr ist ein tûfe subder grünt.
schach unde mat
zît, formen, stat!
der wunder rink
ist ein gesprink,
gâr unbewegit stêt sîn punt.

Der Strick der drei
löst tiefes Erschrecken aus,
diesen Reif
hat nie Verstand begriffen:
Hier ist Tiefe ohne Grund.
Schach ohne (und) Matt
der Zeit, den Formen, dem Ort!
Der Wunderring
ist Ursprung,
unbeweglich steht sein Punkt.

88 Kurt Ruh, Geschichte der abendländischen Mystik, Bd. III, München 1996, S. 283–285.

IV. Des puntez berk
stîg âne werk,
vorstentlichkeit!
der wek dich treit
in eine wûste wunderlich
dî breit, dî wît,
unmêzik lît.
dî wûste hat
noch zît noch stat,
ir wîse dî ist sunderlîch.

Des Punktes Berg
besteige ohne (Eisen)werk,
Vernünftigkeit!
Der Weg führt dich
in eine wunderbare Wüste,
die breit, die weit,
unausmeßbar sich ausdehnt.
Die Wüste hat
weder Zeit noch Stätte,
ihr Dasein kommt nur ihr allein zu.

V. Daz wûste gût
nî vûz durch wût,
geschaffen sin
quam nî dâ hin:
us ist und weis doch nimant was.
us hî, us dâ,
us verre, us nâ,
us tîf, us hô,
us ist alsô,
dazu s ist weder diz noch daz

Die Wüste, dieses (göttliche) Gut
durchschritt nie ein Fuß,
geschaffener Sinn
gelangte nie da hin:
es ist, und niemand weiß, was es ist.
Es ist hier, es ist da,
es ist ferne, es ist nah,
es ist tief, es ist hoch,
es ist so beschaffen,
dass es weder dies noch das ist

VI. Us licht, us clarr,
us vinster gâr,
us unbenant,
us unbekant,
beginnens und ouch endes vrî,
us stille stât,
blôs âne wât.
Wer weiz sin hûs?
der gê her ûz
und sage uns, welich sîn forme sî.

Es ist hell, es ist klar,
es ist ganz finster,
es ist ohne Namen,
es ist unerkannt,
frei von Beginn und Ende,
es steht stille,
es ist bloß, ohne Kleid.
Wer kennt sein Haus?
Der komme daher
und sage uns, von welcher Art es sei.

VII. Wirt als ein kint,
wirt toup, wirtn blint!
dîn selbes icht,
mûz werden nicht,
al icht, al nicht trîb uber hôr!
lâ stat, lâ zît,
ouch bilde mît!
Genk âne wek
den smalen stek,
so kums du an der wûste spôr.

Werde wie ein Kind,
werde taub, werde blind!
Dein eigenes Ich
muß zunichte werden,
alles Etwas und alles Nichts treibe hinweg!
Laß Raum, laß Zeit,
meide auch das Bild!
Gehe ohne Weg
den schmalen Pfad,
dann findest du der Wüste Fußspur.

VIII. Ô sêle mîn
genk ûz, got în!
sink al mîn icht
in gotis nicht,
sink in dri grundelôze vlût!
vlî ich von dir,
du kumst zu mir.
vorlîs ich mich,
sô vind ich dich,
ô uberweselîches gût!

O meine Seele,
geh aus, Gott ein!
Sinke mein ganzes Etwas
in Gottes Nichts,
sinke in die grundlose Flut!
Fliehe ich vor dir,
so kommst du zu mir.
Verliere ich mich,
so finde ich dich,
o überwesenhaftes Gut«.

2 Über die metaphysische Erkenntnislehre Valentin Weigels

Valentin Weigel, von 1567 bis 1588 evangelischer Pfarrer in der sächsischen Stadt Zschopau, hat in aller Verborgenheit zahlreiche Schriften verfasst, in denen er von der ewigen göttlichen Selbsterkenntnis handelt, in die die menschliche Gotteserkenntnis einbezogen ist, denn Gott selbst ist im Menschen diese Erkenntnis, der auf diese Weise ein Werkzeug der göttlichen Selbsterkenntnis ist. Im Folgenden werden nach einem kurzer Überblick über Leben und Werk Valentin Weigels die Grundzüge seiner metaphysischen Erkenntnislehre auf der Grundlage seiner Schrift *Der güldene Griff, alle Dinge ohne Irrtum zu erkennen, vielen Hochgelehrten unbekannt und doch allen Menschen zu wissen notwendig* dargelegt, die wie fast alle seine anderen Schriften erst nach seinem Tode veröffentlicht wurden und sogleich von der kirchlichen Obrigkeit verboten wurden.Trotzdem fanden sie weite Verbreitung und übten in den folgenden Jahrzehnten einen großen Einfluss aus.

1 Leben und Werke

Valentin Weigel wurde 1533 in Hayn (heute Großenhain) bei Dresden geboren und starb am 10. Juni 1588 als Pfarrer in Zschopau in Sachsen. Nach dem Besuch der Fürstenschule St. Afra in Meißen begann er im Jahr 1554 als kurfürstlicher Stipendiat an der Universität Leipzig zunächst an der Artistenfakultät mit dem Studium der alten Sprachen und antiken Philosophie, dass er 1558 mit der erfolgreichen Prüfung zum Bakkalaureus abschloss. Im Jahr 1558 / 59 wurde er zum Magister promoviert. Von 1563 bis 1567 studiert Weigel wiederum mit einem kurfürstlichen Stipendium an der Universität Wittenberg, um seine Ausbildung zum Pfarrer abzuschließen. 1565 heiratet er die Pfarrerstochter Katharine Beuche, die ihm drei Kinder gebar. Im Jahr 1567 wird Weigel von Paul Eber, dem Leiter der theologischen Fakultät der Universität Wittenberg ordiniert und in das Amt des Pfarrers von Zschopau eingeführt, dass er bis zu seinem Tod innehaben sollte. In dieser Zeit hat Weigel zahlreiche Schriften verfasst, die aber nicht gedruckt wurden. Wegen seiner untadeligen Amtsführung hegten seine kirchlichen Vorgesetzten keinen Verdacht gegen ihn. 1584 verfasste Weigel sein letztes Werk *Dialogus de Christianesimo*, in dem er sich klar und deutlich von allen theologischen und politischen Streitigkeiten distanzierte und sich zu einer einheitliche Geistkirche bekannte. Valentin Weigel starb am 10. Juni 1588 und wurde in der St. Martinskirche in Zschopau beigesetzt. Als jedoch elf Jahre nach seinem Tode seine Schriften gedruckt und veröffentlicht wurden, brach in ganz Deutschland ein heftiger Streit los, der von Seiten kirchlicher Stellen zur Verurteilung des Zschopauer Pfarrers führte. Die Anklage lautete auf Schwärmerei. In Wirklichkeit war Weigel ein Mystiker und Theosoph in der Nachfolge der deutschen mystischen und metaphysischen Überlieferungen, und seine Schriften wurden auch in diesem Sinne gelesen und verstanden. Sein bedeutendster Leser war aller Wahrscheinlichkeit nach Jakob Böhme (1575 -1624)[1]. Weigels Gesamtwerk kann in drei große Abschnitte gegliedert werden, von denen jeder eine bestimmte Entwicklung seines geistigen Schaffens bezeichnen soll:

I. Von der Bekehrung des Menschen, Von Armut des Geistes oder wahrer Gelassenheit, Libellus de Vita beata (alle 1570); Deus non potest sc ipsum negare. Exercitium mentis (1571); Scholasterium Christianum, Anleitung zur Teutschen Theology, Gnothi seauton, Vom Gesetz oder Willen Gottes (alle 1571).

II. Ein Büchlein vom Seligmachenden Glauben (1572), Handschriftliche Predigtsammlung (1573–1574); Vnterricht Predigte ... vber dem Begrebnis der Frawen Marthe ... von Rüxleben ... (1576); Vom himmlischen Jerusalem in uns; Das Büchlein vom Gebet (vor 1576); Der Gründliche Bericht vom Glauben (1576); Vom Ort der Welt (vor 1576), Informatorium oder kurtzer Unterricht, welcher gestalt man ... den schmalen Weg zu Christo sich führen lassen kan (1576)

III. Der güldene Griff (1578), Von Betrachtung deß Lebens Christi, und wie Christus ... sol erkennet werden (1578); Kirchen Oder Hauspostill über die Sontags ... Evangelien durchs gantze Jahr ... (1578/79), Schrifftlicher Bericht von der vorgebung der Sünden oder vom Schlüssel der Kirchen, Dialogus de Christianismo (1584)[2].

1 Bernard Gorceix, La Mystique de Valentin Weigel 1533–1588 et Ics origines de la thosophie allemande, Lille 1972. Siegfried Wollgast, Valentin Weigel, in: Ders., Philosophie in Deutschland 1550–1650, 2. Auflage, Berlin 1993, S. 490–600. Erhard Seifert, Der Zschopauer Pfarrer Mystiker und Philosoph Valentin Weigel, Teil 1, Drebach 2022.

2 Vgl. Siegfried Wollgast, Valentin Weigel in der deutschen Philosophiegeschichte. – in: Valentin Weigel: Ausgewählte Werke.- Stuttgart 1978, S. 45 f.

2 Metaphysische Erkenntnis

Weigels Lehre von der metaphysischen Erkenntnis, die er selber übersinnliche Erkenntnis nennt, ist nicht neu; sie steht in der Überlieferung der mittelalterlichen deutschen Mystik und Metaphysik, und Weigel trägt diese Überlieferung in einer Zeit weiter, die von weltanschaulichen Streitigkeiten tief erschüttert wird. Inmitten dieser glaubensmäßigen Unsicherheit sucht Weigel nach geistiger Gewissheit und stützt sich vor allem auf die Schriften Taulers und auf die „Theologia deutsch", die in der Nachfolge Meister Eckharts stehen. Das eigentliche Verständnis dieser Geistigkeit erschließt sich dem in aller Stille suchenden Zschopauer Pfarrer in einem mystischen Erlebnis, das er im 24. Kapitel seiner Schrift „Der güldene Griff" beschrieben hat. „Ehe ich zum anfange es waren glaubens kam, vnd auch noch mitt den andern, nicht gotte sondern der menge zugefallen gleubete, war ich oft sehr bekummert vmb diesen vnd Jenen artickel, hette auchgerne gewisset, worauf ich beruwen sollte. Jich nam fur mich vieler scribenten bucherm durchlase dieselbigen.Aber mir geschahe keine gnuge, mein Hertz war Jmmer vngewisser. Jch konnte weder grundt noch warheitt finden. Jch sahe an vnd bedachte vnere klegliche erbermliche finsternis, das scharmutzeln, dappen vnd fehlgreifen. So viel glauben vnd seckten funde ich Jtzund alleine vnter denen, die da ihres dinges vnd grundes wolten gewiss sein vnd schutz aus der heyligen schrift zu haben vermeyneten. Jch sahe an wie ein verworren Babel es were bey vns.So man vom glauen redete, so wolteder ander werck haben, so man von fruchten redete, so wolte Jener alleine einen ertichten glauben. Der dritte sagte, die Sacramenta weren nottwendig zum glauben oder zur seligkeitt. Der vierte gab fur man muste den glauben erst holen aus den Sacramenten. Der funfte hielte es darfur der glaube muste vor den sacramenten da sein, sonst weren sie kreftig noch nutze. Der sechste sprach, Alleine der ware glaube an Jesum Christum macht gerecht vnd selig vnnd sonst nichts, es heisse wie es wolle.Daruber ward er ein schwermer vnd Sacramentirer gescholten. Jtem do sahe ich wie einer den andern fur weltlicher obrigkeitt angabe, Jncarcerirte, verJagte etc. von wegen der erbsunde, des freien willens, der person Christi etc. vnd war ein solches fehlgreiffen vnd scharmutzelelen, vmb den Himmel vnd wollte doch niemandt hinein, wie auch noch geschicht Jtziges Jhar 1578 vnd will kein ende haben. Wie ich aber also vngewis war vnd harte bekummert, mitt einem Jnnigen seuftzen zu gotte vnd sprach vnd sprach: Ach gott vnd warheitt, dir sey es geklagett wie wandeln wir Jn der finsternis, Jst es doch gleich – als habe man die Blinden an ein ander gehetzett, in der fnsternis zu fechten, do einer eben so baldt seinen besten freundt trift, vnd an Hals schlegett als seinen feindt. Las mir leuchten dein Wort Herre, auf das ich neben andern, aus diesem wust der finsternis errettet werde. Wie ich also rief vnd betet zu dem Herren, wiederfhur mir gnade von oben herab, dann mir ward ein buch[3] gezeigett, welches mich erfrewete vnd mein Hertz erleuchtete, das ich alle ding sehen vnd vrteilen vnd erkennen konnte viel klerer dann das mich alle lerer mitt ihren buchern in der gantzen Welt mochten geleren, denn doraus waren alle bucher geschrieben, von anfang der Welt, vnd dis buch ist Jn mir vnd auch Jn allen Menschen, Jn grossen vnd kleinen, Jn Jungen vnd alten, Jn gelehrten vnd vngelehrten. Aber gar wenig konnen dasselbige lesen. Ja viel der weltgelerten durfften dasselbige verneinen vnd verleugnen, kleben also am todten buchstaben, der da ist ausser ihnen, vnd verlassen das buch des lebens, welches ist in ihnen. Jch dancke dir gott du kraft meines lebens vnd du licht meynes hertzens, das du mich gelerter machst als alle meyne lerer vnnd buchschreiber, das du mir das rechte buch zeigest Jn meynem hertzen, dardurch ich sicher lesen kann die heilige schrift, die mir gegebn ist zum zeugnis. Dann ich sehe sie an, nach dem wesen vnd geiste, der Jn mir ist vnd nicht nach dem schatten vnd todtenden buchstaben, der ausser mir ist. Kere mich hinein Herre zu dir Jn mich selber, so werde ich befinden vnd bekennen, das der einige glaube sey die richtschnur vnd der prufestein zu lesen die schrift vnd zu vrteilen alle seckten vnd geister“[4].

In dieser Schilderung verwendet Valentin Weigel den Ausdruck Herz als Sinnbild und Inbegriff für die Mitte des Menschen, in welcher Gott jenseits von aller Rationalität seine Stätte hat. Die unmittelbare Erkenntnis dieser göttlichen Einwohnung als Einung mit Gott wird dem Menschen in einer Erleuchtung zuteil, in deren Licht er alles nicht mehr mit menschlichen Augen, sondern mit den Augen Gottes sieht. Letztlich ist es Gott selber, der sich erkennt. Der Mensch bekommt im Augenblick der Erleuchtung Einsicht in diese göttliche Selbsterkenntnis, und Weigels tiefe Sehnsucht an Gottes Selbsterkenntnis noch mehr teilzuhaben und letzten Endes in ihr aufzugehen, kommt in den Worten zum Ausdruck, mit denen er den Bericht seines mystischen Erlebnisses schließt: „Kere mich Herre z dir Jn mich selber, so werde ich befinden vnd bekennen, das der einige glaube sey die richtschnur vnd der prufestein zu lesen die schrift vnd zuvrteilen alle seckten und geister“[5].

a) Auge und Gegenwurf

Menschliche Sprache ist nicht imstande, diese übernatürliche göttliche (Selbst-) Erkenntnis in entsprechender Weise zu beschreiben; Weigel spricht deshalb von der übernatürlichen Erkenntnis im Vergleich zur natürlichen, wobei es für ihn selbstverständlich ist, dass die natürliche Erkenntnis in der übernatürlichen Erkenntnis gründet und nicht umgekehrt. Grundlegend für jedes Urteil und jede Erkenntnis

3 Anstelle von Buch steht in manchen anderen Ausgaben Auge.

4 Valentin Weigel, Der güldene Griff, hrsg. von Horst Pfefferl, in: Valentin Weigel, Sämtliche Schriften, begründet von Will-Erich Peuckert und Winfried Zeller, -Bd. 8, Stuttgart-Bad-Cannstatt 1997, S. 89 f. Im Folgenden abgekürzt: GGr.

5 Valentin Weigel, GGr., 24. Kap., S. 91.

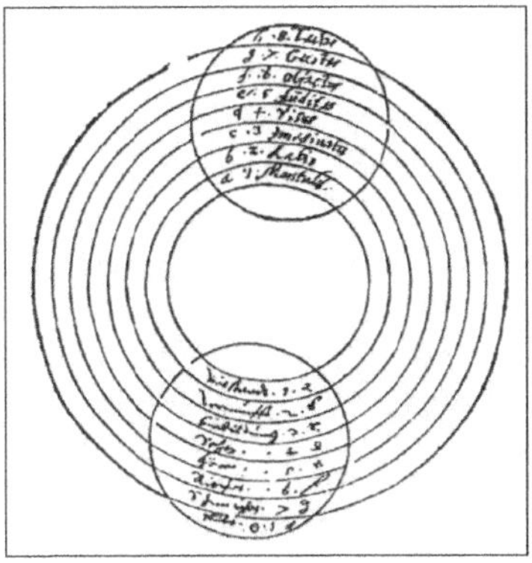

Abbildung 1

setzt Weigel zwei Dinge voraus, nämlich „das auge oder werckzeug vnd das objectum oder kegenwurff“[6]. Auge bedeutet in diesem Zusammenhang das erkennende Subjekt, während Objectum oder Gegenwurf dasjenige darstellt, was erkannt wird. Das Auge als Organ und Werkzeug der Erkenntnis ist aber nicht ein einheitliches Auge schlechthin; Weigel unterscheidet vielmehr – entsprechend der Dreiheit von Körper, Seele und Geist, aus welcher der Mensch besteht – ein dreifaches Erkenntnisvermögen bzw. ein dreifaches Auge: „das vnterste vnedleste ist sensualis das sinnliche auge.Darzu mag auch gerechnet werden Jmaginatio do man alleine siehett hörett greiffett schmeckett reuchett leibliche dinge. Das mittel auge ist rationalis so sich der mensche vber die sinnlicheitt erhebet vnd brauchett der Vemunfft, in dem er eins aus dem andern schliessen kann. Das dritte vnd hochste auge ist intellectualis oder Mentualis, do der mensche auf englische weyse den kegenwurf ansiehett vnd erkennett“[7].

Die Abstufung dieser drei Erkenntnisarten oder Augen hat Weigel in einer Zeichnung (Abb. I) zu verdeutlichen und zu erklären versucht: „Das i. ist das Jnnerste vnnd hochste auge durch das A bezeichnet. Das 2. ist das mittelste durch das B bezeichnet. Das 3. ist das vnterste grobeste eusserste durch das D bezeichnet.

Je Jnwendiger, Je geistlicher vnd edtler, vnnd Je auswendiger, Je grober vnnd schwacher. Diese Figur bezeuget auch, das das auge oder die erkenntnis im menschen sey, vnnd daß dervon jnnen heraus komme – vnd das der Gegenwurff ausserhalb dem Menschen sey“[8]. Was die Objekte oder Gegenwürfe dieser drei Erkenntnisarten bzw. Augen betrifft, so führt Weigel entsprechende Beispiele an:„Als mitt den (sinn-

6 Valentin Weigel, GGr. 4. Kap, S. 18.
7 Valentin Weigel, GGr. 4. Kap., S. 18.
8 Valentin Weigel, GGr. 7. Kap., S. 27 ff.

lichen) augen sehe ich an das Haus vnd den monden am Himmel, do ist das Haus, der monde ein kegenwurf der augen, mitt der Vernunft erkenne ich vnd sehe an die kunst Dialecticam, Arithmeticam vnd andere kunste vnd handwercke, also seint die kunste ein kegenwurf des vernnftigen auges, dann durch vnd mitt der vernunft begreife ich solche dinge. Mitt dem Verstande des gemuts erkenne ich vnd sehe an die engel vnd den ewigen gott. also ist gott vnd die engel ein kegenwurf des gemutlichen auges, vnd alles was man ansiehett, horett, vrteilett, verstehett, erkennett, das heisset ein kegenwurf"[9]. Einen zusammenfassenden Überblick über die Erkenntnisstufen gibt Weigel in folgendem Schema:

1. Verstandt gemut	Mens seu intellectus Ist englisch geistlich götttlich, von wegen des geistes gottes	das hochste Jnwendigste[10]
2. Vernunfft	Ratio ist menschlich vnnd englisch vo wegen des einleuchtenden Verstandes	das Jnnere mittelste
3. Imaginatio Sehen horen richen schmecken fulen.	Jst Vihisch vnd menschlich von wegen der ein-Leuchtenden Vernunft	das vnterste eusserste

b) Natürliche und übernatürliche Erkenntnis

Wenn die höchste und innerste Erkenntnis, deren Organ der Verstand (Intellectus) bzw. das Gemüt (Mens) ist, wirksam werden soll, dann muß die natürliche Erkenntnis, d.h. die mittlere und die untere Erkenntnis stillstehen und schweigen. Um dies verstehen zu können, muß zuvor geklärt werden, wie Erkenntnis überhaupt zustande kommt und vor sich geht. Als grundlegende Voraussetzung aller Erkenntnis hat Weigel den Unterschied zwischen erkennendem Subjekt und zu erkennendem Objekt aufgezeigt. Zwischen Subjekt und Objekt kommt Erkenntnis nun in der Weise zustande, daß das Objekt oder der Gegenwurf aus dem erkennenden Auge ausfließt und nicht umgekehrt. „Cognitio kkompt aus demCognoscente vnnd nicht aus dem Cognoscibile objecto, Iudicium muß kommen aus dem iudicante. vnd nicht aus dem iudicando obiecto. Es ist Ja zweyerley Judicans vnnd Judicandum

9 Valentin Weigel, GGr. 4. Kap., S. 19.
10 Valentin Weigel, GGr. 8. Kap., S. 14.

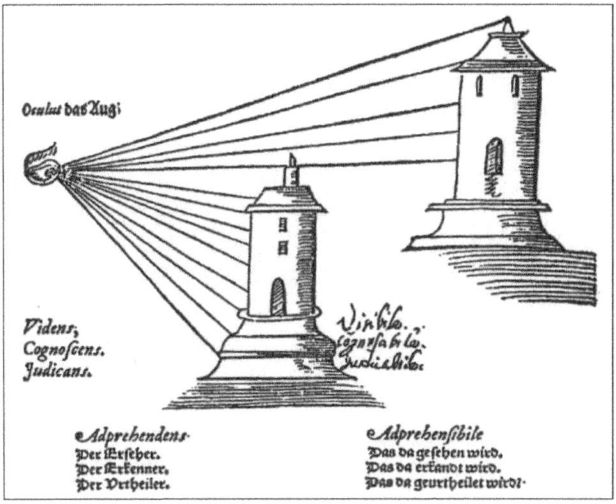

Abbildung 2

oder iudicatum. Das eine ist actiuum, das ist wircklich, das ander ist passiuum, vum, das ist leidtlich“[11].

Weigel hat diese Vorstellung über den Erkenntnisvorgang in der obenstehenden Skizze (Abb. 2) anschaulich zu machen versucht. Diese Auffassung, die in der Antike und im Mittelalter allgemein verbreitet war, darf nicht zu der Annahme verleiten, dass das Objekt im Grunde genommen für die Erkenntnis entbehrlich sei. Das Objekt ist für die Erkenntnis unentbehrlich, denn es hat die Aufgabe, das Erkenntnisvermögen und darüber hinaus auch den Erkenntnisinhalt des Subjekts als einen dem Menschen angeborenen Erbteil zu wecken und in Erinnerung zu rufen. Die bisher beschriebene Art und Weise des Zustandekommens der Erkenntnis, die durch das Objekt im Subjekt erinnert und erweckt wird, gilt nur für den Bereich der natürlichen Erkenntnis, „do der mensche durch eigene kreffte vnd vermogen ein objectum fur sich nimpt vnd erforsceht, ergrubelt, erfehret desselbigen eigenscha natur vndt vnd Wirckung, es sey nun im sichtbaren oder vnsichtbaren Licht der natur“[12].Die übernatürliche Erkenntnis dagegen „ist nicht aus vermogenheit der natur, sondern do gnade wircket, do der mensch mit aller seiner vernunft vnd weisheit in eine stille schweigen komet, do got selber sich in das leidtliche auge eingeusset, do der mensche nur wartet vnnd empfehet, vnnd got gibet vnd wircket. Jn summa, do gleich das obiectum wircket in das auge vnd

11 Valentin Weigel, GGr. 21. Kap., S. 84.
12 Valentin Weigel, GGr. 12. Kap., S. 48.

das auge nit in das obiectum, wie in der naturlichen erkentnis geschicht"[13]. Der wichtigste Untrschied zwischen natürlicher und übernatürlicher Erkenntnis besteht also darin, daß natürliche Erkenntnis im Menschen ihren Ausgangspunkt hat, während übernatürliche Erkenntnis ihren Ursprung und zugleich auch ihr Ziel allein in Gott hat. Obwohl die übernatürliche Erkenntnis von Gott ausgeht, kommt diese Erkenntnis nicht von außen in den Menschen hinein, sondern fließt ihm vielmehr von innen durch das innere Auge zu, denn Gott wohnt im Menschen "im Jnwendigen grunde der seelen, Nemlich gottes Wort, Wille, gesetz, geist etc.Wie Christus bezeuget Lucae. 17 Das reich gottes ist Jnwendig in euch"[14].

c) Erleuchtung

Die Gegenwart Gottes im Herzen des Menschen kann allein im Lichte des Glaubens erkannt werden, d.h. durch eine Erleuchtung von oben: „Allein daß allhier in der seligmachenden vbernaturlichen erkentnis, der mensche nicht selber sey das auge, sondern lasse got selber sein das auge, in mit vnnd durch den menschen, Welches trawn geschehen muß nit in wurckender, sondern alleinin leidender weise. Das auge oder der Mensche, der got sehen will vnndt erkennen, muß nichts wircken, sondern muß todt sein, muß feiern vdn Sabath halten, muß ich gotgeben vnnd lassen, in gehorsamdes glaubens, auf got warten in ihm selber, vnd nit von aussen zu hie oder da mit den gedancken wircklicher weise, hund vnd herlaffen durch die Creaturen etc, Solch feyern oder Sabath halten ist nitweniger als in den todt gehen und sterben, Ja in die Helle heworffen werden, vnnd gantz im vnglauben begriffen sein etc,"[15]. Der Glaube bedeutet also eine ganzheitliche Hingabe des Menschen an Christus, und diese Hingabe ist ein Weg durch Sterben und Tod zur Wiedergeburt in Christus. Die Wiedergeburt ·"lest den menschen nit sein selbest bleiben, sondern er muß das seyn vnd bleiben, an den er gleubet, aus dem er wiedergebohren ist, daß der mensche nit mehr lebe, sondern Christus in ihm".[16] Für die übernatürliche Erkenntnis bedeutet dies, dass Gott als das die Erkenntnis bewirkende Objekt dann in das Auge des Herzens einfließt; und wenn der Mensch dann frei von Eigenwillen und ganz gelassen ist, denn ist er wiedergeboren. Dieser wiedergeborene Mensch ist nicht er selbst, „sondern gottes, darumb sihet vnnd erkennet sich got selber. Also ist er das Auge vnnd die erkenntnis selber, in mit vndt durch den menschen, als durch sein gehorsames werckzeug"[17], d.h. der Mensch wird, wenn er seinen Eigenwillen losgelassen hat, in die ewige göttliche Selbsterkenntnis einbezogen, denn „gott wil selber sein das auge, oder die erkentnis im menschen, meynet vnnd suchter vnser hochs-

13 Valentin Weigel, GGr. 12. Kap., S. 48 f.
14 Valentin Weigel, GGr. 13. Kap., S. 53.
15 Valentin Weigel, GGr. 13. Kap., S. 54 f.
16 Valentin Weigel, GGr. 13. Kap., S. 55.
17 Valentin Weigel, GGr. 13. Kap., S. 55.

te vnnd ewige seligkeit“[18].Dadurch wird aber nicht nur der Verstand und das Herz des Menschen zum Werkzeug Gottes, sondern auch die Vernijnft und der Leib. Die Entscheidung über eine derartig ganzheitliche Hingabe des Menschen in Gottes Willen fällt der Mensch selber, der alle seine Kräfte, seine ganze Vernunft und seinen ganzen Verstand auf Gott ansammelt und in aller Gelassenheit auf Gott wartet, der in ihm ist.

3 Zum Abschluss

Weigl hat ohne Zweifel dies alles, was er über die metaphysische oder übernatürliche Erkenntnis geschrieben hat, selber erlebt und erfahren. Zusammenfassend hat er seine Lehren in zehn Punkten über die übernatürliche Erkenntnis zusammengestellt: „Ernstlich daß sich die naturliche erkentnis nicht wircklich, sodem leidtlich halte, kegen seinen kegenwurffe. 2. Das der kegenwurff sein licht gleich ausgiesse, wie sonne ihren schein, auf alle augen. 3. Das die Vngleichheitt des lichtes, nicht vom kegenwurffe, sondern von vnformlicher darbietung, oder vngleicher zuwartung, verursachet werde. 4. Das der guttige gott keyne Vrsach sey der menschlichen blinheitt, sondern der mensche selber, durch seynen vnglauben. Zum funften das gleichwohl friede in eynigkeit vnter den gleubigen bleibe, in solcher vngleichen erleuchtung. 6. Das darumb vbernaturliche erkentnis heisse, das Solchs obiectum weder mit sinnen, noch mit der Imagination, noch mit der Vernunfft, noch Verstande erreichet werde, sondern sey vber alle natrliche kreffte vnnd vermogen. 7. Das der glaub ein werck vnd gabe des H. gistes sey in den gelassen Hertzen, vnnd mit nichte der Creatur. 8. Daß alle vbernatrliche erkentnis oder weisheit gottes, zuvor in vns verborgen lige, dan gottliche erkentnis mag nicht von aussen hinein getragen werden, sie muß von Jnnen herauß quellen, von dem Vatter des lichts. 9. Daß die schrifft kein wesen wurcke im menschen, sondern sey nutz zur warnung ermanung, lere, erweckung des schatzes, des Jnnern Worts, welches got in vns geleget hat. 10. Das der gleubige nit sein selbst sey, sondern gottes, auff das got bleibe alles in allem“[19].Ursprung und Ziel des Menschen ist die metaphysische Erkenntnis Gottes als Teilhabe und Vereinigung mit der göttlichen Selbsterkenntnis, denn „gott sihet sich selber durch sich selber, vnd erkennet sich selber durch sich selber“[20]. Valentin Weigel hat in seiner im Jahr 1571 entstandenen Schrift „Bericht zur Deutschen Theologi Lehre von der Überwindung des Eigewillens und der Ichhaftigkeit auf dem Weg zu Gott in einem Gedicht zusammengefasst:

18 Valentin Weigel, GGr. 13. Kap., S. 55.
19 Valentin Weigel, GGr. 14. Kap., S. 60.
20 Valentin Weigel, GGr. 12. Kap., S. 49.

„So lange du suchest ich / mir / mich / ichts
So bekommest du ware Erkantnuß nicht.
Wenn du in Christo Gotte wilt leben /
So mustu dich ihme gantz ergeben /
Die Selbheit / Jchheit lassen stehen /
Deines Willens gantz vnd gar außgehen /
Da wircket das ewige Gut allein /
Daß alle Ding werden Gottes vnd dein.
Solche Kunst in diesem Buch wird gelehrt /
Darumb off zu lesen sey vnbeschwert.
Wiltz mit gott vereinigtseyn /
So lebe seinen willen allein /
Laß deinen eigenen Willen sterben /
So wirst das höchste Gut erwerben /
Wiwol solches garsawr gehet eyn /
So muß es doch endlich gelassen seyn.“[21]

21 Valetin Weigel, Bericht zur 'Deutschen Theologie', in: Valentin Weigel, Sämtliche Schriften, hrsg. von Horst Pfeifferl, Bd. 1, Stuttgart-Bad Cannstadt 2012, S. 114.

3 Über die Freiheit des göttlichen Ungrundes: Jakob Böhmes Lehre von der ewigen Natur und vom Feuerblitz

Grundlage und Ausgangspunkt von Jakob Böhmes Lehre von der ewigen Natur und vom Feuerblitz ist das Durchbruchserlebnis, das ihm in einer geistigen Schau im Jahr 1600 zuteilwurde. Böhme hat dieses Erlebnis auf eine sehr eigenständige Weise dargestellt. Er wird deshalb mit vollem Recht auch philosophus teutonicus genannt. Böhme hat diesen Durchbruch im Jahr 2012 in seinem ersten Werk *Aurora oder Morgenröte im Aufgang* eindrucksvoll geschildert. Zunächst spricht er von seiner Traurigkeit und Trübsal und dann: „Als sich aber in solcher Trübsal mein Geist (dann ich wenig und nichts verstund was er war) ernstlich in GOtt erhub als mit einem grossen Sturme, und mein gantz Hertz und Gemüthe, samt allen andern Gedancken und Willen sich alles darein schlos, ohne nachlassen mit der Liebe und Barmhertzigkeit GOttes zu ringen, und nicht nachzulassen, Er segnete mich dann, das ist, Er erleuchtete mich mit seinem H. Geiste, damit ich seinen Willen möchte verstehen, und meiner Traurigkeit los werden; so brach der Geist durch“[1]. Die durchgehende Bedeutung dieses Durchbruchs erklärt Böhme mit Hilfe seiner Lehre von der ewigen Natur und vom Feuerblitz. Nach einer kurzen einleitenden Betrachtung über den Ursprung der ewigen Natur wird im Folgenden die göttliche Selbstoffenbarung durch die Natur dargestellt und anschließend ihre Bedeutung für den geistigen Weg des Menschen aufgezeigt, die im Durchbruch der göttlichen Freiheit ihren Höhepunkt erreicht.

---

1 Jakob Böhme, Mr 19, 10. Die Zitierung erfolgt nach Jakob Böhmes Sämtlichen Schriften, Faksimile-Neudruck der Ausgabe von 1730 in elf Bänden, begonnen von August Faust, neu herausgegeben von Will-Erich Peuckert. Stuttgart 1955–1961. Es gelten folgende Abkürzungen: Clavis = Cl, Vierzig Fragen = 40 Fr; Dreifaches Leben des Menschen = 3fL; Drei Prinzipien = 3P; Gnadenwahl = Gw, Mysterium magnum = Mm, Menschwerdung Jesu Christi = Mw; Morgenröte = Mr, 6 theosophische Punkte = 6 theos. P, 6 mystische Punkte = 6 m. P; Drei Prinzipien = 3 P; Signatura rerum =.Sg; Tabula e=Tab; Betr. göttlicher Offenbarung = BgO.

1 Über den Ursprung der ewigen Natur

Die Gottheit als Ungrund oder als das Absolute, das sich nicht unmittelbar kundgeben kann, offenbart sich durch seinen ungründlichen und unfasslichen Willen. Dieser unfassliche Wille fasst sich in sich selber und geht durch dieses „sein ewige Gefundenes aus, und führet sich in eine ewige Beschaulichkeit seiner selbst"[2]. Diese Dreiheit von Unfasslichem, Gefundenem und Ausgang, die nicht mit der göttlichen Dreifaltigkeit verwechselt werden darf, ist „in seiner Geburt, in seiner Selbst-Beschaulichkeit der Weisheit ... von Ewigkeit je gewesen, und besitzt in sich selber keinen andern Grund noch Stätte, als nur sich selber; es ist ein Einig Leben, und ein einiger Wille"[3]. Diese Einheit ist aber noch ganz still und ohne Wesen. Damit aber die stille Einheit lautbar und offenbar werde, führt Gott seinen Willen in die Natur ein. Weil aber dieser von der Einheit ausgegangene Wille, d.h. die Natur, „ein Etwas ist gegen(über) der Einheit (welche ist als ein Nichts, und doch Alles ist), so führet er sich in Begierde seiner selber ein, und begehret sich selber, und auch die Einheit, daraus er geflossen ist"[4]. Dadurch entstehen Unterschiede in der Einheit, und aus den Unterschieden geht die Natur in Gott hervor, die nicht mit der zeitlichen Natur verwechselt werden darf.

2 Die sieben Eigenschaften der ewigen Natur

Wenn sich die Gottheit im Unterschied zur Dreiheit in ihrer Dreifaltigkeit und Weisheit offenbaren will, dann werden in ihr (der Gottheit) sieben Eigenschaften der ewigen Natur unterschieden. „Außer der Bezeichnung Eigenschaften gebraucht Böhme noch andere Bezeichnungen, nämlich Qualitäten, Haupt-Gestalten, Quellgeister, Species, Gradus, Geister, Haupt-Quellen und Naturgeister. Diese sieben Eigenschaften der ewigen Natur sind in ihrer linearen Reihenfolge: 1. Die Begierde, 2. Die Beweglichkeit der Begierde, 3. Die Angst, 4. Das Feuer, 5. Liebe-Begierde, 6.Schall, Wort, 7. Wesen, Gehäuse. Die einzelnen Bedeutungen dieser Eigenschaften oder Gestalten hat Böhme auf folgender Weise kurz beschrieben und zusammengefasst:

2 Jakob Böhme, Gw, 1, 5.
3 Jakob böhme, Gw, 1, 7.
4 Jakob Böhme, BgO, 3, 7.

2.1 Die erste Eigenschaft oder Gestalt

Die erste Eigenschaft oder Gestalt der ewigen Natur ist Begierde. Sie entsteht durch die Bewegung des ungründlichen Willens, „da der Wille etwas seyn will, und hat doch Nichts, daraus es ihm etwas mache“[5], so fasst er sich selbst; weil er aber nichts findet, zieht er sich selber in sich zusammenzieht und ist finster. Von diesem durch das Begehren zusammengezogenen finster gewordenen Willen, der in sich Herbe, Schärfe und Härte bildet, will sich der erste Wille wieder befreien, denn er begehrt das Licht.

2.2 Die zweite Eigenschaft oder Gestalt

Aus diesem Gegensatz entsteht die zweite Eigenschaft oder Naturgestalt, die von Böhme als Bewegung oder Bewegnis bezeichnet wird. Diese Bewegung zerbricht die Härte, „zerscheidet [zertrennt] die angezogene Begierde, und bringet sie in Vielheit“[6] und erweckt zugleich auch das Leben. Während sich also der Wille in der ersten Naturgestalt zusammenzieht, breitet er sich in der zweiten Naturgestalt aus.

2.3 Die dritte Eigenschaft oder Gestalt

Indem beide Gestalten gegeneinander wirken, entsteht die dritte Eigenschaft Gestalt der ewigen Natur, die Böhme als Angst oder Angst-Qual bezeichnet. Die Angst entsteht dadurch, dass sich die Begierde in sich selber zusammenzieht und hart wird. „Die Härte ist haltend, und das Ziehen [der Bewegung] ist fliehend; Eins will in sich, und das Ander will aus sich: So es aber nicht voneinander weichen und sich trennen kann, so wird's ineinander gleich einem drehenden Rade“[7]. Böhme betont in diesem Zusammenhang, dass diese drei ersten Naturgestalten nicht Gott selber sind, sondern sie sind Kundgebungen der ungründlichen Willensbewegungen.

2.4 Die vierte Eigenschaft oder Gestalt

Diese drei Gestalten werden durch die vierte Eigenschaft oder Gestalt, den Feuerblitz, als göttliche Dreieinigkeit wesentlich und offenbar. Die vierte Gestalt, der Feuerblitz, entsteht aus der Sehnsucht der Angst, wieder in die ewige Freiheit zurückzufinden. Das bedeutet: die Freiheit ergreift mit dem ewigen Willen die Finsternis, „und die Finsterniß greiffet nach dem Lichte der Freyheit, und kann es nicht erreichen, dann sie schleust sich mit der Begierde selber in sich zu, und macht sich in sich selber zur Finsterniß; und aus diesen beyden, als aus der finsteren Impression [Zusammenziehung], und aus des Lichts oder Freyheit Begierde gegen

5 Jakob Böhme, Cl, 38.
6 Jakob Böhme, Cl, 30.
7 Jakob Böhme, Mm 3, 15.

der Impression, wird in der Impression der schielende Blitz, als der Urstand des Feuers“[8]. Dieser Feuerblitz überwindet die Finsternis der ersten drei Naturgestalten. Das ist ein Vorgang „wie das Leben aus dem Tode urstände: Es wird kein Leben, es zerbreche dann das enige daraus das Leben gehen soll; Es muß alles in die Angst-Kammer ins Centrum eingehen, und muß den Feuer-Blitz in der Angst erreichen, sonst ist keine Anzündung, wiewol das Feuer mancherley ist, also auch das Leben: aber aus der grössesten Angst urständet auch das grösseste Leben, als aus einem rechten Feuer“[9]. Im Feuerblitz „wird der ewige Wille, der kein Grund ist, offenbar“[10]; mit anderen Worten: „Wenn der Blitz oder Schrack aufgehet, so ists im Punct, und machet

im Blicke einen Dreyangel  oder 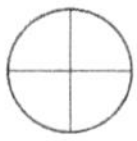 Creutz“[11]. Böhme deutet den

Dreiangel als ein Symbol für den verborgenen Gott „als das Wort oder Göttlichen Verstand, welcher in seiner ewigen uranfänglichen Geburt Dreyfaltig ist, und doch nur Einig in seiner Offenbarung“[12]. Im Aufgang des Feuerblitzes erscheint der Ungrund, der gleichsam alle drei Naturgestalten in sich verschlingt. Weil aber der Grund dieser drei ersten Naturgestalten verschlungen wird, entsteht daraus ein anderer oder neuer Anfang, der drei Welten oder Prinzipien bildet, nämlich das Feuer- und das Lichtprinzip und dann das das dritte Prinzip, das seinen Anfang mit dem Anfang der Zeit genommen hat[13]. Prinzip bedeutet in diesem Zusammenhang alles das, „da sich ein Leben und Beweglichkeit findet da keines ist; das Feuer ist ein Principium mit seiner Eigenschaft, und das Licht ist auch ein Principium mit seiner Eigenschaft, denn es wird aus dem Feuer erboren, und ist doch nicht des Feuers Eigenschaft; Es hat auch sein Leben in sich, aber das Feuer ist Ursache daran; und die grimmige Angst ist eine Ursache der beyden“[14]. Das Lichtprinzip tritt mit der fünften Gestalt oder Eigenschaft in Erscheinung.

2.5 Die fünfte Eigenschaft oder Gestalt

Die fünfte Gestalt ist „das wahre Liebe-Feuer, das sich in dem Lichte aus dem peinlichen Feuer scheidet, darinnen nun die Göttliche Liebe im Wesen verstanden wird“[15]. Diese fünfte Gestalt „hat alle Kräften der Göttlichen Weisheit in sich,

8 Jakob Böhme, S. 14, 22.
9 Jakob Böhme, Mw 2, 5, 10.
10 Jakob Böhme, Mm 4, 11.
11 Jakob Böhme, Mm 4, 2.
12 Jakob Böhmw Mm 4, 2
13 Vgl. Jakob Böhme, Mm 11, 12.
14 Jakob Böhme, 6 theos. P, 1, 2, 1.
15 Jakob Böhme, Gw, 3, 26.

und ist das Centrum, darinnen sich GOtt der Vater in seinem Sohne durchs sprechende Wort offenbaret“[16].

2.6 Die sechste Eigenschaft oder Gestalt

Alle fünf Gestalten oder Eigenschaften, die im Licht stehen, freuen sich, und dadurch wird ihre Kraft in der sechsten Gestalt als Laut, Ton, Hall oder Schall lautbar „und freuen sich alle Eigenschaften ineinander, je eine der andern, und also führet sich die Liebe der Einheit in Wircken und Wollen“[17].

2.7 Die siebente Eigenschaft oder Gestalt

Nach dem Laut, Ton, Hall oder Schall vollendet sich der Reigen der sieben Gestalten in der siebenten Naturgestalt. Sie ist das Wesen, in der alle anderen Gestalten ineinander verbunden sind und wirken. In der siebenten Gestalt wird das dritte Prinzip offenbart, sofern alle sieben Gestalten in ein Wesen gebildet werden, „welch Wesen in sich selber heilig, rein und gut ist, und der ewige, ungeschaffene Himmel heisset, als die Stätte GOttes, oder das Reich GOttes“[18]. Das dritte Prinzip ist „aus dem ersten Principio der peinlichen, finstern Feuer-Welt, und aus der heiligen licht-flammenden Liebe-Welt ausgesprochen“[19]. Diese drei Prinzipien verknüpft Böhme mit der Heiligen Dreifaltigkeit, die aufgrund der ewige Natur in Gott aus dem Bereich des Möglichen in den Bereich der äußeren Wirklichkeit hervorzutreten vermag. Die erste Person ist Gott der Vater, der Schöpfer aller Dinge, der seinen Sohn von Ewigkeit aus sich geboren hat. Die dritte Person ist der Heilige Geist, der vom Vater und vom Sohn ausgeht. Der Vater entspricht dem ersten Prinzip, und der Sohn entspricht dem zweiten Prinzip. Wenn dieses zweite Prinzip nicht „in der Geburt des Sohnes anbräche und aufginge, so wäre der Vater ein finsteres Thal. Also siehest du ja (2) daß der Sohn, welcher des Vaters Hertze, Liebe, Licht, Schöne und sanfte Wolthun ist, in seiner Geburt ein ander Principium aufschleust... Nun siehest du ja auch wol (3) wie der H. Geist vom Vater und Sohne ausgehe“[20] und auf diese Weise die Grundlage für das dritte Prinzip darstellt. Dieses Prinzip wird von Böhme im Zusammenhang mit der siebenten Naturgestalt auch als wesentliche Weisheit bezeichnet, und zwar dann, wenn sich nämlich alle Naturgestalten „in der Siebenten in ein Wesen zur Faßlichkeit eingeführet; welch Wesen in sich selber heilig, rein und gut ist, und der ewige, ungeschaffene Himmel heisset, als die Stätte GOttes, oder das Reich

16 Jakob Böhme, Gw- 3, 29.
17 Jakob Böhme, Tab, 48.
18 Jakob Böhme, Gw, 4, 10.
19 Jakob Böhme, Gw, 4, 11.
20 Jakob Böhme, 3 P, 4, 58.

GOttes“[21]. Mit anderen Worten, die siebente Naturgestalt „ist das Wesen, darinnen die andern alle wesentlich sind, darinnen sie alle wircken, wie die Seele im Leibe, darinnen man die Natur, und auch die ewige Wesentliche Weisheit GOttes, als das Mysterium Magnum, verstehet, aus welchem Grunde die sichtbare Welt mit ihrem Wesen und Creaturen ist entsprossen“[22]. Die folgende Übersicht[23] zeigt die Gesamtheit der sieben Gestalten der ewigen Natur und der drei Prinzipien:

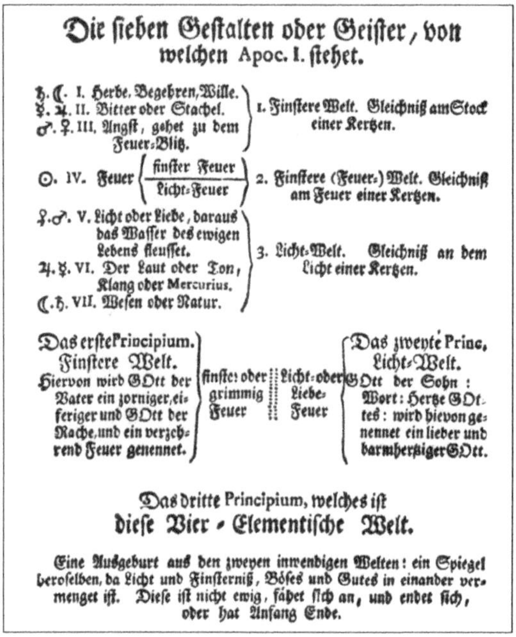
Die sieben Gestalten oder Geister, von welchen Apoc. I. stehet.

♄. ☾. I. Herbe, Begehren, Wille.
☿. ♃. II. Bitter oder Stachel.
♂. ♀. III. Angst, gehet zu dem Feuer-Blitz.
1. Finstere Welt. Gleichniß am Stock einer Kertzen.

☉. IV. Feuer (finster Feuer / Licht-Feuer)
2. Finstere (Feuer-) Welt. Gleichniß am Feuer einer Kertzen.

♀. ♂. V. Licht oder Liebe, daraus das Wasser des ewigen Lebens fleusset.
♃. ☿. VI. Der Laut oder Ton, Klang oder Mercurius.
☾. ♄. VII. Wesen oder Natur.
3. Licht-Welt. Gleichniß an dem Licht einer Kertzen.

Das erste Principium. Finstere Welt. Hiervon wird GOtt der Vater ein zorniger, eiferiger und GOtt der Rache, und ein verzehrend Feuer genennet.

finster oder grimmig Feuer | Licht- oder Liebe-Feuer

Das zweyte Princ. Licht-Welt. GOtt der Sohn: Wort: Hertze GOttes: wird hievon genennet ein lieber und barmhertziger GOtt.

Das dritte Principium, welches ist diese Vier-Elementische Welt.

Eine Ausgeburt aus den zweyen inwendigen Welten: ein Spiegel derselben, da Licht und Finsterniß, Böses und Gutes in einander vermenget ist. Diese ist nicht ewig, fähet sich an, und endet sich, oder hat Anfang Ende.

Abbildung 3

Diese Gestalten oder Geister der ewigen Natur in Gott, die hier nacheinander angeordnet sind, entstehen aber nicht nacheinander, sondern werden gleichewig „ineinander geboren, einer gebäret immer den andern, es ist keiner der erste und auch keiner der letzte: denn der letzte gebäret sowol den ersten, als der erste den andern, dritten, vierten bis auf den letzten. Daß aber einer der erste und ander und so fortan genennet wird, wird dahin gesehen, welcher der erste an der Bildung

21 Jakob Böhme, Gw, 4, 10.
22 Jakob Böhme, Tab, 49.
23 Jakob Böhme, Cl, S. 109.

einer Creatur und Formung ist. Denn sie sind alle 7 gleich-ewig, und hat keiner einen Anfang und Ende: und darum, daß die 7 Qualitäten immer eine die andere gebäret, und keine ausser der andern ist, erfolget, daß da sey ein einziger, ewiger, allmächtiger GOtt"[24]. Dieses gleichewige Ineinander der Eigenschaften oder Gestalten veranschaulicht Böhme mit seinem Bild vom Rad der Geburt: „Denn die Gottheit ist gleichwie ein Rad, das sich mit seinen Fälgen und Speichen, und mit samt der Naben umwendet, und das ineiander gefälget ist als wie 7 Räder, daß es kann ohne Umwendung vor sich und hinter sich, sowol über sich, unter sich und neben sich gehen. Da man immer die Gestalt aller 7 Räder, und die einige Nabe in Mitten in allen 7 Rädern recht siehet, und doch nicht verstehen kann, wie das Rad gemacht ist; sondern man wundert sich immer ob dem Rade, indem sichs immer wunderlicher erzeiget mit seinem Aufsteigen, und bleibet doch auch nur an seiner Stelle. Auf eine solche Art wird die Gottheit immer geboren"[25]. Diese ewige Gebärung bezieht sich auf die göttliche „Selbst-Offenbarung"[26]. Wenn sich die Gottheit in der Schöpfung der Welt „aus sich"[27] nach außen offenbart, dann spiegelt die „gantze äussere sichtbare Welt mit all ihrem Wesen"[28] die innere geistige Welt wieder. So steht auch die äußere Welt „vornehmlich in sieben Eigenschaften und Gestalten, da eine iede die andere ursachet und machet, keine ist die erste noch letzte, sondern es ist das ewige Band: Darum hat auch GOtt sechs Tage zum Wercken dem Menschen geordnet, und der siebente Tag ist die siebente Vollkommenheit darinnen die sechs ruhen"[29]. Die sieben Eigenschaften in der äußeren Welt „begreiffen in ihrem Cirk oder Raum den Himmel und diese Welt, und die Weite und Tieffe ausser und über den Himmel über der Welt, unter der Welt und in der Welt; ja den gantzen Vater, der weder Anfang noch Ende hat. Sie begreiffen auch alle Creaturen im Himmel und in dieser Welt; und alle Creaturen im Himmel und in dieser Welt sind aus diesen Geistern [Eigenschaften] gebildet, und leben darinnen als in ihrem Eigenthum: Und ihr Leben und Vernunft wird auf eine solche Weise in ihnen geboren, wie das Göttliche Wesen geboren wird, und auch in derselben Kraft. Und aus demselben Corpus der 7 Geister GOttes sind alle Dinge gemacht und herkommen, alle Engel, alle Teufel, der Himmel, die Sternen, die Elements"[30] und den Menschen und alles, was da ist.

24 Jakob Böhme, Mr, 10, 2 f.
25 Jakob Böhme, Mr, 16, 10 ff. Vgl. dazu Mr, 13, 71–74.
26 Jakob Böhme, Sg, 14, 35.
27 Jakob Böhme, 6 P theos, 1, 2, 19.
28 Jakob Böhme, Sg, 9, 1 .
29 Jakob Böhme, Sg, 9, 2.
30 Jakob Böhme, Mr, 9,41.

3 Die Bedeutung der sieben Eigenschaften für den geistigen Weg des Menschen

Gott hat den Menschen nach seinem Bild und Gleichnis[31] aus allen Kräften des himmlischen Wesens geschaffen. Der erste Mensch hatte an allen drei Prinzipien teil und war „gleich wie der gantze Gott“[32] ein Spiegelbild der göttlichen Weisheit. Der Mensch war ein Limus[33] aus allen Wesen, in dem die Lichtseele oder der Licht-Odem herrscht, welcher aus dem Feuer-Odem entspringt. „Der innere Feuer-Odem ist die wahre, ewige creatürliche Seele, und des Lichts Odem ist der wahre, verständige Geist der Seelen, darin sie ein Engel ist, und der äussere Luft-Odem ist die Vernunft-Seele im wachsenden thierischen Leben, damit der Mensch in alle Creaturen dieser Welt herrschet: Das ist eine einige Seele in dreyen Principien nach dem Gleichnis GOttes“[34]. Der erste Mensch war androgyn und Sophia, die Jungfrau der Weisheit, die eine Braut Gottes ist, wurde auch seine Braut. Durch diese Vermählung des ersten Menschen mit der Jungfrau Sophia wurde seine Feuerseele oder sein Feuer-Odem in die Lichtseele verwandelt, und sein Wesen stand in vollkommener Harmonie. Diese Harmonie zerbrach durch den Fall des Menschen, der in zwei Stufen erfolgte. Die erste Stufe bestand darin, dass Adam „wollte probiren, wie es schmeckte, wann Bös und Gut ineinander ein iedes in sich selber offenbar werde, als in der Ungleichheit ausserhalb dem Göttlichen Einen“[35]. Als Adam dies probierte, wurde die Lichtwelt in ihm dunkel, er verlor seine himmlische Leiblichkeit, und sein Leib wurde tierisch. Die Jungfrau Sophia trennt sich von ihm, und der einsam gewordene Adam wird ohnmächtig und sinkt bewusstlos in einen tiefen Schlaf. Er verliert dadurch das Wissen und die Erkenntnis vom göttlichen Lichtreich. Gott entnimmt dem schlafenden Adam eine Rippe und formt daraus eine Gefährtin für ihn. Der androgyne Urmensch ist nun in Mann und Frau getrennt. Adam und Eva essen von den verbotenen Früchten des Baumes der Erkenntnis, und damit erfolgt der zweite Fall des ersten Menschenpaares. Sie verlieren endgültig ihre Geistleiblichkeit und werden „nach dem äussern Leib ein Thier aller Thiere, als das thierische Bild GOttes“[36]. Damit wird der Mensch mit seinem Leib endgültig irdisch und sterblich, aber seine Seele bleibt aufgrund ihrer göttlichen Herkunft ewig bestehen. „Die Seele ist aus

31 Vgl. Gen 1, 27.
32 Jakob Böhme, 3f L, 8, 2.
33 Mit Limus wird ein Auszug aus allen drei Prinzipien bezeichnet, aus denen der äußere Mensch geformt ist.
34 Jakob Böhme, Mm, 15, 15.
35 Jakob Böhme, Mm, 41, 24.
36 Jakob Böhme, Gw, 7, 6.

GOttes Munde ausgegangen, und gehet im Sterben des Leibes wieder in GOttes Mund"[37], denn „was von Ewigkeit ist, das bleibet ewig"[38].

4 Der Fall des Menschen

Ausgangspunkt für den Weg des gefallenen Menschen aus der Finsternis ins Licht ist das Wissen und die Erkenntnis von der verborgenen Gegenwart Gottes in der Seele. Böhme gebraucht dafür auch das Bild vom Feuer, das im Stein verschlossen ist und mit Hinwendung zu Gott aufgeschlagen werden muss. Diese Hinwendung darf, so Böhme, nicht historisch verstanden werden, vielmehr muss die Seele aus der Vernunft dieser Welt in Christi Leben ausdringen. „Es muß Ernst seyn, denn die Historia erreicht nicht Christi Fleisch und Blut, es muß der Tod zersprenget werden, wiewol ihn Christus zersprenget hat"[39]. Den Weg zu dieser Zersprengung beschreibt Böhme auf vielfache Weise und auch mit Hilfe der Wirkungsweisen der sieben Natureigenschaften. Im Centrum Naturae, d.h. im Allerinnersten der Natur ist der ewige göttliche Wille, der frei ist, „denn er hat in sich nichts als das Licht der Majestät, und wohnet in dem ewigen Nichts, darum mag Ihn auch Nichts rühren. Aber sein Begehren, daß das Centrum Naturae machet, dasselbe hat nur eine solche Eigenschaft: denn da ist die Herbichkeit, als die erste Gestalt der Natur, die zeucht immer an sich, und nimt da Nichts ist"[40]. Dieser ersten Gestalt steht die zweite Gestalt gegenüber, das ist sein Ziehen oder Stachel. Diesen Gegensatz schildert Böhme als eine Dialektik von Herr und Knecht. Die zweite Gestalt ist der „Knecht, der da zusammen raffet, was das Begehren will; der ist der Arbeiter, bedeut den untern Menschen, der ist bös, zornig, wütende, sticht und tobet in der Herbichkeit, das mag die Herbichkeit vom Knecht nicht leiden, zeucht ihn nur heftiger, also wird der Knecht nur böser und toller, und stürmet dem Herrn das Haus: also will der Herr den Knecht binden und halten, und der Knecht reisset mit Bosheit überaus. Und so ihn dann sein Herr, als die Herbichkeit, nicht mag bewältigen, gerathen sie miteinander in eine grosse Angst, Feindschaft, und Wiederwärtigkeit, fangen ein drehend Rad an zu machen, sich zu würgen, morden und tödten"[41]. Dieses drehende Rad ist die dritte Gestalt, aus der Krieg und Streit herrühren. Dann beschreibt Böhme die Bedeutung dieser dritten Gestalt für den Menschen. Wenn der Mensch „in der Angst der Feindschaft ist, daß der Stachel des Todes und Zornes in ihm wütet, daß er also ängstlich, geit-

37 Jakob Böhme, 40 Fr, 19, 5.
38 Jakob Böhme, 40 Fr, 19, 6.
39 Jakob Böhme, Mw, 2, 8, 1.
40 Jakob Böhme, Mw, 2, 8, 9.
41 Jakob Böhme, Mw, 2, 8, 9.

zig, neidig, zornig und feindig ist, so soll er nicht in dem bösen Wesen bleiben, ... sondern er muß sich besinnen, und in seiner bösen Angst einen anderen Willen schöpfen, von der geitzigen Bosheit auszugehen in die Freyheit GOttes, da immer Ruhe und Friede genug ist. Er muß nur in Tod in die Gedult ersincken, in das Angst-Rad sich willig einergeben, und einen Durst nach der Erquickung GOttes, welche die Freyheit ist, schöpfen, so ersincket er durch den Angst-Tod, und fält in die Freyheit. So dann seine Angst die Freyheit kostet, daß sie eine solche stille sanfte Qual ist, so erschrickt die Angst-Qual; und im Schrecken zerbricht der feindige herbe Tod, denn es ist ein Schrack grosser Freuden, und eine Anzündung des Lebens GOttes"[42]. Der Schrack als Blitz und Ursache des Feuers bildet die vierte Gestalt. Mit dem Schrack scheidet sich die Natur in zwei Reiche, nämlich 1. in das Freudenreich und 2. in die Finsternis des Todes: „Also auch der Mensch, wenn der Lilien-Zweig zum Freudenreich also erboren wird"[43]. Dieser erste Wille grünt als Lilie auf und wächst in das Reich Gottes. Der zweite Wille sinkt in die Finsternis des Todes und streitet gegen die Lilie. Die Lilie aber flieht vor dieser rauen Finsternis, wie ein Zweig der aus der Erde wächst und „von der Sonnen aufgezogen wird, bis es ein Halm oder Baum wird: Also auch zeucht GOttes Sonne des Menschen Lilie, als den neuen Menschen, immer in seine Kraft von der bösen Essentz aus, und zeucht endlich einen Baum in GOttes Reich daraus"[44]. Der alte böse Baum dagegen fällt auf die Erde und von dort wieder in das Centrum Naturae. Nach der vierten Gestalt wird durch Liebes-Geburt des Freudenreichs die fünfte Gestalt gebildet. „Und das Einschlingen der Wesenheit aus der Sanftmuth ins Feuers-Qual, da das Feuer auch die Freudenreich erreichet, als der Schall oder Offenbarung der Farben, Wunder und Tugenden, davon die fünf Sensus, als Sehen, Hören, Riechen, Schmecken und Fühlen entstehen"[45], bildet die sechste Gestalt. Die siebente Gestalt ist „die Wesenheit des Lichts, darinn das Göttliche Element begriffen [ist], aus welchem das Grünen oder Paradeis entstehet"[46]. Diese Gestalt ist „die Mutter aller Gestalten, die allen Gestalten, die allen Gestalten Wesen, Kraft und Sanftmuth gibt, daß ein ewig Leben und Wonne des Lebens ist. Denn die siebente Gestalt hält in sich selber inne die Englische Welt, sowol das Paradeis oder rechte Himmelreich, darinn das Wesen der Gottheit offenbar ist, und alles, was die Licht-Welt beschleust"[47].

Böhme wendet dann seinen Blick auf den Menschen und weist darauf hin, dass auch er das Centrum Naturae in sich hat. In diesem Centrum ist der göttliche

42 Jakob Böhme, Mw, 2, 8, 11.
43 Jakob Böhme, Mw, 2, 8, 12.
44 Jakob Böhme, Mw, 2, 8, 12.
45 Jakob Böhme, Mw, 2, 8, 14.
46 Jakob Böhme, Mw, 2, 8, 14.
47 Jakob Böhme, Mw, 2, 8, 14.

Wille, der sich, wie gezeigt wurde, in der vierten Naturgestalt in zwei Willen aufspaltet, das heißt in die Finsterwelt und in die Lichtwelt, in Liebe und Zorn. Weil der Mensch aber gefallen ist und im Finsteren lebt, steht der göttliche Wille in der Liebe gegen den Menschen[48]. Ausdruck des göttlichen Liebeswillens ist die Menschwerdung Gottes. „GOtt ist Mensch worden, und will uns haben; so will uns sein Zorn ins Reich des Grimmes auch haben“[49]. Daraus folgt: „wo wir nun hinwerben, da hinein gehen wir. Setzten wir unsere Imagination [Ein-Bildung] ins Licht GOttes, und gehen mit Ernst hinein, so kommen wir hinein, und werden noch mit Ernst hinein gezogen; wollen wir denn unsern Willen in dieser Welt Herrlichkeit setzen, und das Ewige lassen fahren, so haben wir auch zu hoffen, daß wir mit dieser Welt Grimm werden müssen ins erste Mysterium eingehen: Werden wir alsdenn nicht Göttliche Imagination als Glauben in uns haben, so wird uns die Göttliche Liebe verlassen, und uns nicht zu ihrer Thür hinein lassen“[50]. Der Mensch, der aber den Weg zur göttlichen Liebe beschreiten und Gott schauen will, muss seinen Eigenwillen brechen. Böhme fordert den Menschen auf: „Du must einen Willen in GOtt schöpfen, aus deiner Seelen must du einen Willen schöpfen und mit demselben in GOtt aus der Bosheit eingehen, so wirst du ins Feuer GOttes eingeführet werden, verstehe, der Willen-Geist, der wird deine Seele anzünden: alsdenn greiff nach dem Leben und Geiste Christi, so wirst du ihn empfahen, der wird dich neu gebären, mit einem neuen Willen, der dir bleiben wird. Derselbe ist die Blume deiner Seelen, darinne das neue Kind stehet, in der Bildniß GOttes“[51]. Dieser neue Mensch kann aber vom äußeren Menschen in dieser irdischen Welt nicht erkannt werden. Allein „der Geist, so aus dem neuen Menschen erboren wird“[52] ist dazu imstande. Um die neue Geburt erkennen zu können, verweist Böhme auf das Gleichnis Gottes als das Begehren, die Sinne und das Gemüt: „Diese drey Dinge halten inne des Geistes Centrum, aus welchem der starcke Wille ausgeboren wird, in welchem die rechte wahre Gleichniß und das Bild GOttes mit Fleisch und Blute stehet, welches der äussere Mensch nicht kennet; denn dasselbe Bild ist nicht in dieser Welt, es hat ein ander Principium, als in der Englischen Welt: und stehet diese Zeit dieses Lebens im Mysterio, in der Verborgenheit, als das Gold im Steine“[53]. Obwohl das Gold die Grobheit des Steins nicht ergreifen kann, ist die Grobheit die Ursache des Goldes. „Also ist auch unser alter Adam und Leib eine Ursache des neuen Leibes, denn er ist die Mutter: aus der alten Wesenheit urständet der neue Leib, und GOttes Geist in Christo ist

48 Vgl.Jakob Böhme, Mw, 2, 9, 2.
49 Jakob Böhme, Mw, 2, 9, 2.
50 Jakob Böhme, Mw, 2, 9, 2.
51 Jakob Böhme, Mw, 2, 9, 2.
52 Jakob Böhme, Mw, 2, 10, 1.
53 Jakob Böhme, Mw, 2, 10, 2.

Vater, wie die Sonne des Goldes, also auch GOttes Hertz des neuen Menschen"[54]. Der neue Mensch wird am Besten im Centro erkannt, nämlich im Begehren, in den Sinn und Gemüt, und wenn „unser Begehren gäntzlich nach und zu GOtt stehet, unsere Sinnen stets in GOttes Willen laufen und das Gemüthe sich gäntzlich in Gehorsam GOttes Willens einergibt, daß die Imagination von GOttes Kraft fänget, so mögen wir gewiß wissen, daß der edle Lilien-Zweig erboren ist, daß die Bildniß GOttes im Wesen ist, daß GOtt in der Gleichheit ist Mensch worden"[55]. Die Gleichheit erklärt Böhme mit Hilfe der Dreiheit von Begehren, Sinnen und Gemüt, die alle Geist sind und durch das ewige Band miteinander verbunden sind. Im Einzelnen ist das Gemüt „das Rad der Natur, die Begierde ist das Centrum, und die Sinnen sind die Essentien: denn aus den Essentien gehen die Sinnen, sie sind und haben ihren Urstand aus dem Stachel der Begierlichkeit, als aus der Herbichkeit, denn sie sind die Bitterkeit und lauffen immer ins Gemüthe, als ins Angst-Rad und suchen Ruhe, ob sie möchten die Freyheit erlangen"[56]. Dann geht Böhme kurz auf das Zusammenwirken der drei ersten Eigenschaften ein und sagt, dass diese es sind, „die in dem Angst-Rade als im Gemüthe das Feuer aufschlagen, und in der Entzündung im Schracke sich willig in Tod einergeben und ersincken also durchs Feuers Qual in die Freyheit als in GOttes Arm, sie gehen in der Freyheit aus, als ein Leben aus dem Tode"[57].

Schließlich fasst Böhme das Zusammenwirken der Eigenschaften der ewigen Natur im Hinblick auf den Durchbruch zur göttlichen Freiheit kurz zusammen: „Gott ist selber alles in allem; aber er gehet aus dem Grimme aus, und findet die Licht- und Kraft-Welt in sich selber, Er machet sie selber, daß also der Grimm mit allen Gestalten nur eine Ursache des Lebens (und sich selber in grossen Wundern finden) sey. Er ist der Grund und Ungrund, die Freyheit und auch die Natur, in Licht und Finsterniß; und der Mensch ists auch alles, so er sich selber suchet und findet, als GOtt"[58]. Deshalb ist der Mensch ein Gleichnis Gottes, und Gott offenbart sich in diesem Gleichnis. Dies geschieht dadurch, dass Gott in der menschlichen Seele den Tod zersprengt „und sein Licht gegen des Menschen Lebens-Licht gesetzet [hat]; es wird ihme das Licht gegönnet, also lange er in Sonnen Kraft lebet"[59]. Wenn der Mensch aber nicht in die Licht-Welt gehen will, bleibt er in der Finsternis. Der Mensch hat die freie Wahl, wohin er sich wenden will. Will er in die Licht-Welt gelangen, muß er durch das Feuer gehen, damit dann in ihm der Durchbruch der göttlichen Freiheit geschehen kann.

54 Jakob Böhme, Mw, 2, 10, 2.
55 Jakob Böhme, Mw, 2, 10, 3.
56 Jakob Böhme, Mw, 2, 10, 4.
57 Jakob Böhme, Mw, 2, 10, 4.
58 Jakob Böhme, Mw, 2, 10, 6.
59 Jakob Böhme, Mw 2, 10, 10.

5 Zum Abschluss

Den Mittelpunkt der ewigen Natur in Gott bildet die vierte Naturgestalt, denn in ihr ereignet sich der Durchbruch des ungründlichen Willens als göttliche Freiheit. Dieses Ereignis des Durchbruchs durchzieht wie ein ewiges Band die gesamte Mystik und Theosophie[60] Jakob Böhmes von seinem Durchbruchserlebnis bis in die verschiedenen Ebenen der ewigen und zeitlichen Natur. Das Ziel von Böhmes vielschichtiger Lehre besteht auf der Grundlage des freien Willens in der Entscheidung des Menschen zwischen Finsternis und Licht. In seinem ersten Werk *Aurora oder Morgenröte im Aufgang* sagt er: „Ein jeder Mensch ist frey, und ist wie ein eigener GOtt, er mag sich in diesem Leben in Zorn oder ins Licht verwandeln: Was einer für ein Kleid anzeucht, das verklärt ihn; und was der Mensch für einen Corpus in die Erde säet, ein solcher wird auch aufwachsen“[61].

60 Über den Unterschied zwischen Mystik und Theosophie sagt Gerhard Tersteegen: „Theosophie und Mystic sind auch unterschieden. Die wahren und Original-Theosophen; deren uns von der Apostel Zeit an sehr wenige bekannt geworden, waren alle Mystici; aber weit gefehlt, daß alle Mystici auch Theosophen seyn sollten. Unter tausenden nicht einer. Theosophen sind solche, deren Geist (nicht Vernunft, Esprit) die Tiefen der (1. Cor. 2, 10) Gottheit, nach Göttlicher Führung, erforschet, und aus unzweifelbarer Schauung solche Wunder erkant hat“. Vgl. Gerhard Tersteegen, An einen frommen Prediger, Kurtzer Bericht von der Mystik, Mühlheim 1768, in: Gerhard Tersteegen, Bd. 7/2, Briefe 2, hrsg. Von Gustav Adolf Benrath, Göttingen 2008, S. 563.

61 Jakob Böhme, Mr 18, 39.

4 Göttliche Weisheit – Die Blume des Lichts aus dem Herzen Gottes

Jakob Böhmes Lehre von der göttlichen Weisheit im Überblick

Die göttliche Weisheit – Sophia Aeterna – ist zu allen Zeiten und in allen wahren Überlieferungen und Religionen der Menschheit unter verschiedenen Namen und Gestalten gegenwärtig; sie offenbart sich vor allem in Zeiten tiefgreifender Umwälzungen und Veränderungen. Um die Wende vom 16. Zum 17. Jahrhundert ergingen ihre Offenbarungen an Jakob Böhme, den größten Mystiker und Theosophen der Neuzeit, und waren an die Völker Europas und der Welt gerichtet. Deshalb sind seine Werke mit Recht unter der Überschrift „Theosophia Revelata [Die offenbarte Gottesweisheit]"[1] zusammengefasst worden.

Jakob Böhme, den seine Freunde philosophus teutonicus nannten, wurde im Jahr 1575 in einer Bauerfamilie in Alt-Seidenberg südöstlich von Görlitz geboren. Nach dem Besuch der Dorfschule in Alt-Seidenberg erlernte er das Schuhmacherhandwerk und begab sich danach als Geselle auf die Wanderschaft. 1594 kehrte er nach Görlitz zurück, legte die Meisterprüfung ab, eröffnete eine Schuhmacherwerkstatt und heiratete im selben Jahr eine Görlitzer Bürgerstochter, mit der er 30 Jahre lang in harmonischer Ehe lebte und die ihm vier Söhne schenkte. Böhme starb am 17. November 1624 in Görlitz[2].

1 Es handelt sich um die von Johann Wilhelm Ueberfeld im Jahr 1730 in Leiden veranstaltete Gesamtausgabe der Werke Jakob Böhmes. Vgl. Anm. 2 und 7.

2 Über Leben und Werk: 1. De Vita et Scriptis Jacobi Böhmii, oder Historischer Bericht von dem Leben und Schriften Jacob Böhmens, 2. Das Leben Jacob Böhmes von Will-Erich Peuckert, in: Jakob Böhme, Sämtliche Schriften, Faksimile-Neudruck der Ausgabe von 1730 in 11 Bänden, neu hrsg. von Will-Erich Peuckert, Stuttgart 1955, Bd. 10.

1 Einführung

Jakob Böhme hat aus seiner grundlegenden geistigen Schau, die ihm im Jahr 1600 zuteilwurde und die er in einem Werk von 4000 doppelspaltigen Quartseiten mit einer sprachlich gewaltigen Gestaltungskraft entfaltet hat, Antwort auf die Grundfragen des menschlichen Daseins und Seins zu geben versucht. Dieses Werk hat auf das europäische und deutsche Geistesleben einen tiefgreifenden Einfluss ausgeübt. König Karl I. von England (1600–1649) soll 1646 Böhmes Werk *Psychologia vera, oder Viertzig Fragen von der Seele* gelesen und danach ausgerufen haben: „Gott sei gelobt, dass es Menschen gibt, die von Gott und Gottes Wort ein lebendiges Zeugnis aus der Erfahrung zu geben im Stande sind“[3]. Anschließend sandte er John Sparrow (1615–1670) nach Görlitz, damit dieser die deutsche Sprache erlernen sollte, um Böhmes Schriften ins Englische zu übersetzen. Diese Übersetzungen erschienen unter Mitwirkung von John Ellistone (1625–1652) in den Jahren 1646 bis 1662 in London. In Deutschland waren es vor allem Johann Georg Gichtel (1638–1710), Quirinus Kuhlmann (1651–1689), Gottfried Arnold (1666–1714), Friedrich Christian Oetinger (1702–1782), Novalis (1772–1801), Franz von Baader (1765–1841), Georg Wilhelm Friedrich Hegel (1770–1831), die von Böhme beeinflusst wurden, und Friedrich Wilhelm Josef Schelling (1775–1854) bezeichnete Böhme als „eine Wundererscheinung in der Geschichte der Menschheit“[4]. In Frankreich übertrug Louis Claude de Saint-Martin (1743–1803) einige Werke Jakob Böhmes ins Französische. Weitere Übersetzungen in andere Sprachen wurden und werden bis in die Gegenwart in den verschiedensten Ländern angefertigt. So sind unter anderem in den letzten Jahrzehnten Jakob Böhmes Werke mehrfach in die japanische Sprache übersetzt worden. Im Folgenden wird versucht, die Grundzüge von Böhmes Weisheitslehre im Zusammenhang mit seiner Theosophie[5] und wahren Gnosis aufzuzeigen. Dabei soll vor allem Böhme selbst ausführlich zu Wort kommen.

---

3 Vgl. Julius Hamberger, Die Lehre des deutschen Philosophen Jakob Böhme, München 1844 (Nachdruck Hildesheim 1975), S. LVII.

4 Friedrich Wilhelm Joseph von Schelling, Philosophie der Offenbarung, in: Schellings Werke, 6. Ergänzungsband, München 1954, S. 123.

5 Über die Herkunft, Geschichte und die verschiedenen Bedeutungen des Begriffs Theosophie vgl. Gotthold Müller, Theosophie. in: Historisches Wörterbuch der Philosophie, Bd. 10, Darmstadt 1998, S. 1158–1162.

Jakob Böhmes Weisheitslehre, die ihm, wie er selbst sagt, von Gott geoffenbart worden war[6], ist aber nicht nur eine Lehre, sondern zugleich ein „Weg des Lichtes“[7] oder ein mystischer Weg, der diese Lehre verwirklicht. Diese göttliche Weisheit, die Böhme auch himmlische Jungfrau Sophia nennt, leitet den Menschen auf seinem Weg zu Gott, und dieser Weg gipfelt in der Vereinigung mit dem göttlichen Willen, die im Wesentlichen dadurch erreicht wird, dass „der eingewandte, in GOtt gelassene Geist des Menschen, wenn er alles Eigene verlässet, wieder das Göttliche Auge zum Sehen und Verstand bekommet, daß er vielmehr hinwieden bekomme, als er hatte verlassen, daß er viel reicher ist, als er zuvorhin in der Seinheit war: Dann in dem eigenen Willen hat und fasset er nur ein Particular, aber in der Verlassenheit kommt er in das Gantze, als in alles“[8]. Den Durchbruch in das Ganze hat Jakob Böhme im Jahr 1600 im Zeitraum einer kurzen Viertelstunde erlebt. Im 19. Kapitel seines im Jahr 1612 niedergeschriebenen ersten Buches *Aurora oder Morgenröte im Aufgang* hat er diese Ganzheitsschau geschildert, die zum wichtigsten Ausgangspunkt seines mystisch-metaphysischen Gesamtwerks wurde. Zunächst spricht Böhme von der Schwermut und Traurigkeit, die ihn angesichts der Ungerechtigkeit und Übermacht des Bösen in dieser Welt bedrückt hat. Dann schreibt er weiter: „Als sich aber in solcher Trübsal mein Geist (dann ich wenig und nichts verstund was er war) ernstlich in GOtt erhub als mit einem grossen Sturme, und mein gantz Hertz und Gemüthe, samt allen andern Gedancken und Willen sich alles darein schlos, ohne nachlassen mit der Liebe und Barmhertzigkeit GOttes zu ringen, und nicht nachzulassen, Er segnete mich dann, das ist, Er erleuchtetete mich dann mit seinem H. Geiste, damit ich seinen Willen möchte verstehen, und meiner Traurigkeit los werden; so brach der Geist durch. Als ich aber in meinem angesetzten Eifer also hart wieder GOtt und aller Höllen Porten stürmete, als wären meiner Kräften noch mehr vorhanden, in willens das Leben daran zu setzen (welches freylich nicht mein Vermögen wäre gewesen ohne des Geistes GOttes Beystand,) alsbald nach etlichen harten Stürmen ist mein Geist durch der Höllen Porten durchgebrochen bis in die innerste Geburt der Gottheit, und alda

6 Vgl. Jakob Böhme, Ti II, 72 f., vgl. Anm. 13. Die Zitierung erfolgt nach Jakob Böhmes Sämtlichen Schriften, Faksimile-Neudruck der Ausgabe von 1730 in elf Bänden, begonnen von August Faust, neu herausgegeben von Will-Erich Peuckert, Stuttgart 1955–1961. Für die einzelnen Werke dieser Ausgabe gelten folgende Abkürzungen: Betrachtung göttlicher Offenbarung = BgO, Briefe = Ep, Clavis = Cl, Vierzig Fragen = 40 Fr, Vom dreifachen Leben des Menschen = 3fL, Gnadenwahl = Gw, Mysterium magnum = Mm, Von der Menschwerdung Jesu Christi = Mw, Morgenröte= Mr, Sechs theosophische Punkte = 6 Pk, Drei Prinzipien = 3 P, Signatura rerum = Sr, Vom Irrtum der Sekten Stiefels = St, Tafel der drei Prinzipien = Tab, Zweite Schutzschrift gegen Tilke = Ti II, Von der Wiedergeburt = W, Von wahrer Buße = Wb. Die erste Ziffer bezeichnet das Kapitel, die zweite den Vers an.

7 Jakob Böhme, 3fL 4, 1.

8 Jakob Böhme, Mm 67, 13.

mit Liebe umfangen worden, wie ein Bräutigam seine liebe Braut umfähet. Was aber für ein Triumphiren im Geiste gewesen, kann ich nicht schreiben oder reden: es läst sich auch mit nichts vergleichen als nur mit deme, wo mitten im Tode das Leben geboren wird, und vergleicht sich der Auferstehung von den Todten. In diesem Lichte hat mein Geist alsbald durch alles gesehen, und an allen Creaturen, so wol an Kraut und Gras GOtt erkant, wer der sey, und wie der sey, und was sein Wille sey: auch so ist alsbald in diesem Lichte mein Willen gewachsen mit grossem Trieb, das Wesen GOttes zu beschreiben"[9]. Böhme hat später immer wieder betont, dass er nicht nach einer solchen mystisch-metaphysischen Ganzheitsschau gesucht habe: „Ich sage, daß dieses ist nicht gesucht worden; sondern wir suchten das Hertze GOttes, uns darin zu verbergen vor dem Ungewitter des Teufels. Als wir aber dahin gelangten, entgegnete uns die holdselige Jungfrau aus dem Paradeis und entbot uns ihre Liebe, Sie wollte uns freundlich seyn, und sich mit uns vermählen zu einem Gespielen, und den Weg weisen zum Paradeis, da wir sollten sicher seyn vorm Ungewitter. Und sie trug einen Zweig in ihrer Hand, und sprach: Diesen wollen wir setzen, so wird eine Lilie wachsen, und ich will wieder zu dir kommen. Davon haben wir eine solche Lust bekommen, zu schreiben von der holdseligen Jungfrauen, die uns den Weg weisete ins Paradeis; da musten wir gehen durch diese Welt und auch der Höllen Reich, und uns geschah kein Leid; und demselben nach schreiben wir"[10].

Böhme ist im Laufe seines Lebens der Jungfrau Sophia immer wieder von Neuem begegnet. So berichtet er in seinem zweiten Buch *Beschreibung der Drei Principien göttlichen Wesens* aus dem Jahr 1619 von einer Begegnung, die ihm offensichtlich in den Jahren zwischen 1612 und 1619 zuteilwurde. Böhme beginnt seinen Bericht mit dem Hinweis auf die Zeit der Not und Verfolgung durch den protestantischen Pfarrer von Görlitz. „Die Jungfrau hat mir Treue zugesaget, mich nicht zuverlassen in keiner Noth; Sie will mir zu Hülfe kommen in der Jungfrauen Sohne, ich soll mich nur wieder an Ihn halten, Er wird mich wieder zu Ihr ins Paradeis bringen: dahin will ichs wagen, und gehen durch Dornen und Disteln, (durch allerhand Spott und Schande so mir begegnen wird), wie ich kan, bis ich wieder finde mein Vaterland, daraus meine Seele gewandert ist, da meine liebste Jungfrau wohnet: Ich versehe mich ihrer treuen Zusage, als Sie mir erschien, Sie wollte all mein Trauren in grosse Freude verkehren. Als ich lag am Berge gegen Mitternacht, und alle Bäume über mich fielen, und alle Sturm-Winde über mich gingen, und der Antichrist seinen Rachen gegen mir aufsperrete mich zu verschlingen, kam Sie mir zu Trost, und vermählete sich mit mir"[11]. Diese Begegnung

9 Jakob Böhme, Mr 19, 10 ff.
10 Jakob Böhme, 3 P 13, 61.
11 Jakob Böhme, 3 P 14, 52.

und Vermählung mit der Jungfrau Sophia ist vor allem ein innerlicher Vorgang ist, bei dem sich „die edle Sophia ... sich in der Seelen Essentz (nahet), und küsset sie freundlich, und tingiret mit ihren Liebe-Strahlen das finstere Feuer der Seelen, und durchscheinet die Seele mit ihrem Liebes-Kusse: So springet die Seele in ihrem Leibe vor grossen Freuden, in Kraft der Jungfräulichen Liebe auf, triumphiret, und lobet den grossen GOtt, kraft der edlen Sophia“[12].

Diese Erlebnisse sind für Böhme die mystisch-metaphysische Grundlage und damit die eigentliche Quelle seiner gesamten Gottes- und Weltschau. Mystik bedeutet in diesem Zusammenhang das unmittelbare subjektive Erleben der höchsten Wirklichkeit Gottes, dass zugleich alle menschliche Vernunft und Subjektivität übersteigt, während Metaphysik oder Theosophie dieselbe Wirklichkeit Gottes an sich und zugleich alle ihre Offenbarungen objektiv darzustellen versucht. In diesem Zusammenhang ist eine Äußerung von Gerhard Tersteegen (1697–1769) hilfreich, der selber ein bedeutender Mystiker war und Böhmes Werke sehr gut kannte[13] : „Theosophie und Mystic sind auch unterschieden. Die wahren und Original-Theosophen; deren uns von der Apostel Zeit an sehr wenige bekannt geworden, waren alle Mystici; aber weit gefehlt, daß alle Mystici auch Theosophen seyn sollten. Unter tausenden nicht einer. Theosophen sind solche, deren Geist (nicht Vernunft, Esprit,) die Tiefen der (1. Cor. 2,10) Gottheit, nach Göttlicher Führung, erforschet, und aus unzweifelbarer Schauung solche Wunder erkant hat“[14]. Mystik und Metaphysik oder Theosophie bilden auf diese Weise zwei Anblicke ein und derselben höchsten Wirklichkeit Gottes. Die metaphysisch-symbolische Darstellung des mystisch Erlebten hat Böhme als übersubjektiven Ausdruck der göttlichen Weisheit verstanden: „Gott hat mir das Wissen gegeben: nicht Ich, der Ich der Ich bin, weiß es, sondern GOtt weiß es in mir. Die Weisheit ist seine Braut, und die Kinder Christi sind in Christo, in der Weisheit, auch GOttes Braut ... So leide ich nun und will nichts wissen, der ich der Ich bin, als ein Theil von der äussern Welt, auf daß Er in mir wisse, was Er wolle: Ich bin nicht die Gebärerin im Wissen, sondern mein Geist ist sein Weib, in der Er das Wissen gebieret, nach dem Maß als Er will. Gleichwie die ewige Weisheit GOttes Leib ist, und Er gebieret darinnen was Er will; So er nun gebieret, so thue nicht ichs, sondern Er in mir; ich bin also todt im Gebären der hohen Wissenheit, und Er ist mein Leben; habe ichs doch weder gesuchet noch gelernet: Er neiget sich zu meiner Ichheit, und meine Ichheit neiget sich in Ihn“[15]. Die göttliche

12 Jakob Böhme, Wb 45.

13 Vgl. Cornelis Pieter van Andel, Gerhard Tersteegen. Leben und Werk, sein Platz in der Kirchengeschichte, Düsseldorf 1973, S. 21.

14 Gerhard Tersteegen, An einen frommen Prediger: Kurtzer Bericht von der Mystik, Mülheim 1768, in: Gerhard Tersteegen, Band 7/2, Briefe 2, hrsg. von Gustav Adolf Benrath, Göttingen 2008, S. 563.

15 Jakob Böhme, Ti II, 72 f.

Weisheit „ist das ausgeflossene Wort, als ein Gegenwurf Göttlicher Wissenschaft Göttliches Willens, als die wesentliche Kraft der grossen Liebe GOttes, daraus alle Dinge ihre Bewegniß und Möglichkeit empfangen haben: Ein Grund aller drei Principien; Eine Offenbarung der Einheit GOttes; ein leidentlich Wesen Göttlicher Wirckung und Grund der Demüthigkeit; Eine Gebärerin aller Wissenschaften der Creaturen, und ein ewig Gehäuse der wirckenden Liebe GOttes, ein Strahl und Odem des allmächtigen Geistes“[16]. Damit ist die Weisheit das alles verbindende Band, wodurch die Liebe Gottes wirkt, der Wille Gottes; mit anderen Worten: Gott „ist der Wille der Weisheit, [und] die Weisheit ist seine Offenbarung“[17].

1621 hat Böhme sein Durchbruchserlebnis aus dem Jahr 1600 und die ihm dabei von der göttlichen Weisheit zuteilgewordenen Offenbarungen noch einmal kurz beschrieben: „Dann ich sahe und erkante das Wesen aller Wesen, den Grund und Ungrund: Item, die Geburt der H. Dreyfaltigkeit, das Herkommen und den Urstand dieser Welt, und aller Creaturen, durch die Göttliche Weisheit: Ich erkante, und sahe in mir selber alle drey Welte, als (1.) die Göttliche Englische oder Paradeisische; Und dann (2.) die finstere Welt, als den Urstand der Natur zum Feuer; Und zum (3.) diese äussere, sichtbare Welt, als ein Geschöpf und Ausgeburt, oder als ein ausgesprochen Wesen aus den beyden inneren geistlichen Welten. Ich sahe und erkante das gantze Wesen in Bösem und Guten, wie eines von dem andern urständete, und wie die Mutter der Gebärerin wäre, daß ich mich nicht allein hoch verwunderte, sondern auch erfreuete“[18]. In dieser kurzen zusammenfassenden Schilderung macht Böhme deutlich, dass sich die göttliche Weisheit, die er auch „die Blume des Lichtes aus dem Hertzen GOttes“[19] nennt, wie ein ewiges Band durch das Ganze seiner geistigen Schau zieht. Sie wirkt in allen Phasen der göttlichen Selbstoffenbarung und Offenbarung als Auge und Spiegel des göttlichen Ungrundes mit – und darüber hinaus auch bei der Erschaffung der Welt, bei der Erschaffung des Menschen als göttlichem Ebenbild, sie vermählt sich mit ihm, und sie hat auch in Einheit mit Christus und der Jungfrau Maria einen entscheidenden Anteil bei der Erlösung und Wiedergeburt des gefallenen Menschen.

16 Jakob Böhme, Tab 19.
17 Jakob Böhme, Mm 1, 2.
18 Jakob Böhme, Ep 12, 7 f.
19 Jakob Böhme, 3 P, 14, 86.

2 Die ewige Weisheit als Auge und Spiegel des Ungrundes

Gott ist unbedingt und unendlich und ohne jeden Grund. Deshalb wird Gott von Böhme auch als Ungrund bezeichnet. Dieser göttliche Ungrund oder das Absolute ist „das Nichts und das Alles“[20]. Er „hat auch nichts, das etwas gebe, es ist eine ewige Ruhe, und keine Gleich(heit), ein Ungrund ohne Anfang und Ende: Es ist auch kein Ziel noch Stätte (Ort), auch kein Suchen oder Finden, oder etwas, da (wo) eine Möglichkeit wäre; Derselbe Ungrund ist gleich einem Auge, denn er ist sein eigener Spigel, er hat kein Wesen (Weben), auch weder Licht noch Finsterniß“ [21]. Aus der ewigen Stille dieses Ungrunds gebärt und offenbart sich der ungründliche Wille, und dieser Wille ist anfangsloser Anfang und endloses Ende zugleich, „denn das Ende machet auch den Anfang dieses Willens, und der Anfang das Ende wieder. Und finden also, daß alle Wesen sind in ein Auge geschlossen, das ist gleich einem Spigel, da sich der Wille selber beschauet, was er doch sey“[22]. Und dieser Spiegel, in dem sich der Wille selber schaut, ist „die ewige Weisheit GOttes, denn sie ist eine ewige Jungfrau ohne Wesen; und ist doch der Spigel aller Wesen, in der alle Dinge sind von Ewigkeit ersehen worden, was da werden könnte oder sollte“[23]. In dieser Spiegelschau, die bis in die Tiefen des ungründlichen Willens reicht, betrachtet Böhme auch das Problem des Bösen[24] und damit verbunden das Problem der göttlichen Freiheit. Dabei macht er deutlich, dass die dunklen, finsteren und bösen Kräfte und Mächte nicht in einer bösen Urmacht gründen, die gegen eine göttliche Urmacht stehen; diese Kräfte gründen auch nicht im bösen gegen Gott gerichteten Willen des Menschen, sondern vielmehr im schöpferischen göttlichen Willen selbst, der sich in Gegensätze teilen muss, damit überhaupt die göttlichen Offenbarungen aus dem einen ungründlichen Willen hervorgehen können. Mit anderen Worten, es handelt sich nicht um einen Urdualismus, in dem sich Gut und Böse auf gleicher Ebene einander gegenüberstehen. Vielmehr geht es Böhme darum zu zeigen, dass der dunkle Grund oder das erste Prinzip in der Gottheit die Voraussetzung für das Hervortreten des Guten oder des Lichts bildet. Damit ist klar, dass in der ungründlichen Gottheit selbst die Voraussetzungen für das Erscheinen der Gegensätze angelegt und gegeben sind, die sich dann in mehreren Stufen im göttlichen Offenbarungswillen nach innen und nach außen, im Menschen und in der Geschichte der Menschheit zeigen. Die Frage nach dem Ursprung des Bösen kann in diesem Zusammenhang

20 Jakob Böhme, Gw 1, 3.
21 Jakob Böhme, Mw 2, 1, 8.
22 Jakob Böhme, Mw 2, 1. 9.
23 Jakob Böhme, Mw 2, 1. 9.
24 Roland Pietsch, Die Dialektik von Gut und Böse in der „Morgenröte“ Jakob Böhmes, Diss. theol., Innsbruck 1975.

nicht behandelt werden; sie bedarf einer eigenen gründlichen und ausführlichen Betrachtung[25]. Bevor im Folgenden Böhmes Lehre von den sieben Naturgestalten und drei Prinzipien darzustellen versucht wird, soll zunächst die Selbstfindung und Selbstfassung des ungründlichen Willens im Spiegel der Weisheit in die noch nicht offenbare Dreiheit von Vater, Sohn und Heiliger Geist betrachtet werden. „Der erste unanfängliche Einige Wille, welcher weder Böse noch Gut ist, gebieret in sich das Einige ewige Gute, als einen faßlichen Willen, welcher des ungründlichen Sohn ist, und doch in dem unanfänglichen Willen Gleich-Ewig; und derselbe andere Wille ist des ersten Willens ewige Empfindlichkeit, und Findlichkeit, da sich das Nichts in sich selber zu Etwas findet: und das Unfindliche, als der ungründliche Wille, gehet durch sein ewig Gefundenes aus, und führet sich in eine ewige Beschaulichkeit seiner selber“[26]. Böhme nennt den ersten ungründlichen Willen auch ewigen Vater und den gefundenen Willen eingeborenen Sohn. Den Ausgang des ungründlichen Willens durch den Sohn nennt er Heiligen Geist und das Ausgegangene ist „das Gefundene des ewigen Nichts, da sich der Vater Sohn und Geist innen sieht und findet; und heisset GOttes Weisheit oder Beschaulichkeit“[27]. Diese ewige Weisheit „ist GOttes Offenbarung, und des H. Geistes Leiblichkeit, der Leib der H. Dreyfaltigkeit“[28], durch die sich alle Offenbarungen Gottes verwirklichen. In diesem Zusammenhang betont Böhme nachdrücklich, dass „man hier mit keinem Grund sagen (kann), daß GOtt drey Personen sey, sondern er ist dreyfaltig in seiner ewigen Gebärung: Er gebäret sich in Dreyfaltigkeit, und ist in dieser Gebärung doch nur ein Wesen und Gebärung zu verstehen, weder Vater, noch Sohn, noch Geist; sondern das einige, ewige Leben oder Gut”[29]. Aus dieser einigen Dreiheit geht der ungründliche Wille in alle Ewigkeit aus, und das Ausgegangene ist als das Gefundene des ewigen Nichts der Spiegel der Weisheit Gottes. Dieses Ausgegangene oder die ausgehauchte Kraft in der göttlichen Beschaulichkeit oder Weisheit ist in diesem Zusammenhang keine vierte Person oder Hypostase, sondern eine vierte Wirkung[30]. „Also ist uns dis zu erkennen, und zu verstehen von der verborgenen ewigen Weisheit GOttes, die gleichet sich als einem ewigen Auge ohne Wesen; Sie ist der Ungrund, und siehet

25 Leopold Ziegler hat ohne Zweifel mit Recht festgestellt, dass Böhme der Einzige war und ist, „welcher der Frage nach dem Ursprung des Bösen wirklich standhält“. Siehe Leopold Ziegler, Menschwerdung, 2. Bd., Olten 1948, S. 289.

26 Jakob Böhme, Gw 1, 5.

27 Jakob Böhme, Gw 1, 6.

28 Jakob Böhme, St II, 253.

29 Jakob Böhme, Mm 7, 11.

30 Vgl. Jakob Böhme, Gw 1, 14. In anderen Zusammenhängen erscheint die göttliche Weisheit als himmlische Jungfrau Sophia in Gestalt einer Person.

doch alles, es ist alles in ihr verborgen gestanden, davon sie ihr Sehen hat“[31]. Dieser Spiegel der Weisheit hält aber “stille und gebiert kein Bildniß, sondern er fähet [empfängt] die Bildniß”[32]. Weil aber dieser Spiegel selber nichts hervorzubringen vermag, sondern lediglich abbildet und widerspiegelt, nennt Böhme die göttliche Weisheit häufig auch eine ewige, nicht gebärende Jungfrau oder Jungfrau Sophia. Dieser jungfräuliche Spiegel der Weisheit ist “das leidende; und der Geist Gottes in ihr das Thuende”[33]. In ihm werden alle Dinge, die es ewig gibt und geben wird, gleichsam nur schemenhaft gesehen, denn dieses Sehen ist eigentlich noch nicht ein wirkliches Sehen. In der Phase der göttlichen Freiheit oder klaren Gottheit ruhen alle Dinge ohne jede Gegensätzlichkeit noch ungeschieden in der einen Kraft des ungründlichen Willens. Die göttliche Selbstgeburt würde hier in einer in sich unterschiedslosen Offenbarung enden, der ungründliche Wille fasst sich aber zu einer wesentlichen Offenbarung, indem er sich als begehrender Wille in die in der Phase der göttlichen Freiheit im Spiegel der Weisheit bereits gefasste einige Dreiheit imaginiert. Vorher ist im Spiegel der Weisheit die Dreiheit von Vater, Sohn und Heiliger Geist und alles andere noch nicht offenbar, sondern nur als Möglichkeit vorhanden. Damit diese mögliche Dreiheit zu einer wirklichen Dreiheit wird, bedarf es eines Gegensatzes, der sich dadurch bildet, dass die noch nicht offenbare Dreiheit sich „durch die ewige Natur durchs Feuer im Lichte offenbaret“[34]. Über den Gegensatz von Licht und Feuer sagt Böhme: „GOtt ist von Ewigkeit die Kraft und das Licht, und wird GOtt genant nach dem Lichte, und nach der Kraft des Lichtes, nach dem Geiste des Lichts, nicht nach dem Feuer-Geiste; dann der Feuer-Geist heisset sein Grimm, Zorn, und wird nicht GOtt genant, sondern ein verzehrend Feuer der Macht GOttes“[35]. Licht und Feuer stehen sich dabei nicht einfach gegenüber, sondern sind vielmehr durch einen Verwandlungsvorgang miteinander verbunden. Diesen Vorgang erklärt Böhme mit dem Gleichnis einer brennenden Kerze. Der Stock der Kerze bedeutet die Finsternis, während die hell leuchtende Flamme für das Licht steht. Indem das Feuer, das fast unsichtbar den Docht umgibt, die Kerze in sich zieht und sie verzehrt, stirbt das Wesen; das Feuer transmutiert auf diese Weise die Finsternis in das Licht, das dann eine andere Gestalt oder Qualität annimmt[36]. Diese vielschichtigen und spannungsvollen Zusammenhänge erklärt Böhme unter anderem sehr ausführlich in seiner Lehre von der ewigen Natur in Gott mit ihren sieben Kräften oder Gestalten und den

31 Jakob Böhme, 6 Pk 1, 1, 11.
32 Jakob Böhme, Mw 1, 1, 12.
33 Jakob Böhme, Cl V, 18.
34 Jakob Böhme, Mm 7, 12.
35 Jakob Böhme, Mw 1, 5, 16.
36 Vgl. Jakob Böhme, Gw 2, 15.

damit verbundenen drei Prinzipien des göttlichen Lebens. Er nennt die Kräfte und Gestalten auch Qualitäten oder Geister Gottes[37].

3 Die ewige Natur in Gott und die drei Prinzipien des göttlichen Lebens

Mit der ewigen Natur treten die Eigenschaften Gottes auf gleichewige Weise und einzeln aus dem Bereich der klaren Gottheit oder ewigen Freiheit hervor, in welchem sie zuvor ungeschieden in der Einheit des einen ungründlichen Willens geruht haben. Diese ewige Natur in Gott „ist nicht GOtt selber, denn GOtt durchwohnet wol die Natur, aber die Natur begreiffet Ihn nur so weit, als sich die Einheit GOttes mit in das natürliche Wesen eingiebet, und auch wesentlich machet“[38]. Die ewige Natur in Gott wird von sieben Gestalten, Kräften, Eigenschaften oder Qualitäten gleichewig und ohne Anfang und Ende gebildet. Die erste Naturgestalt oder Eigenschaft nennt Böhme Begierde oder Begierlichkeit. Sie entsteht durch eine Bewegung des Willens, „da der Wille etwas seyn will, und hat doch Nichts, daraus es ihm etwas mache; so führet er sich in eine Annehmlichkeit seiner selbsten“[39], d. h. dem Willen tritt die Begierde gegenüber, die sich in sich selber zusammenzieht „und macht das Begehren voll; und da doch nichts ist als eine Finsterniß, denn das Angezogene [Zusammengezogene] ist dicker als der Wille, darum ists des dünnen Willens Finsterniß: dann der Wille ist dünne als ein Nichts, und gantz stille, aber das Begehren macht ihn voll“[40] und finster. Von diesem durch das Begehren finster gewordenen Willen, der in sich Herbe, Schärfe und Härte bildet, will sich der erste Wille wieder befreien, denn er begehrt das Licht. Aus diesem Gegensatz entsteht die zweite Naturgestalt, die von Böhme als Bewegung oder Bewegnis bezeichnet wird. Diese Bewegung zerbricht die Härte, „zerscheidet [zertrennt] die angezogene Begierde, und bringet sie in Vielheit“[41] und erweckt zugleich auch das Leben. Während sich also die Begierde in der ersten Naturgestalt in sich zusammenzieht, breitet sie sie sich in der zweiten Naturgestalt aus. Indem aber beide Gestalten ineinanderwirken, entsteht die dritte Gestalt der Natur in Gott, die Böhme als Angst oder Angst-Qual bezeichnet. Die Angst entsteht dadurch, dass sich die Begierde in sich selber zusammenzieht und hart wird: „so ist das Ziehen ein Feind der Härte. Die Härte ist haltend, und das Ziehen ist fliehend; Eins will in sich, und das Ander will aus sich: So es aber nicht voneinan-

37 Vgl. Jakob Böhme, 3fL 3, 42–43 und Offb 1, 12 und 16.
38 Jakob Böhme, Cl 25.
39 Jakob Böhme, Cl 38.
40 Jakob Böhme, 3fL 2, 13.
41 Jakob Böhme, Cl 30.

der weichen und sich trennen kann, so wird's ineinander gleich einem drehenden Rade"[42]. Böhme betont in diesem Zusammenhang, wie schon vorher, dass die drei ersten Naturgestalten nicht Gott selber sind, sondern sie sind Offenbarungen der ungründlichen Willensbewegungen durch die ewige Natur in Gott. Die erste Gestalt ist ein Anfang zur Stärke und Macht aus der Eigenschaft des Vaters. Die zweite Gestalt, die der Anfang zum Leben ist, hat ihren Urstand in der Eigenschaft des Sohnes, die eine Ursache aller Kräfte und der Schiedlichkeit ist. Die dritte Gestalt, die Angst „urständet aus des H. Geistes Eigenschaft im Worte, denn sie ist die Ursache beyder Feuer als des Lichtes Liebe-Feuers, und des peinlichen Feuers der Verzehrlichkeit"[43]. Diese drei Gestalten, welche die Wirkungsweise von Vater, Sohn und Heiligem Geist andeuten, werden durch die vierte Gestalt, den Feuerblitz, als göttliche Dreieinigkeit wesentlich und offenbar. Die vierte Gestalt, der Feuer-Blitz, entsteht einerseits aus der finsteren Begierde der Finsterwelt, andrerseits aus dem Willensgeist zur Natur, der sich aus der Angst der Finsternis in die ewige Freiheit zurücksehnt. Mit anderen Worten: die Freiheit ergreift mit dem ewigen Willen die Finsternis, „und die Finsterniß greiffet nach dem Lichte der Freyheit, und kann es nicht erreichen, dann sie schleust sich mit der Begierde selber in sich zu, und macht sich in sich selber zur Finsterniß; und aus diesen beyden, als aus der finsteren Impression [Zusammenziehung], und aus des Lichts oder Freyheit Begierde gegen der Impression, wird in der Impression der schielende Blitz, als der Urstand des Feuers"[44]. Dieser Feuerblitz überwindet die Finsternis der ersten drei Naturgestalten. Das ist ein Vorgang „wie das Leben aus dem Tode urstände: Es wird kein Leben, es zerbreche dann das enige daraus das Leben gehen soll; Es muß alles in die Angst-Kammer ins Centrum eingehen, und muß den Feuer-Blitz in der Angst erreichen, sonst ist keine Anzündung, wiewol das Feuer mancherley ist, also auch das Leben: aber aus der grössesten Angst urständet auch das grösseste Leben, als aus einem rechten Feuer"[45]. Im Feuer-Blitz „wird der ewige Wille, der kein Grund ist, offenbar"[46]; mit anderen Worten, im Aufgang des Feuer-Blitzes erscheint das Nichts des Ungrundes, das gleichsam alle drei Naturgestalten in sich verschlingt. Weil aber der Grund dieser drei ersten Naturgestalten der ewigen Natur in Gott nicht verschlungen wird, entsteht daraus ein anderer oder neuer Anfang, welcher drei Welten oder Prinzipien bildet, nämlich das Feuer- und das Lichtprinzip und aus dem Ineinanderwirken dieser beiden Prinzipien das dritte Prinzip, das seinen Anfang mit dem Anfang der Zeit genom-

42 Jakob Böhme, Mm 3, 15.
43 Jakob Böhme, Gw 3, 9.
44 Jakob Böhme, S. 14, 22.
45 Jakob Böhme, Mw 2, 5, 10.
46 Jakob Böhme, Mm 4, 11.

men hat[47]. Prinzip bedeutet in diesem Zusammenhang einen hervorgebrachten Lebensgrund, oder mit den Worten Böhmes: Ein Prinzip ist das, „da sich ein Leben und Beweglichkeit findet da keines ist; das Feuer ist ein Principium mit seiner Eigenschaft, und das Licht ist auch ein Principium mit seiner Eigenschaft, denn es wird aus dem Feuer erboren, und ist doch nicht des Feuers Eigenschaft; Es hat auch sein Leben in sich, aber das Feuer ist Ursache daran; und die grimmige Angst ist eine Ursache der beyden“[48]. Bevor das dritte Prinzip und der Hervorgang der äußeren Welt zu beschreiben versucht wird, soll zunächst das Lichtprinzip oder das zweite Prinzip betrachtet werden, das mit der fünften Gestalt oder Eigenschaft in Erscheinung tritt. Die fünfte Gestalt ist „das wahre Liebe-Feuer, das sich in dem Lichte aus dem peinlichen Feuer scheidet, darinnen nun die Göttliche Liebe im Wesen verstanden wird“[49]. Diese fünfte Gestalt „hat alle Kräften der Göttlichen Weisheit in sich, und ist das Centrum, darinnen sich GOtt der Vater in seinem Sohne durchs sprechende Wort offenbaret“[50]. Alle fünf Gestalten oder Eigenschaften, die im Licht stehen, freuen sich, und dadurch wird ihre Kraft in der sechsten Gestalt als Laut, Ton, Hall oder Schall lautbar „und freuen sich alle Eigenschaften ineinander, je eine der andern, und also führet sich die Liebe der Einheit in Wircken und Wollen, in Empfindniß, Findniß und Hochheit“[51]. Nach dem Laut, Ton, Hall oder Schall vollendet sich der Reigen der sieben Gestalten in der siebenten Naturgestalt. Sie ist das Wesen, in der alle anderen Gestalten ineinander verbunden sind und sich als wirksam erweisen. In der siebenten Gestalt wird das dritte Prinzip offenbart, sofern alle sieben Gestalten in ein Wesen gebildet werden, „welch Wesen in sich selber heilig, rein und gut ist, und der ewige, ungeschaffene Himmel heisset, als die Stätte GOttes, oder das Reich GOttes“[52]. Das dritte Prinzip ist „aus dem ersten Principio der peinlichen, finstern Feuer-Welt, und aus der heiligen licht-flammenden Liebe-Welt ausgesprochen“[53]. Diese drei Prinzipien verknüpft Böhme mit der Heiligen Dreifaltigkeit, die aufgrund der ewige Natur in Gott aus dem Bereich des Möglichen in den Bereich der äußeren Wirklichkeit hervorzutreten vermag. Grundsätzlich gilt für ihn, dass es nur einen Gott gibt, und dieser Gott ist dreifaltig in Personen. Die erste Person ist Gott der Vater, der Schöpfer aller Dinge, der seinen Sohn von Ewigkeit aus sich geboren hat. Die dritte Person ist der Heilige Geist, der vom Vater und vom Sohn ausgeht. Der Vater entspricht dem ersten Prinzip, und der

47 Vgl. Jakob Böhme, Mm 11, 12.
48 Jakob Böhme, 6 Pk, 1, 2, 1.
49 Jakob Böhme, Gw 3, 26.
50 Jakob Böhme, Gw 3, 29.
51 Jakob Böhme, Tab 48.
52 Jakob Böhme, Gw 4, 10.
53 Jakob Böhme, Gw 4, 11.

Sohn entspricht dem zweiten Prinzip. Wenn dieses zweite Prinzip nicht „in der Geburt des Sohnes anbräche und aufginge, so wäre der Vater ein finsteres Thal. Also siehest du ja (2) daß der Sohn, welcher des Vaters Hertze, Liebe, Licht, Schöne und sanfte Wolthun ist, in seiner Geburt ein ander Principium aufschleust, und den zornigen, grimmigen Vater (vom Urkunde dem ersten Principio also zu reden) versöhnet, lieblich und (wie ich reden möchte) barmhertzig machet; und ist eine andere Person als der Vater... Nun siehest du ja auch wol (3) wie der H. Geist vom Vater und Sohne ausgehe“[54] und auf diese Weise die Grundlage für das dritte Prinzip darstellt. Dieses Prinzip wird von Böhme im Zusammenhang mit der siebenten Naturgestalt auch als wesentliche Weisheit bezeichnet, und zwar dann, wenn sich nämlich alle Naturgestalten „in der Siebenten in ein Wesen zur Faßlichkeit eingeführet; welch Wesen in sich selber heilig, rein und gut ist, und der ewige, ungeschaffene Himmel heisset, als die Stätte GOttes, oder das Reich GOttes“[55]. Mit anderen Worten, die siebente Naturgestalt oder Eigenschaft „ ist das Wesen, darinnen die andern alle wesentlich sind, darinnen sie alle wircken, wie die Seele im Leibe, darinnen man die Natur, und auch die ewige Wesentliche Weisheit GOttes, als das Mysterium Magnum, verstehet, aus welchem Grunde die sichtbare Welt mit ihrem Wesen und Creaturen ist entsprossen“[56].

Diese wesentliche Weisheit „ist des Geistes Wesenheit, welche der Geist GOttes in sich führet, als ein Kleid, mit welchem Er sich offenbaret, sonst würde seine Gestalt nicht erkant, denn sie ist des Geistes Leiblichkeit“[57], die natürlich geistig und nicht körperlich zu verstehen ist. Alles, was in der äußerlichen Welt erscheint, ist von Ewigkeit und auf geistige Weise in vollkommener Schönheit im göttlichen Reich, in der wesentlichen Weisheit enthalten. Nachdrücklich betont Jakob Böhme, dass diese Schönheit nicht von der göttlichen Weisheit hervorgebracht wird, sondern allein durch die Kraft des Geistes Gottes, und zusammenfassend stellt er fest: Die Weisheit ist „keine Gebärerin, sondern der Spiegel der Gottheit; der Geist GOttes gebieret in ihr, Er ist ihr Leben, sie ist sein Kasten oder Leib, sie ist des H. Geistes Leiblichkeit; in ihr liegen die Farben und Tugenden: denn sie ist das ausgesprochene Wesen, daß der Vater aus dem Chaos, das, aus sich selber, ausser und vor der Natur im Nichts, fasset, und führets mit der Begierde der Natur, durch die ewige Natur, durch das erste Principium, durchs Feuer seiner Macht im andern Principio in der Göttlichen Kraft, im Lichte der Majestät aus. Sie ists,

54 Jakob Böhme, 3 P, 4, 58.

55 Jakob Böhme, Gw 4, 10.

56 Jakob Böhme, Tab 49.

57 Jakob Böhme. 3f L 5, 50. Vgl. dazu Julius Hamberger, Physica sacra oder der Begriff der himmlischen Leiblichkeit, Stuttgart 1869; Ernst Benz, Über die Leiblichkeit des Geistigen. Zur Theologie der Leiblichkeit bei Jacob Boehme, in: Seyyed Hossein Nasr (Hrsg.), Mélanges offerts à Henry Corbin, Paris-Tehran 1977, S. 451–520.

das der Vater von Ewigkeit in Ewigkeit immer wieder fasset, das der Vater, der ein Feuer und Licht ist, in sein Feuer-Leben einführet zu seines Hertzens Centro. Sie ist die höchste Wesenheit der Gottheit, ausser ihr wäre GOtt nicht offenbar, sondern wäre nur ein Wille; durch die Weisheit aber führet Er sich in Wesen, daß Er Ihm selber offenbar ist. Und heisset sie darum eine Jungfrau, dieweil sie in der Ehe GOttes ist, daß sie ohne ein Feuer-Leben gebieret: denn in ihr offenbaret sich das Licht, oder das rechte Göttliche Leben; Sie ist eine Jungfrau der Zucht und Reinigkeit GOttes, und ist doch in der Ehe mit GOtt“[58]. Diese jungfräuliche Weisheit, die nichts hervorzubringen vermag, ist aber, wie Friedrich Krause, ein Freund und Schüler Böhmes, sagt, ein Gehäuse der Dreiheit von Vater, Sohn und Heiliger Geist: „Allhie wohnet die Dreyheit in der Weisheit“[59]. Und der dreifaltige Gott hat alle Dinge, die er im Spiegel seiner Weisheit in Ewigkeit gesehen hat, mit und durch sein ewiges Wort aus sich selber und seiner ewigen Natur geschaffen.

Das folgende Diagramm, das von Böhme selber entworfen wurde[60], gibt einen Überblick über den Zusammenhang der sieben Naturgestalten oder der Geister Gottes[61] mit den drei Prinzipien.

Zorn	1. Herbe, Begierde	Höllisch	Hart, Kalt, Geiz	Welt	Kalte, Harte, Bein, Salz
	2. Ziehen oder Stachel der Empfindlichkeit		Stachel, Neid		Gift, Leben, Wachsen, Sinnen
	3. Angst oder Gemüthe		Feindschaft		Schwefel, Pein Empfindlichkeit
	4. Feuer oder Geist		Hoffart, Zorn Liebe Feuer		Geist, Vernunft, Begierde
Liebe	5. Licht oder Liebe Begierde	Himmlisch	Sanftmut	Irdisch Reich	Venus-Spiel, Lebens-Licht
	6. Schall oder Verstand		Göttliche Freude		Laufen, Schreien, Unterscheiden
	7. Leib oder Wesen		Himmel		Leib, Holz, Steine, Erz Metall, Kraut

Böhme erklärt die Verbindung zwischen göttlicher Weisheit und den sieben Naturgestalten mit Hinweis auf die „Offenbarung des Johannes“ folgender-

58 Jakob Böhme, Ti II, 67–70.
59 Friedrich Krause, in: Cl. Spec. S. 117.
60 Vgl. Jakob Böhme, Mm 6, 21.
61 Bgl. Offb 1, 12 und 16.

maßen: Das Bild der Weisheit Gottes im Wesen steht „unter sieben brennenden Geistern, welche im Lichte GOttes brennen: denn sie sind die Göttliche Natur; und hat die sieben Sternen der verborgenen Siegeln, welche in des Vaters Zorn in seinem Centro stehen, in seiner Hand: Denn das Hertze GOttes ist die Macht der Dreyzahl, wie euch die Offenbarung Johannis zeuget in I. Capitel. V. 12–20“[62].

4 Die göttliche Weisheit und die Erschaffung der äußeren Welt

Die „Weisheit GOttes ist eine ewige Jungfrau, nicht ein Weib, sondern die Zucht und Reinigkeit ohne Mackel, und stehet als ein Bildniß GOttes, ist ein Ebenbild der Dreyzahl; sie gebieret nichts, sondern es stehen in ihr die grossen Wunder, welche der H. Geist erblicket, und das Wort des Vaters durch die herbe Matricem, als durchs Fiat schaffet, und ist die Wunder-Weisheit ohne Zahl: In ihr hat der H. Geist erblicket die Bildniß der Engel, sowol die Bildniß des Menschen, welche das Verbum Fiat geschaffen hat“[63]. In dieser Weisheit Gottes ist „das Wesen dieser Welt, als das dritte Principium“[64] von Ewigkeit gesehen worden, und aus diesem Wesen ist diese Welt geschaffen worden. Die Erschaffung der äußeren Welt, die in drei Stufen erfolgt, ist für Böhme zunächst im Allgemeinen nichts anderes „als eine Offenbarung des allwesenden, ungründlichen GOttes“[65]. Auf der ersten Stufe werden die Engel geschaffen. Alles, was der dreifaltige Gott von Ewigkeit in seiner Weisheit wie in einem Spiegel geschaut hat, hat er „aus sich selber, aus beyden Eigenschaften, aus Zorn, als aus der ewigen Natur, und denn aus Liebe, als ein Heil der Natur, in Wesen geschaffen“[66]. Warum sich aber der ewige und unveränderliche Gott zur Schöpfung bewegt hat, ist für Böhme ein unerforschliches Geheimnis, das nicht ergründet werden kann. Vom Schöpfungsvorgang aber „haben wir die Macht zu reden, denn sie ist ein Werck im Wesen GOttes: und verstehen, daß des Worts oder Hertzens GOttes Wille habe das herbe Fiat[67], im Centro des Vaters Natur, mit seinen sieben Geistern und Gestalten der ewigen Natur, ergriffen, und solches in des Thrones Gestalt; da denn das herbe Fiat nicht als ein Macher, sondern als ein Schaffer in ieder Essentien Eigenschaft gestanden, als in den grossen Wundern der Weisheit: wie die Figuren waren von Ewigkeit in der Weisheit erblicket worden, also wurden sie auch ietzt mit dem Fiat im Willen-Geiste GOttes ergriffen, nicht aus fremder

62 Jakob Böhme, 3fL 5, 43.
63 Jakob Böhme, 3fL 5, 44.
64 Jacob Böhme, St I, 142.
65 Jakob Böhme S. 16, 1.
66 Jakob Böhme, St II, 33.
67 Gottes Schöpferwort: Es werde!

Materia, sondern aus Gottes Essentz, aus des Vaters Natur“[68]. Wenn sich die Schöpfung auf diese Weise aus der Essenz Gottes, das heißt aus Gottes lebendigem Grund herausbewegt, dann werden eine Fülle von Bildern und Figuren, die im Spiegel der Weisheit von Ewigkeit her vorhanden sind, aus der Ewigkeit in eine Zeit mit Anfang und Ende gesetzt, und „das ist, diese äussere Welt mit ihren Heeren, und alle dem was darinnen lebet und webet, das ist geschlossen in eine Zeit eines Uhrwercks, das läuft nun von seinem Anfange immerdar wieder zu Ende, als wieder in das erste, daraus es gegangen ist: und das ist zu dem Ende also offenbar worden, auf daß das ewige Wort in seiner wircklichen Kraft creatürlich und bildlich sey, daß gleichwie sichs von Ewigkeit in der Weisheit geformiret und gebildet hat, also auch in einem Particular-Leben gebildet sey, zur Herrlichkeit und Freude des H. Geistes, im Worte des Lebens in ihme selber“[69]. Deshalb hat Gott aus dem Feuer der Natur und dem Feuer der Liebe die Engel geschaffen, „wiewol das Liebe-Feuer keine Creatur geben mag, sondern es wohnet in der Creatur, und erfüllet sie wie die Sonne die Welt, oder die Natur in der Zeit der Welt, auf daß der H. Geist also ein Freuden-Spiel in sich selber habe“[70]. Die Engel sind entsprechend den sieben Naturgestalten und der Dreizahl in sieben Regimentern und drei Hierarchien geschaffen und geordnet worden. Diese drei Hierarchien versteht Böhme nach den drei Prinzipien der ewigen Natur, wobei die erste Hierarchie unter der Herrschaft des Engelfürsten Michael steht, der nach der Art und Schönheit Gottes des Vaters erschaffen ist. Die zweite Herrschaft steht unter der Herrschaft des Engelfürsten Lucifer, der nach der Art und Schönheit des Sohnes Gottes erschaffen ist. Und die dritte Hierarchie steht unter dem Engelfürsten Uriel, der nach Art und Beschaffenheit des Heiligen Geistes geschaffen ist. Nicht nur diese Engel, sondern alle Engel, sind, wie bereits gesagt worden ist, aus Feuer und Licht geschaffen und haben alle sieben Naturgestalten in sich. Sie sind in das Licht Gottes geschaffen. Um aber in diesem Licht bleiben und leben zu können, müssen sie in einer freien Entscheidung in der vierten Naturgestalt „dem eigenen Willen im Feuer ersterben, und aber im Lichte der Liebe, in der Gelassenheit, in GOttes Hall oder Worte ausgrünen, als eine Frucht der Liebe GOttes, auf daß GOttes Willen-Geist sein Leben regiere und führe“[71], das heisst in einem Leben aus der Kraft und Tugend der göttlichen Weisheit, aus welcher die Engel ihre Speise schöpfen, „daraus sie ihrem Schöpfer ewig Lob gebären, auf daß GOttes Freudenspiel in der Englischen Stimme sey, als ein Instrument des Geistes GOttes, als in der

68 Jakob Böhme, Mw 1, 2, 6.
69 Jakob Böhme, Gw 4, 19.
70 Jakob Böhme, Gw 4, 20.
71 Jakob Böhme, St II, 49.

Harmonia Göttlicher Freudenreich gerichtet“[72]. Die zweite Stufe der Schöpfung beginnt mit dem Abfall des schönsten Engelfürsten Lucifer von Gott. Um diesen Abfall verstehen zu können, muss die vierte Naturgestalt kurz betrachtet werden. In dieser Gestalt kann sich der Wille frei entscheiden und „schwingen wo er hin will: will er in die Vielheit und will selbst Herr seyn, so mag er die Vielheit anderst nicht ergreiffen, als in der finstern strengen Herbichkeit, in der finstern Welt. Will er aber ins Nichts, in die Freyheit, so muß er sich dem Feuer einergeben, so ersincket er im Tode des Principii, so grünet er aus der Feuer-Angst im Lichte aus; denn wenn er sich ergiebet, so führet ihn der ewige Wille zur Natur, (welcher GOtt der Vater ist,) in sich durchs Feuer aus: denn mit dem Einergeben fällt er dem ersten Willen zur Natur heim, der führet ihn mit dem andern Willen, welcher sein Sohn oder Hertz ist, aus der Angst-Natur aus, und stellet ihn mit des Sohns Willen in die Freyheit, ausser des Feuers Qual, da bekommt er für Viel Alles, nicht zu seinem Ruhm oder Gewalt, sondern zu GOttes Ruhm oder Gewalt, GOtt ist in ihme sein Willen und Thun“[73]. Lucifer entschied sich nicht für die Freiheit und Einheit, sondern für die Vielfältigkeit, denn er „meinete, die Feuers-Natur wäre stärcker und mehr als die Sanftmuth der Einheit, als die gebildeten Namen in der aufthuenden Einheit, welche er vermeinete in seiner Feuers-Macht zu führen wie er wollte“[74]. Dadurch wandte er sich vom Spiegel der Weisheit Gottes ab und verließ auf diese Weise die göttliche Ordnung. In der Folge verlosch das Licht in Lucifer, und in ihm wurde die Finsternis offenbar und übermächtig, „und er ward alsbald ein Feind GOttes, und aller Englischen Heere“[75]. Bei diesem Fall Lucifers und seiner Legionen aus der All-einheit in das finstere Dasein der Allein-heit wird ein großer Bereich der himmlischen Schöpfung verwüstet und durch Zusammenziehungen entstehen die grobstoffliche Materie, die Erde und die Steine. In einer kraftvollen Gegenbewegung, die als die dritte Stufe der Schöpfung betrachtet werden kann, schafft Gott die äußere sichtbare Welt als ein Bild und Gleichnis seiner göttlichen Kraft. In sechs Tagen, was natürlich symbolisch zu verstehen ist, stellt Gott die durch Lucifers Aufstand zerstörte Naturwelt wieder her, indem er an die Stelle der Verwüstungen das Firmament, die Sterne, die Erde und alle ihre Lebewesen erschafft und an Stelle des verstoßenen Lucifer den inneren geistigen Menschen[76] stellt.

---

72 Jakob Böhme, St II, 49.
73 Jakob Böhme, 6 Pk, 5, 7, 6.
74 Jakob Böhme, BgO, 10, 5.
75 Jakob Böhme, BgO, 10, 7.
76 Vgl. Jakob Böhme, Mm 17, 31.

5 Die göttliche Jungfrau Sophia und die Erschaffung des Menschen

Für die Erschaffung des Menschen ist die Weisheit Gottes eine grundlegende Voraussetzung, denn Gott erblickte sich „nach seinem ewigen Willen in seiner ewigen Weisheit der Edlen Jungfrauen in dem Element, welches stehet im Paradeis der Schärfe der Göttlichen Kraft“[77], das heißt, dass diese Weisheit ein Bild Gottes ist. Von diesem Bild Gottes muss der Mensch als Bild Gottes unterschieden werden. Vom Menschen als Bild Gottes und Gleichnis heißt es in der Heiligen Schrift: „Lasset uns Menschen machen, ein Bilde, das Uns gleich sey, das da herrsche über alle Thier und Creaturen auf Erden; Und GOTT schuf den Menschen Ihm zum Bilde, ja zum Bilde GOttes schuf Er ihn. (Gen. I: 26. 27.)“[78]. Böhme hat diese Sätze im Lichte der Offenbarungen und Eingebungen, die ihm in seiner geistigen Schau zuteilgeworden waren, vielfältig gedeutet. Er fragt zunächst, was in diesen Texten das Bild Gottes bedeutet und antwortet darauf: „Schaue an, betrachte die Gottheit, so komst du darauf: denn GOtt ist nicht ein thierischer Mensch; der Mensch aber sollte seyn ein Bilde, und auch ein Gleichniß GOttes, in deme GOtt wohnete. Nun ist GOtt ein Geist, und in Ihme sind alle drey Principia: und ein solch Bilde wollte Er machen, das alle drey Principia in sich hätte, das ist recht ein Gleichniß GOttes“[79]. Dementsprechend schuf Gott den Menschen als sein Bild und Gleichnis nach dem Gottesbild der ewigen Weisheit, in der er sich nach seinem ewigen Willen in dem Element im Paradies erblickt hat. Böhme beschreibt dann ausführlich die Erschaffung des Menschen durch die göttliche Weisheit „aus der Quinta Essentia der Sonnen, Sternen und Elementen im Paradies ins Element des Urkundes, da die vier Elemente von ausgehen, und [Gott] schuf den Menschen zum Bilde GOttes, das ist, zu GOttes Gleichniß“[80]. In dieses Bild wurde der göttliche Geist eingeblasen, wodurch der Mensch zu einer lebendigen Seele und zu einem Bild Gottes im Paradies wurde. Und in diesem Bild Gottes erblickte sich die Weisheit Gottes der holdseligen Jungfrau „und eröffnete mit dem Blick Adams Centrum in viel tausendmal-tausend, die sollten gehen aus diesem Brunnen dieser Bildniß: und wurde ihme die Edle Jungfrau der Weisheit und Kraft GOttes vermählet, daß er sollte keusch seyn und gantz züchtig bey seiner Jungfrauen, und keinen Willen weder ins erste noch ins dritte Principium setzen, darinnen zu qualifizieren oder zu leben“[81]. Mit diesen Ausführungen macht Böhme deutlich, dass sich Gott in seiner ewigen Weisheit oder Jungfrau Sophia erblickt und erkennt.

77 Jakob Böhme, 3 P 15, 14
78 Jakob Böhme, 3 P, 10, 8.
79 Jakob Böhme, 3 P, 10, 9.
80 Jakob Böhme, 3 P, 15, 14.
81 Jakob Böhme, 3 P, 15, 15.

Diese Weisheit ist das Bild Gottes, nach welcher der Mensch geschaffen wurde, und in dieser Weisheit erkennt sich auch der Mensch als Bild Gottes. Die Weisheit ist somit das Bild Gottes sowohl in Gott als auch im Menschen. Die himmlische Weisheit ist die Braut Gottes, und sie wurde auch dem ursprünglichen Menschen vermählt, der, wie gesagt, ein Bild Gottes ist. Diesen Zusammenhang zwischen Gott, himmlischer Weisheit und dem Menschen als Bild Gottes erklärt Böhme weiter, wenn er für das Wort Bild auch das Wort Idea verwendet. Die himmlische Weisheit ist nämlich „eine Göttliche Imagination, darinnen die Ideen der Engel und Seelen sind von Ewigkeit in Göttlicher Ebenbildung gesehen worden; nicht als Creaturen, sondern in einem Gegenwurf [Objekt], wie sich ein Mensch in einem Spiegel besiehet: deswegen die englische und menschliche Idea aus der Weisheit geflossen ist, und in ein Bilde formiret worden, wie Moses saget: GOtt schuff den Menschen zu seinem Bilde, Gen. 1: 27. das ist, Er schuf den Leib, und hauchete ihm ein den Odem Göttliches Ausflusses, Göttlicher Verständniß, aus allen dreyen Principien Göttlicher Offenbarung“[82]. Durch das Einblasen des Heiligen Geistes in das Bild des Menschen „war der Himmel im Menschen, denn GOtt wollte sich im Menschen, als in einem Bilde nach Ihme, offenbaren, und die grossen Wunder seiner ewigen Weisheit, durch den Menschen eröffnen“[83].

6 Die Herrlichkeit und Vollkommenheit des ersten Menschen

Das Bild des ersten Menschen „ist in der Jungfrauen der Weisheit in GOtt von Ewigkeit erschienen, aber nicht im Wesen, sondern gleichwie diese Welt, aber GOtt schufs zum Wesen, daß Er also in Bildnissen offenbar wäre. Die Bildniß ist in GOtt eine ewige Jungfrau in der Weisheit GOttes gewesen, nicht eine Frau, auch kein Mann, aber sie ist beydes gewesen; wie auch Adam beydes war vor seiner Heven, welche bedeutet den irdischen Menschen, darzu thierisch: denn nichts bestehet in der Ewigkeit was nicht ewig gewesen ist“[84]. Aus diesem ewigen Urbild des Menschen hat Gott den goldenen göttlichen Menschen[85] als einen vollkommenen Menschen[86] von großer Macht und Schönheit und als ein Gleichnis der Gottheit[87] geschaffen, denn „Adam war das Hertze aller Wesen dieser Welt, erschaffen aus dem Urkunde [Ursprung] aller Dinge: seine Seele aus dem ersten Principio mit dem andern (Prinzip) durchleuchtet, und sein Leib aus

82 Jakob Böhme, Cl 19.
83 Jakob Böhme, St I, 36.
84 Jakob Böhme, 3 fL 6, 68.
85 Vgl. Jakob Böhme, S. 4, 31.
86 Vgl. Ernst Benz, Der vollkommene Mensch nach Jacob Boehme, Stuttgart 1937; Ders., Adam, der Mythus vom Urmenschen, München 1955.
87 Vgl. Jakob Böhme, S. 4, 31.

dem Element ... oder Geburt aus der Göttlichen Kraft vor GOtt, welcher war eingegangen in die Ausgeburt des Elements, als in die vier Elementa, und gäntzlich in Geist dieser Welt, als ins dritte Principium“[88]. Dabei sollte das himmlische Centrum dieses Menschen „fix bleiben, und das irdische sollte nicht erwecket werden: und in solcher Kraft war er ein Herr über Sternen und Elementa, und hätten ihn alle Creaturen gefürchtet, und wäre unzerbrechlich gewesen; Er hatte aller Creaturen Kraft und Eigenschaft in sich, denn seine Kraft war aus der Kraft der Verständniß. Nun must er haben alle drey Principia, sollte er GOttes Gleichnis seyn; (1) Die Quall der Finsterniß, und (2) auch des Lichtes, und (3) auch die Quall dieser Welt: und sollte doch nicht in allen dreyen leben und qualificiren, sondern in einer, als in der Paradeisischen, in welcher sein Leben aufging“[89]. Als wesentliches Kennzeichen der Vollkommenheit des ersten Menschen, in dessen Geist „auch ein Funcke aus dem Licht und (der) Kraft GOttes darinnen verborgen“[90] war, galt seine Fähigkeit zur höchsten Erkenntnis Gottes. Ein weiteres Kennzeichen seiner Vollkommenheit war seine Androgynität: „Adam war nacked, und doch mit der grösten Herrlichkeit bekleidet, als mit dem Paradeis, ein gantz schön, hell, Crystallinisch Bilde, kein Mann, kein Weib; sondern beydes, als eine männliche Jungfrau, mit beyden Tincturen in der Temperatur“[91]. Der Ausdruck „Tinctur“, der aus der Alchemie stammt und den Böhme übernommen und umgeformt hat, bezeichnet eine Substanz, die einen Wandlungsvorgang bewirkt von der Art „wie das Feuer ein Licht gebäret“[92]. Die beiden Tincturen, das heißt die männliche Feuer- und die weibliche Lichttinctur durchdringen sich im androgynen Urmenschen in der „Temperatur[93]“, das heißt in einer vollkommenen harmonischen Einheit. Diese androgyne Beschaffenheit Adams ist Ausdruck der Vermählung seiner Seele mit der himmlischen Jungfrau, wodurch Gott im Herzen des Menschen gegenwärtig ist. Böhme schildert das ganzheitliche Zusammenwirken und die Einheit der beiden Kräfte in der androgynen Natur sehr genau und ausführlich: „Zwey fixe und beständige Wesen waren in Adam; als, der geistliche Leib von der Liebe-Wesenheit des innern Himmels, welcher GOttes Tempel war, und der äussere Leib, als der Limus [Extrakt] der Erden, welcher des innern geistlichen Leibes Gehäuse und Wohn-Haus war, welcher in keinerley Wege nach der Eitelkeit der Erden offenbar war, denn er war ein Limus, Auszug des guten Theils der Erden, welches in der Erden am Jüngsten Gerichte

88 Jakob Böhme, 3 P 21, 11.
89 Jakob Böhme, 3 P 10, 11.
90 Jakob Böhme, Mr, Vorrede 96.
91 Jakob Böhme, Gw 5, 35.
92 Jakob Böhme, Mm 23, 45.
93 Damit wird ein Zustand bezeichnet, in dem die Prinzipien ihre Wirksamkeit im rechten Verhältnis zueinander zum Ausdruck bringen.

soll von der Eitelkeit des Fluches und der Verderbung des Teufels geschieden werden. Dieselbe zweyerley Wesen, als das innere himmlische und das äussere himmlische, waren in einander vermählet, und in ein Corpus gefasset, darinnen war die hochheilige Tinctur vom Göttlichen Feuer und Lichte, als die grosse freudenreiche Liebe-Begierde, welche das Wesen anzündet, daß die zweyerley Wesen einander gantz inbrünstig in der Liebe-Begierde begehrten und sich liebten; das Innere liebte das Aeussere, als seine Offenbarung und Empfindlichkeit; und das Aeussere liebte das Innere, als seine gröste Süßigkeit und Freudenreich, seine edle Perle und allerliebste Gemahlin, und waren doch nicht zwey Leiber, sondern nur Einer, aber zweyerley Essentz, als eine innere himmlische, heilige, und eine aus der Zeit Wesen, welche mit einander in ein Ewiges vermählet waren“[94]. Aufgrund seiner Geistleiblichkeit brauchte der erste Mensch keine Kleider, „denn das Himmlische drang durch das Aeussere, und war sein Kleid: Er stund in grosser Schönheit, Freude und Lust, in einem kindlichen Gemüthe; Er hätte auf Magische Art gessen und getruncken, nicht in Leib, wie ietzunder, sondern im Maule, da war die Scheidung, denn die Paradeis-Frucht war auch also. Alles war zu seinem Spiel gemacht, kein Schlaff war in ihme, die Nacht war ihme als der Tag: Denn er sahe mit verklärten Augen in eigenem Lichte; der innere Mensch, als das Innere Auge, sahe durch das Aeussere; gleichwie wir in jener Welt werden keiner Sonne dürfen, dann wir sehen im Göttlichen Sehen, im Lichte der eigenen Natur. Keine Hitze noch Frost hätte sie gerüget, es wäre auch kein Winter auf Erden offenbar worden, dann im Paradeis war eine gleiche Temperantz“[95]. Über die Augen und das Sehen des ersten Menschen schreibt Böhme: „Er hatte reine Augen, und das doppelt oder zweyfach, denn er hatte beyde Reiche an sich, als GOttes und dieser Welt Reich; aber gleichwie GOtt ein HErr über alles ist, also sollte auch der Mensch in GOttes Kraft ein Herr über diese Welt seyn. Gleichwie GOtt in allem herrschet, und alles durchgehet, dem Dinge unempfindlich: Also konnte der verborgene Göttliche Mensch in alles gehen und schauen: Zwar der äussere Mensch war im äussern, aber ein Herr über das äussere, und war unter ihme, er zähmete ihn nicht. Er hätte können Felsen zerbrechen ohne Noth, die Tinctur der Erden war ihme gantz erkentlich, er hätte alle Wunder der Erden erfunden: Denn zu dem Ende war er auch ins äussere geschaffen, daß er solte in Figuren offenbaren, und ins Werck führen, was in der ewigen Weisheit war ersehen worden, denn er hatte die Jungfräuliche Weisheit in ihme“[96]. Ein Ausdruck und Zeichen der gottähnlichen Vollkommenheit Adams war schließlich seine Fähigkeit, die Sprache Gottes, die Sprache der Engel und die Sprache der Natur zu verstehen. Weil er

94 Jakob Böhme, Mm 18, 7 f.
95 Jakob Böhme, Mm 18, 12 f.
96 Jakob Böhme, Mw, 1, 4, 7.

die Natursprache und die sensualische Sprache der gesamten Schöpfung verstand, war er imstande allen Geschöpfen und Dingen ihren Namen zu geben. Alle diese Vollkommenheiten waren Anblicke der ursprünglichen Einheit Adams mit der Wirklichkeit Gott.

7 Der zweifache Fall des ersten Menschen

Beim Fall des Menschen sind zwei Stufen zu unterscheiden. Der erste Fall Adams bedeutet den Verlust seiner ursprünglichen Einheit mit Gott. Der erste Mensch war in seiner Entscheidungsfähigkeit frei, weil Gott ihn zum Freund haben wollte, der sich frei für ihn entscheiden konnte. Und diese von Gott geschenkte Freiheit „war die rechte Proba, was der freye Wille der Seelen (Adams) thun würde, ob er wolte in Göttlicher Harmoney bleiben, oder ob er wollte in die Selbheit eingehen: alhie ward er in Seele und Leib versuchet, und von allen 3 Principien gezogen, ein iedes wollte sein Wunder mit ihm verbringen“[97]. Adam hat diese Versuchung nicht bestanden, weil er dem Angriff der äußeren Welt nachgegeben hat; deshalb ist er aus der Harmonie der androgynen Einheit in die Vielheit gefallen, weil er probieren wollte, „wie es schmeckte wann Bös und Gut ineinander, ein iedes in sich selber offenbar wäre, als in der Ungleichheit ausser dem Göttlichen Einen”[98]. Dieses Streben nach Vielheit hat zur Folge, daß der Geist dieser Welt (Spiritus Mundi) Adam bedrängt und sich mit Gewalt in seine “Tinctur zur Jungfrauen (setzte), und wollte in Sie und mit ihr inqualiren und ewig leben, davon die Tinctur müde ward, und die Jungfrau wich”[99]. Damit zerbricht der Bund zwischen der himmlischen Jungfrau Sophia, welche die Braut Adams ist und dem finsteren Geist der Welt, der in Adam die Jungfrau bedrängt und zu überwältigen versucht. Angesichts dieser drohenden Gewalt wendet sich die Jungfrau hilfesuchend zum Herzen Gottes und wendet sich von Adam ab und verlässt ihn. Dadurch wird der einsam gewordene Adam ohnmächtig und sinkt bewusstlos in einen tiefen Schlaf, der den Verlust des Wissens vom göttlichen Freudenreich versinnbildlicht. Zugleich wurde sein himmlischer Leib zu Fleisch und Blut“[100]. Gott lässt entsprechend dem Bericht der Heiligen Schrift diesen halbzerbrochenen Adam aber nicht allein; er entnimmt dem schlafenden bewusstlos gewordenen Adam eine Rippe und formt daraus eine Gefährtin für ihn. An der Stelle, aus der die Rippe entnommen wurde, bleibt eine Wunde, die nicht nur den Fall des ersten Adam symbolisiert, sondern auch eine Praefiguration der Seitenwunde Christi darstellt.

97 Jakob Böhme, Mm 18, 28.
98 Jakob Böhme, Mm 41, 24.
99 Jakob Böhme, 3 P 14, 34.
100 Jakob Böhme, 3 P 13, 2.

Eva ist als Gefährtin kein „Ersatz“ für die himmlische Jungfrau Sophia. Der ursprüngliche androgyne Adam ist in Mann und Frau aufgespaltet und aus der göttlichen Welt in die äußere Welt gesetzt. Nach diesem ersten Fall essen Adam und Eva von den verbotenen Früchten des Baumes der Erkenntnis von Gut und Böse, um zu erkennen „wie alle Kräften in ihren Eigenschaften schmeckten“[101]. Sobald aber Adam und Eva von den Früchten des Baumes der Erkenntnis gegessen haben, werden in und an ihnen alle Eigenschaften des Gegensatzes von Gut und Böse offenbar; und das erste Menschenpaar verliert in diesem zweiten Fall endgültig seine Geistleiblichkeit und wird „nach dem äussern Leib ein Thier aller Thiere, als das thierische Bild GOttes“[102], mit anderen Worten Adam und Eva werden endgültig irdisch und sterblich. Der irdische Tod ist aber „nicht der ewige Tod: auch müssen wir nicht also blind seyn, und sagen, die Seele sey gestorben in ihrer Creatur; Nein, das mochte nicht seyn, denn was aus dem Ewigen ist, das nimt keinen Tod an; sondern das Ebenbildniß GOttes, das sich in die creatürliche Seele hat eingebildet, (als das Göttliche Ens) dasselbe verblich, wie der Feuer-Grimm aufwachte. Denn in GOtt ist kein Sterben, sondern nur eine Scheidung der Principien, auf Art zu verstehen, wie wir sehen, daß die Nacht den Tag in sich verschlinget, und der Tag die Nacht“[103]. Adam und Eva waren aber der Seele und dem Leibe nach in die Finsternis gefallen und von sich aus nicht mehr imstande, wieder in das Licht Gottes zu gelangen. Sie wären wohl in alle Ewigkeit verloren gewesen, „wenn sich nicht alsobald das Hertze GOttes mit dem Worte der Verheißung in Adams Seele eingewunden“[104] hätte, oder mit anderen Worten, wenn nicht Gott in das verblichene Ebenbild seinen ewigen heiligen Willen mit der Verheißung auf die Erlösung durch Christus und die Jungfrau Maria eingegeben hätte: „Des Weibes Samen soll der Schlangen den Kopf zertreten“[105].

8 Die himmlische Jungfrau Sophia und die Erlösung und Wiedergeburt des Menschen

Den Grundstein für die Erlösung und Wiedergeburt des Menschen hat Gott schon vor der Erschaffung der Welt gelegt, indem er sich mit dem heiligen Namen Jesus in das Urbild des Menschen eingegeben hatte. Als dann in der Seele des gefallenen Menschen das Licht der Gottebenbildlichkeit verloschen war, wurde der heilige Namen Jesus als die höchste Liebe in das verblichene Ebenbild eingespro-

101 Jakob Böhme, Gw 6, 49.
102 Jakob Böhme, Gw 7, 6.
103 Jakob Böhme, Gw 7, 9.
104 Jakob Böhme, 40 Fr 8, 5.
105 Jakob Böhme, Gw 7, 16. Vgl. Gen 3, 15.

chen, damit Gottes Stimme wieder in der Seele wirken kann: „Und das ists, daß sich GOttes Stimme bey der Eva in des Weibes Samen einsprach, denn das rechte Weib von der himmlischen Welt Wesen, da es noch in Adam war, verstehet nach der Lichts-Tinctur war Jungfrau Sophia, als die ewige Jungfrauschaft, oder die Liebe des Mannes, die war in JEHOVA, in Adam offenbar: und ietzt ward sie in der Stimme des Einsprechens im Namen JESU offenbar, welcher sich hatte aus JEHOVA ausgewickelt, mit solchem Bunde, daß der Name JESUS wollte in Erfüllung der Zeit das heilige Wesen der Sophiae, als das himmlische heilige Wesen aus der Liebe, damit die Liebe umschlossen ist, oder (wie man es setzten möchte, darinn die feuerische Liebe ein Wesen ist) in das verblichene Wesen aus JEHOVA einführen. Daß ich aber sage, das Wesen aus JEHOVA sey im Fall verblichen, das ist wahr, und ist eben der Tod, darinnen Adam und Eva sturben"[106]. Der gefallene Mensch ist somit vor die Entscheidung gestellt, entweder das Gnadengeschenk des heiligen Namens Jesus oder die Phantasie der Hölle auf sich einwirken zu lassen. Gott ist immer im Menschen gegenwärtig, aber erst, wenn der Mensch Gottes Wort wirklich in freier Entscheidung in sich aufnimmt, wird die feurige Eigenschaft des Menschen in Licht verwandelt, „denn alda steht Christus in der abgestorbenen seelischen Eigenschaft vom Tode auf, und wird die Seele ein Glied an Christi Leibe, und zeucht Christum an sich, ja sie wird nach der Liebe Eigenschaft gantz in Christum gepflantzt. Darum saget Christus: Wer mein Fleisch isset, und trincket mein Blut, der bleibet in mir, und ich in ihme; Joh. 6, 56. Also geschicht das. Item, Er saget: wir wollen zu euch kommen, und Wohnung in euch machen; Joh. 14: 23. Das ist, der gantze GOtt wird in dieser neuen Geburt in Christo, in der Seelen offenbar, und wircket gute Göttliche Früchte"[107]. Diese Einheit von Gott und Mensch hat Böhme auch als Wiederherstellung des Liebesbundes zwischen der himmlischen Jungfrau Sophia und dem Menschen beschrieben. Diese Wiedergeburt „machet das Irdische alles Himmlisch in eine Eigenschaft wie die Jungfrau war, dann alhie verleuret auch die Jungfrau ihren Namen, dann sie hat ihre Liebe und Perle dem Ritter gegeben; der heisset alhie nun der Weisse Löw, wie die Schrift saget, vom Löwen vom Hause Israel und Davids, Apoc. 5: 5. der dem Teufel sollte sein Reich zerbrechen, und die Hölle zerstören, das ist, den Zorn GOttes zerbrechen, und die in Liebe verwandeln. Dieser Ritter oder Löwe ist kein Mann noch Weib, sondern ist beydes; die Feuers- und Lichts-Tinctur muß in Eine kommen"[108]. Alles, was durch den Fall getrennt und in der Trennung nur Angst, Qual und Begierde war, wird im wiedervereinten einen Willen zu einem „Freuden-Ausgehen aus sich selber; und diese

106 Jakob Böhme, Gw 7, 33 f.
107 Jakob Böhme, Gw 8, 91.
108 Jakob Böhme, S. 11, 43 f.

ausgehende Eigenschaft heisset der H. Geist, als das Leben der Gottheit: Also wisset, warum der Jungfrauen und des Jünglings Blut muste mit einander vergossen werden, auf daß der Feuer-Löwe stürbe, welcher in der menschlichen Eigenschaft war offenbar worden, daß die Liebe der Jungfrauen seinen Grimm in ihren Liebe-Blute in ihre Eigenschaft transmutirete, und sie vom Jünglinge die Seele bekäme; dann in Adam verblich die Jungfrau, dann die Seele ging aus ihrem Liebe-Willen aus der Gelassenheit aus, in ein Eignes, und ward GOtt ungehorsam. Alhie nimt die Jungfrau die Seele wieder in sich ein, und giebet ihr ihren Perlen-Krantz, als einem Ritter, und nennet sich in seinem Namen den weissen Löwen oder Ritter"[109]. In dieser Wiedergeburt wird die Seele in sich selber „zum Gnaden-Kinde erwählet, wenn sie aus Christo geboren wird, aus dem Göttlichen Ente, welches der einige Vorsatz Göttlicher Gnade ist, daraus GOttes Gnade in der Seelen offenbar wird; und sie wird auch in ihr selber zum Verdammnis erwehlet aus dem Grunde ihres eigenen Wesens, das ein falsches Ens ist, darinn kein Licht mag geboren werden. GOttes Vorsatz zur Verstockung ist in ihrem (der Seelen) eigenem Wesen, als der ungründliche Wille zur Natur, der offenbaret sich in iedem Wesen, wie des Wesens Eigenschaft ist"[110]. Dieser ungründliche Wille, der sich im Himmel und in der Hölle offenbart, ist jenseits von allen Offenbarungen ein einiger Wille, und Himmel und Hölle sind ineinander wie Tag und Nacht, „und die Hölle ist ein Grund des Himmels, denn GOttes Zorn Feuer ist ein Grund seiner Liebe, als des Lichtes"[111]. Dieses Licht vermag der Mensch erreichen, wenn er seinen Willen in den Willen Gottes eingibt und so seine Ichhaftigkeit zerbricht. An die Stelle des eigenen Willens tritt der göttliche Wille. Wenn also „der Mensch gantz in GOtt gelassen ist, so wird GOtt sein Wille"[112]. Der Weg, der in diese Gelassenheit führt, ist der Glaube. Böhme betont, dass „das Wort Glauben nicht historisch ist"[113]; der Glaube ist für ihn „anders nichts, als seinen Willen mit GOtt vereinigen, und GOttes Wort und Kraft in seinen Willen einnehmen, daß diese beyde, als GOttes Wille und des Menschen Wille, Eine Substantz und Wesen werden, dass der menschliche Wille GOttes Wille werde"[114]. Die Willensbewegung, die zum Absterben des Eigenwillens führt, macht in der Seele des Menschen den Eingang für Christus frei. Christus hat damit im halbtoten Menschen den Tod zerbrochen. „Er brachte uns mit in unsere Menschheit die Jungfräuliche Zucht der Weisheit GOttes, Er umgab unsere Seelen-Essentz mit himmlischer Wesenheit: Er ward der Held im Streit, da die zwey Reiche miteinander im Streit lagen, als

109 Jakob Böhme, S. 11, 44 f.
110 Jakob Böhme, Gw 8, 102 f.
111 Jakob Böhme, Gw 8, 103.
112 Jakob Böhme, Mm 67, 69.
113 Jakob Böhme, Mw 1, 11, 8.
114 Jakob Böhme, Mm 39, 8.

GOttes Zorn und Liebe ... Er hat sein ungründlich und unmeßlich Wesen in die Menschheit eingeführet; sein Wesen, daß den Himmel erfüllet, hat er in der Menschheit offenbaret. Also ist das menschliche Wesen und GOttes Wesen ein Wesen worden, eine Fülle GOttes“[115]. In diese ungründliche Fülle Gottes als „die Ursache zum Lichte, da weder Böses noch Gutes innen ist, kann er [der Mensch] sich schwingen, denn er ist selber derselbe Grund; so er sich nur aus seiner Bildlichkeit, in sich selber, auf den Abgrund, ersencket, so ist er schon da: und in diesem Abgrunde liegt sein Perlein, und Christus stehet alda vom Tode auf, und sitzet alda zur Rechten in der Kraft GOttes im Himmel des Menschen“[116]. Die Bedeutung der Beziehung zwischen Christus, dem neuen Adam, und dem alten Adam[117] für das Mysterium von Tod und Auferstehung beschreibt Böhme mit einer Symbolik, die an den Gralsmythos erinnert[118]: „Also, lieber Leser, solt du wissen, daß sich der ander [neue] Adam Christus nicht vergebens hat lassen creutzigen, und mit einem Speer in seine Seite stechen, noch sein Blut vergebens vergossen. Alhie lieget der Schlüssel: Adam ward in seiner Seite zerbrochen mit der Ribbe zum Weibe; in dieselbe Seite muste Longini Speer mit GOttes Grimme kommen, denn er war in Adam kommen und aus Marien Irdigkeit auch in die Seite Christi, und muste das Blut Christi den Grimm ersäuffen, und von dem ersten Adam wegnehmen: denn der andere Adam hatte auch himmlisch Blut, das muste die irdische Turbam ersäuffen, auf daß der erste Adam wieder heil würde“[119]. In dieser Darstellung, in welcher „der kranke, mit der Seitenwunde behaftete Gralskönig der gefallene Uradam ist, andererseits das den Gralskelch erfüllende Lebenswasser in der christlichen Weiterbildung der Sage als das Blut des Gekreuzigten vorgestellt wird, das aus seiner von Longinus Speer geschlagenen Wunde floß, ... hebt Böhme mit jener tiefsinnigen Gegenüberstellung der beiden Wunden nicht mehr und nicht weniger als eines der letzten Geheimnisse der ganzen Gralssymbolik ans Licht. Und die alte Rätselfrage nach der Bedeutung des mit dem Gral verbundenen Speeres beantwortet sich hier rein aus den logischen Zusammenhängen des Böhmeschen Systems von selbst: ist der Speer zunächst als destruktive Angriffs-

115 Jakob Böhme, Mw 1, 11, 6.

116 Jakob Böhme, Gw 11, 43.

117 Vgl. die Adam-Christus-Typologie bei Paulus in 1 Kor 15, 21; 45–49 und Röm 5, 12–21. Hintergrund dieser Typologie ist möglicherweise ein gnostischer Anthropos-Mythos, siehe Rudolf Bultmann, Theologie des Neuen Testaments, Tübingen 1984, S. 178.

118 Darauf verweist Hans Grunsky, Jacob Boehme, Stuttgart 1956, S. 280. Vgl. auch Ders., Von den weltweiten Zusammenhängen der Parsival-Sage, in: Parsival-Programmheft der Bayreuther Festspiele 1954, S. 7–14. Vgl. auch Richard Reitzenstein und Hans Heinrich Schaeder, Studien zum antiken Synkretismusm /Aus Iran und Griechenland, Leipzig und Berlin 1926.

119 Jakob Böhme, Mw 1, 6, 8.

waffe Sinnbild des Grimmfeuers, so wird er durch die Berührung mit Christi Blut in demselben Sinne zum heiligen Speer wie sich das negative Feuer durch die Sanftmut des Wasserquells in die heilige Lichtfeuersmacht verwandelt. Wobei dieser Gedankenkreis dann ... in das androgyne Ganzheitssymbol eines Beieinanders von Speer und Gral zurückläuft, wie es in der schon früher erwähnten Weise dem Hieros Gamos des angezündeten Lichtwassers, in welchem Zorn und Liebe Ein Ding geworden sind, entspricht“[120]. Jakob Böhme hat dieses Erlösungsmysterium selbst erfahren und in seinen Werken immer wieder von neuem beschrieben; seine Absicht dabei bestand darin, den Menschen einen Weg zu diesem Mysterium aufzuzeigen. Seiner Auffassung nach können alle Menschen, die aufrichtig zu diesem Mysterium der Erlösung streben, diese Erlösung und Wiedergeburt erlangen, wenn sie den geistigen Weg gehen, den Christus von seiner Menschwerdung bis zu seiner Himmelfahrt gegangen ist. Böhme bezeichnet diesen geistigen oder mystischen Weg auch als Prozess, und er fordert seine Schüler auf: „Du mußt doch gäntzlich in seinen Prozeß eingehen, und der Seelen Eitelkeit in seinem Prozeß immerdar absterben: Dann Jungfrau Sophia vermählet sich anderst gar nicht mit der Seelen, als nur in dieser Eigenschaft, welche in der Seelen durch Christi Tod ausgrünet, als ein neu Gewächse, das im Himmel steht“[121]. Damit dieser Prozess vollendet werden kann, muss also die Feuerseele „im Feuer GOttes bestehen und also lauter seyn als Gold, denn sie ist der Mann der Edlen Sophia, aus des Weibes Samen, sie ist des Feuers Tinctur, und Sophia des Lichts Tinctur: So die Tinctur des Feuers gantz rein ist, so wird ihr Sophia in sie eingegeben, so bekommt Adam seine alleredelste Braut, die ihm in seinem ersten Schlaffe genommen ward, wieder in seine Arme, und ist fürbas kein Mann noch Weib, sondern ein Zweig an Christi Perlein-Baume, die im Paradeise GOttes stehet“[122]. Dieser Prozess setzt, was Böhme immer wieder nachdrücklich betont hat, als Erstes das Absterben des Eigenwillens voraus, denn nur in dieser Gelassenheit findet der Mensch seinen wahren Grund und Ungrund, und erkennt, dass er in seinem tiefsten Wesen schon immer mit der göttlichen Wirklichkeit eins ist. Böhme hat die Selbstoffenbarungen Gottes und ihre stufenweise gleichewige Entfaltung in seinem gewaltigen Durchbruchserlebnis aus dem Jahr 1600 geschaut und in seinen Schriften, worauf schon mehrfach hingewiesen wurde, auf vielfältige Weise dargestellt. Im folgenden Text hat er die wesentlichsten Anblicke dieser umfassenden geistigen Schau für seine Schüler und Leser kurz zusammengefasst: „Also

120 Hans Grunsky, a. a. O., S. 285 f. Im Übrigen gilt es hier Leopold Zieglers Anmerkung zu beachten, dass manche Stellen in Wolfram von Eschenbachs Parzival ”in Ihrem Vollsinn überhaupt erst von Böhmes Lehre aus halbwegs verständlich werden“. Siehe Leopold Ziegler, Menschwerdung, 2. Bd., Olten 1948, S. 312.

121 Jakob Böhme, Wb 34.

122 Jakob Böhme, Mm 25, 14.

verstehets endlich in dem Wege: GOtt ist selber alles in allem; aber Er gehet aus dem Grimme aus, und findet die Licht-und Kraft-Welt in sich selber, Er machet sie selber, daß also der Grimm mit allen Gestalten nur eine Ursache des Lebens (und sich selber in grossen Wundern finden) sey. Er ist der Grund und Ungrund, die Freyheit und auch die Natur, in Licht und Finsterniß; und der Mensch ists auch alles, so er sich nur also selber suchet und findet, als GOtt. Unser gantzes Schreiben und Lehren langet nur dahin, wie wir uns müssen selber suchen, machen und endlich finden; wie wir müssen gebären, daß wir ein Geist mit GOtt sind, daß GOtt in uns sey, und wir in GOtt, daß GOttes Liebe-Geist ist in uns sey das Wollen und auch das Thun, und daß wir der Angst-Qual entrinnen; daß wir uns in die wahre Gleichniß in drey Welten einführen, da eine iede in ihrer Ordnung stehet, und daß die Licht-Welt in uns der Herr sey, als die das Regiment führe; daß also die Angst-Welt in der Licht-Welt verborgen bleibe, als in GOtt auch, und nur also eine Ursache des Lebens und der Wunder GOttes sey; Sonst wo wir die Licht-Welt nicht erreichen, so ist die Angst-Welt in uns das Ober-Regiment, so leben wir ewig in feindlicher Qual. Dieser Streit währet so lange das irdische Leben währet, hernach gehet es ins ewige AEther, in Licht oder Finsterniß ein, davon ist kein Erretten mehr, und davor warnet uns GOttes Geist, und lehret uns den rechten Weg, Amen.“[123].

123 Jakob Böhme, Mw 2, 10, 6 f.

5 Über den Gegensatz von Gut und Böse im Menschen und der Welt

Jakob Böhmes Lehre vom Ursprung des Bösen

Das Böse ist nicht nur ein Mangel oder eine Beraubung des Guten (privatio boni)[1], sondern vielmehr eine furchtbare Macht, die Kriege, Feindschaft und unermessliches Elend und Verderbnis immer von Neuem über die Menschheit bringt. Von Philosophen und Theologen ist darüber viel nachgedacht und geschrieben worden, aber keiner von ihnen hat die Frage nach dem Ursprung des Bösen auf der Grundlage der geoffenbarten Gottesweisheit (Theo-Sophia) so tiefgehend beantwortet wie der Mystiker und Theosoph Jakob Böhme (1575–1624).

1 Die Grundlage von Jakob Böhmes Gottesweisheit

Die Grundlage für Jakob Böhmes Antwort ist in der Gottesweisheit (Theo-Sophia) enthalten, die ihm in einer gewaltigen geistigen Schau im Jahr 1600 zuteilwurde. Diese Gottesweisheit besteht im Wesentlichen darin, „daß der Mensch erkenne, daß das Wissen nicht sein, sondern GOttes sey, daß GOtt in der Seele des Menschen wisse, was und wie Er will“[2]. Oder kurz: „GOtt hat mir das Wissen gegeben. Nicht

---

1 Augustinus, Confessiones, 3, 7, 12. Vgl. auch Friedrich Billicsich, Das Problem der Theodizee im philosophischen Denken des Abendlandes, 1.Band: Von Platon bis Thomas von Aquin, Innsbruck – Wien-München 1936; Ders., Das Problem des Übels in der Philosophie des Abendlandes, 2. Band: Von Eckehart bis Hegel, Wien –Köln 1952; Ders., Das Problem des Übels in der Philosophie des Abendlandes, 3. Band: Von Schopenhauer bis zur Gegenwart, Wien 1959. Vgl. auch Rolf Schönberger, Die Existenz des Nichtigen. Zur Geschichte der Privationstheorie. In: Die Wirklichkeit des Bösen. Systematisch-theologische und philosophische Annäherungen, Hrsg. von Friedrich Hermanni und Peter Koslowski, München1998, S. 15–47.

2 Böhme, ep 12, 11. Die Zitierung erfolgt nach Jakob Böhmes Sämtlichen Schriften, Faksimile-Neudruck der Ausgabe von 1730 in elf Bänden, begonnen von August Faust, neu herausgegeben von Will-Erich Peuckert, Stuttgart 1955–1961. Es gelten folgende Abkürzungen: Clavis = Cl, Dreifaches Leben des Menschen = 3fL; Drei Prinzipien = 3P; Gnadenwahl = Gw, Mysterium Magnum = Mm, Menschwerdung Jesu Christi = Mw; Morgenröte = Mr, 6 theosophische Punkte = 6 Pk; Signatura Rerum = Sg; Tafeln der 3 Prinzipien = Tab; 177 theosophische Fragen = Th. Fr. Jakob Böhme, Th. Fr. 2, 6, 2.

ich, der ich der Ich bin, weiß es, sondern GOtt weiß es in mir“[3]. Böhme beschreibt 1612 in seinem ersten Werk *Aurora oder Morgenröthe im Aufgang*, zuerst den Zustand vor seiner geistigen Schau: Ich „bin endlich gar in eine harte Melancholey und Traurigkeit gerathen, als ich anschauete die grosse Tieffe dieser Welt, darzu die Sonne und Sternen, sowol die Wolcken, darzu Regen und Schnee, und betrachtete in meinem Geiste die gantze Schöpfung dieser Welt. Darinnen ich dann in allen Dingen Böses und Gutes fand, Liebe und Zorn; in den unvernünftigen Creaturen, als in Holtz, Steinen, Erden und Elementen sowol als in Menschen und Thieren“[4]. Dann schildert Böhme das eigentliche Durchbruchserlebnis, das ihn „bis in die innerste Geburt der Gottheit“[5] führt. Neun Jahre später schildert er das Erlebnis dieser Schau noch einmal: „Dann ich sahe und erkante das Wesen aller Wesen, den Grund und Ungrund: Item, die Geburt der H. Dreyfaltigkeit, das Herkommen und den Urstand dieser Welt, und aller Creaturen, durch die Göttliche Weisheit: Ich erkante, und sahe in mir selber alle drey Welte, als (1.) die Göttliche Englische oder Paradeisische; Un dann (2.) die finstere Welt, als den Urstand der Natur zum Feuer; Und zum (3.) diese äussere, sichtbare Welt, als ein Geschöpf und Ausgeburt, oder als ein ausgesprochen Wesen aus den beyden inneren geistlichen Welten. Ich sahe und erkante das gantze Wesen in Bösem und Guten, wie eines von dem andern urständete, und wie die Mutter der Gebärerin wäre, daß ich mich nicht allein hoch verwunderte, sondern auch erfreuete“[6]. Um die Bedeutung von Böhmes Aussagen über Gut und Böse und damit verbunden die Frage nach dem Anfang oder Ursprung des Bösen verstehen zu können, wird zunächst ein kurzer Überblick über das Ganze der Gottesweisheit (Theosophie) Jakob Böhmes gegeben.

2 Ein Überblick über das Ganze von Jakob Böhmes Gottesweisheit

Zur Gottesweisheit gehören 1. Die Lehre vom Ungrund und der klaren Gottheit, 2. Die Lehre von der ewigen Natur und den drei Prinzipien, 3. Die Lehre von der Schöpfung der Engel, der Welt und des Menschen und 4. Die Lehre von der Wiedergeburt. Die Lehre von der klaren Gottheit und der ewigen Natur beinhalten innergöttliche Offenbarungsstufen jenseits von Raum und Zeit, während die Schöpfung der Welt sich in Raum und Zeit ereignet. Weil das menschliche Denken nicht imstande ist, Überzeitliches unmittelbar zu erfassen, beschreibt Böhme die innergöttlichen gleichewigen Offenbarungen nacheinander.

3 Böhme, Mr, Rechenschaft des Schreibens 1.
4 Böhme, Mr, 19, 4 f.
5 Böhme Mr, 19, 11.
6 Böhme, ep. 12, 8.

2.1 Der göttliche Ungrund und die klare Gottheit

Für Böhme ist alles in der Selbstoffenbarung oder Selbstgebärung Gottes gegründet. Dieser Gott in seiner Tiefe und Unendlichkeit hat keinen Grund und wird deshalb von Böhme auch als Ungrund bezeichnet. Die absolute Wirklichkeit des Ungrundes kann sich aber nicht offenbaren, weil jede Offenbarung die Unterscheidung zwischen Inhalt und Offenbarung voraussetzt. Eine solche Unterscheidung innerhalb der absoluten Wirklichkeit würde die unbedingte Freiheit aufheben und eine erste Bedingung schaffen. Demnach ist der Ungrund „Nichts und das Alles, und ist ein Einiger Wille, in deme die Welt, und die gantze Creation lieget“[7]. Böhme erklärt den Übergang vom Ungrund zum einigen Willen, der vom Denken nicht erfasst werden kann, mit Hilfe des ungründlichen Willens, Dieser ungründliche Wille ist nicht der Ungrund selbst, sondern jener Anblick der ungründlichen Wirklichkeit, die sich offenbaren will. Der ungründliche Wille, der sich als solcher nicht unmittelbar offenbaren kann, vermittelt sich durch eine Selbstbegründung oder Selbstfassung in und durch sich selbst. So gebärt „der erste unanfängliche Einige Wille, welcher weder Böse noch Gut ist ... in sich das Eine ewige Gute, als einen faßlichen Willen, welcher des ungründlichen Willens Sohn ist, und doch in den unanfänglichen Willen Gleich-Ewig; und derselbe andere Wille ist des ersten Willens ewige Empfindlichkeit und Findlichkeit, da sich das Nichts in sich selber zu Etwas findet: und das Unfindliche, als der ungründliche Wille, gehet durch sein ewig Gefundenes aus, und führet sich in ewige Beschaulichkeit seiner selber. Diesen Vorgang der Selbstfassung und Selbstfindung erklärt Böhme auch mit Hilfe der göttlichen Dreiheit: Der ungründliche unfassliche Wille heißt Vater, der gefasste Wille, der mit dem unfasslichen Willen des Vaters gleich-ewig ist, heißt Sohn und der Ausgang des unfasslichen Willens durch den fasslichen Willen oder Grund heißt Geist. „Dieses dreyfaltige Wesen in seiner Geburt, in seiner Selbst-Beschaulichkeit der Weisheit, ist von Ewigkeit je gewesen, und besitzt in sich selber keinen andern Grund noch Stätte, als nur sich selber; es ist ein Einig Leben, und ein einiger Wille ohne Begierde, und ist weder Dickes noch Dünnes, weder hoch noch tief; es ist kein Raum, Zeit noch Stätte, besitzet auch in sich weder Dickes noch Dünnes, weder Höhe noch Tieffe, noch Raum oder Zeit, sondern ist durch alles in allem, und dem Allem doch als ein unfaßlich Nichts“[8]. In dieser ersten Phase der Selbstoffenbarung Gottes, die Böhme als klare Gottheit, ewige Freiheit, ewige Dreiheit oder Dreizahl, ewigen Verstand oder freie Lust bezeichnet, herrscht einzig und allein der „einige Wille, nemlich der einige GOtt, welcher sich in eine Dreyheit selber einführet, als in eine Faßlichkeit seiner selber; (welche Faßlichkeit das Centrum, als ewige ewige gefassete Eine ist) und wird das Hertze oder der Sitz

7 Böhme, Gw, 1, 3.
8 Böhme, Gw 1, 7.

des ewigen Willens GOttes geheissen, da sich der Ungrund in Einen Grunde besitzet, welches die einige Stätte GOttes ist, und doch in keine Theilichkeit oder Schiedlichkeit, auch gantz unmeßlich, ohne einige Form oder Gleichheit) denn es ist nichts darvor, damit es möchte gegleichet werden“[9]. In dieser ersten Phase der Selbstoffenbarung Gottes, in der sich Gott aus seiner Unbedingtheit in die Selbstbedingtheit seines innersten Grundes Mitte oder Herzens vermittelt, gibt es keine Gegensätze, denn die Fülle und Vielheit aller Eigenschaften und Kräfte liegt noch still und ungeschieden in der einen Kraft des ungründlichen Willens. Aus dieser ungeschiedenen Einheit offenbaren sich die Kräfte und Eigenschaften in ihrer Vielheit zunächst als rein geistigen Möglichkeiten. Dann treten auch die ersten Gegensätze auf, wenn nämlich aus dem Willen die Begierde hervorgeht. Damit tritt die Selbstgebärung oder Selbstoffenbarung Gottes in die nächste Phase, die als die ewige Natur bezeichnet wird.

2.2 Die Geburt der ewigen Natur

Durch die Selbstfassung des ungründlichen Willens, das heißt durch die Eingangs- und Ausgangsbewegung dieses Willens entsteht die Lust, die in der klaren Gottheit ruhende innere verborgene Fülle von Eigenschaften und Kräften zu offenbaren und auszusprechen. Die Lust dazu weckt die Begierde, die „das Centrum Naturae machet“[10]. Das Begehren zieht sich in sich zusammen: „und da es doch nichts hat als sich selber, und das Angezogene ist des Begehrens Schwängerung, und machet das Begehren voll; und da es doch nichts ist als eine Finsterniß, denn das Angezogene ist dicker als der Wille, darum ists des dünnen Willen Finsterniß: dann der Wille ist dünner als ein Nichts, und gantz stille, aber das Begehren macht ihn voll“[11]. Durch diese Bewegungen des Begehrens entsteht die ewige Natur, in der ihre sieben Gestalten oder Eigenschaften zusammenwirken, und sie bilden gesamte überräumliche und überzeitlichen Wirklichkeit der ewigen Natur in Gott. Außer der Bezeichnung Eigenschaften gebraucht Böhme noch andere Bezeichnungen, nämlich Qualitäten, Haupt-Gestalten, Quellgeister, Species, Gradus, Geister, Haupt-Quellen und Naturgeister. Diese sieben Eigenschaften der ewigen Natur sind in ihrer linearen Reihenfolge: 1. Die Begierde, 2. Die Beweglichkeit der Begierde, 3. Die Angst, 4. Das Feuer, 5. Liebe-Begierde, 6.Schall, Wort, 7. Wesen, Gehäuse. Die einzelnen Bedeutungen dieser Eigenschaften oder Gestalten hat Böhme auf folgender Weise kurz beschrieben und zusammengefasst:

9 Böhme, Gw, 1, 9.
10 Böhme, Mw, 2, 8, 9.
11 Böhme, 3fL, 2, 13.

2.2.1 *Die erste Eigenschaft oder Gestalt*

Die erste Eigenschaft oder Gestalt der ewigen Natur ist Begierde. Sie entsteht durch die Bewegung des ungründlichen Willens, „da der Wille etwas seyn will, und hat doch Nichts, daraus es ihm etwas mache“[12], so fasst er sich selbst; weil er aber nichts findet, zieht er sich selber in sich zusammenzieht und ist finster. Von diesem durch das Begehren zusammengezogenen finster gewordenen Willen, der in sich Herbe, Schärfe und Härte bildet, will sich der erste Wille wieder befreien, denn er begehrt das Licht.

2.2.2 *Die zweite Eigenschaft oder Gestalt*

Aus diesem Gegensatz entsteht die zweite Eigenschaft oder Naturgestalt, die von Böhme als Bewegung oder Bewegnis bezeichnet wird. Diese Bewegung zerbricht die Härte, „zerscheidet [zertrennt] die angezogene Begierde, und bringet sie in Vielheit“[13] und erweckt zugleich auch das Leben. Während sich also der Wille in der ersten Naturgestalt zusammenzieht, breitet er sich in der zweiten Naturgestalt aus.

2.2.3 *Die dritte Eigenschaft oder Gestalt*

Indem beide Gestalten gegeneinander wirken, entsteht die dritte Eigenschaft Gestalt der ewigen Natur, die Böhme als Angst oder Angst-Qual bezeichnet. Die Angst entsteht dadurch, dass sich die Begierde in sich selber zusammenzieht und hart wird. „Die Härte ist haltend, und das Ziehen [der Bewegung] ist fliehend; Eins will in sich, und das Ander will aus sich: So es aber nicht voneinander weichen und sich trennen kann, so wird's ineinander gleich einem drehenden Rade“[14]. Böhme betont in diesem Zusammenhang, dass diese drei ersten Naturgestalten nicht Gott selber sind, sondern sie sind Kundgebungen der ungründlichen Willensbewegungen.

2.2.4 *Die vierte Eigenschaft oder Gestalt*

Auf die dritte Gestalt folgt das Feuer oder der Feuerblitz als die vierte Gestalt: das Feuer oder der Feuerblitz. Der Blitz entsteht aus der Sehnsucht der Angst, wieder in die ewige Freiheit des Ungrundes zu gelangen. Im rasenden Drehen des Angst-Rades der dritten Gestalt wird die Herbigkeit oder Herbe finster, aber „der bittere Stachel im Rade zersprenget die Finsterniß: Also erscheinet des stillen Willens Freyheit in dem Rade der Wirrung als ein Feuerblitz: Dann von der Herbigkeit schärfet er sich also, daß er also streng wird, denn es ist gleich als würden Stein

12 Böhme, Cl, 38.
13 Böhme, Cl, 30.
14 Böhme, Mm, 3, 15.

und Stahl in einander gerieben, daß es Feuer gäbe"[15]. Damit entsteht die vierte Gestalt der ewigen Natur. „Wenn der Blitz in der herben Angst so erscheinet, so ist es ein sehr großer Schrack"[16]. Denn im Blitz bricht die ewige Freiheit des göttlichen Ungrundes durch. Dieser Feuerblitz überwindet die Finsternis der ersten drei Naturgestalten. Das ist ein Vorgang „wie das Leben aus dem Tode urstände: Es wird kein Leben, es zerbreche dann das enige daraus das Leben gehen soll; Es muß alles in die Angst-Kammer ins Centrum eingehen, und muß den Feuer-Blitz in der Angst erreichen, sonst ist keine Anzündung, wiewol das Feuer mancherley ist, also auch das Leben: aber aus der grössesten Angst urständet auch das grössestе Leben, als aus einem rechten Feuer"[17]. Im Feuerblitz „wird der ewige Wille, der kein Grund ist, offenbar"[18]; mit anderen Worten, im Aufgang des Feuerblitzes erscheint der Ungrund, der gleichsam alle drei Naturgestalten in sich verschlingt. Im Aufgang und Durchbruch Feuerblitzes werden drei Momente unterschieden: 1.negativ als grimmigen Feuerblitz, 2. positiv als mildes Lichtfeuer und 3. das sich wandelnde Feuer mit dem beiden Möglichkeiten des Blicks[19]. Weil im Durchbruch des grimmigen Feuerblitzes der Grund der drei ersten Naturgestalten gleichsam verschlungen wird, entsteht daraus ein anderer oder neuer Anfang, der drei Welten oder Prinzipien bildet, nämlich das Feuer- und das Lichtprinzip und dann mit der Schöpfung das dritte Prinzip, das seinen Anfang mit dem Anfang der Zeit genommen hat[20]. Prinzip bedeutet in diesem Zusammenhang alles das, „da sich ein Leben und Beweglichkeit findet da keines ist; das Feuer ist ein Principium mit seiner Eigenschaft, und das Licht ist auch ein Principium mit seiner Eigenschaft, denn es wird aus dem Feuer erboren, und ist doch nicht des Feuers Eigenschaft; Es hat auch sein Leben in sich, aber das Feuer ist Ursache daran; und die grimmige Angst ist eine Ursache der beyden"[21]. Im Feuerprinzip herrscht Gottes Zorn und das Höllische Feuer[22]; das bedeutet aber nicht, dass in Gott der Zorn herrscht. Vielmehr gilt: „In GOtt ist kein Zorn, es ist eitel lauterliche Liebe; Allein im Fundament, dadurch die Liebe beweglich wird, ist Zorn-Feuer, aber in GOtt ists nur eine Ursache der Freudenreich und der Kräfte; und im Centro des Zorn-Feuers ist die gröste erschrecklichste Finsteniß, Pein und Quaal"[23]. Beide Anfänge oder Prinzipien sind „einander wie Tag und Nacht, da keines das ander begreiffen mag,

15 Böhme, 3fL, 2, 23.
16 Böhme 3fL, 2, 27.
17 Böhme, Mw, 2, 5, 10.
18 Böhme, Mm, 4, 11.
19 Vgl. Hans Grunsky, Jacob Böhme, Stuttgart 1956, S. 213.
20 Vgl. Böhme, Mm, 11, 12.
21 Böhme, 6 Pk, 1, 2, 1.
22 Vgl. Böhme, Th. Fr, 3, 15.
23 Böhme, Th. Fr, 3, 27.

sondern eines wohnet im andern"[24]. Beide Prinzipien bezeichnet Böhme auch als Ja und Nein. „Das Eine, als das Jah ist eitel Kraft und Leben, und ist die Wahrheit GOttes oder GOtt selber. ... Das Nein ist ein Gegenwurf des Jah, oder Wahrheit, auf daß die Wahrheit offenbar, und etwas sey, darinnen ein Contrarium sey, darinnen die ewige Liebewirckend, empfindlich, wollende, und das zu lieben sey. Und können doch nicht sagen, daß das Jah vom Nein abgesondert, und zwei Dinge neben einander sind, sie sind nur Ein Ding, scheiden sich aber selber in 2 Anfänge (Principia) und machen zwey Centra, da ein iedes in sich selber wircket und will. Gleichwie der Tag in der Nacht, und die Nacht in dem Tage zwey Centra sind, und doch ungeschieden, als nur mit Willen und Begierde sind sie geschieden"[25]. Dieses Ineinander und die Verwandlung von Feuer in Licht hat Böhme mit einem Gleichnis zu verdeutlichen versucht. An einer brennenden Kerze kann beobachtet werden, wie „das Feuer die Kertze in sich zeucht und verzehret, alda das Wesen erstirbet, das ist, in dem Sterben der Finsterniß sich im Feuer in einen Geist, und in eine andere Qual (als im Lichte verstanden wird) transmutiret; da man in der Kertzen kein recht fühlich Leben verstehet, aber mit des Feuers Anzündung sich in das Ens der Kertzen in die Verzehrung in ein peinlich fühlich Weben und Leben einführet, aus welchem peinlichen, fühlenden Leben das Nichts, als das Eine, in einem grossen Gemach scheinlich und lichte wird"[26]. Dieses Gleichnis zeigt, dass sich die Finsternis vertikal in Licht verwandelt. Dazu muss noch einmal betont werden, dass es sich bei dieser Verwandlung (transmutatio) nicht um ein Nacheinander handelt, sondern vielmehr um einen gleichewigen Vorgang, der jeglichen Dualismus in Gott ausschließt und der als solcher vom begrifflichen Denken nicht erfasst werden kann.

2.2.5 Die fünfte Eigenschaft oder Gestalt

Die fünfte Gestalt ist „das wahre Liebe-Feuer, das sich in dem Lichte aus dem peinlichen Feuer scheidet, darinnen nun die Göttliche Liebe im Wesen verstanden wird"[27]. Diese fünfte Gestalt „hat alle Kräften der Göttlichen Weisheit in sich, und ist das Centrum, darinnen sich GOtt der Vater in seinem Sohne durchs sprechende Wort offenbaret"[28].

---

24 Böhme, Th. Fr, 3, 28.

25 Böhme, Th. Fr. 3, 2 f. Diese Zusammenhänge werden durch die altchinesische Symbolik der Yin-Yang-Lehre sehr klar und deutlich veranschaulicht. Vgl. Roland Pietsch, Wandlungen und Verwandlungen der Gegensätze. Zhou Dunyi: Yin Yang – Jakob Böhme: Feuer- und Lichtprinzip. Eine Gegenüberstellung, in: Gnostika 69 (2023), S. 43–57.

26 Böhme, Gw 2, 15.

27 Böhme, Gw, 3, 26.

28 Böhme, Gw, 3, 29.

2.2.6 Die sechste Eigenschaft oder Gestalt

Alle fünf Gestalten oder Eigenschaften, die im Licht stehen, freuen sich, und dadurch wird ihre Kraft in der sechsten Gestalt als Laut, Ton, Hall oder Schall lautbar „und freuen sich alle Eigenschaften ineinander, je eine der andern, und also führet sich die Liebe der Einheit in Wircken und Wollen“[29].

2.2.7 Die siebente Eigenschaft oder Gestalt

Nach dem Laut, Ton, Hall oder Schall vollendet sich der Reigen der sieben Gestalten in der siebenten Naturgestalt. Sie ist das Wesen, in der alle anderen Gestalten ineinander verbunden sind und wirken. In der siebenten Gestalt wird das dritte Prinzip offenbart, sofern alle sieben Gestalten in ein Wesen gebildet werden, „welch Wesen in sich selber heilig, rein und gut ist, und der ewige, ungeschaffene Himmel heisset, als die Stätte GOttes, oder das Reich GOttes“[30]. Das dritte Prinzip ist „aus dem ersten Principio der peinlichen, finstern Feuer-Welt, und aus der heiligen licht-flammenden Liebe-Welt ausgesprochen“[31]. Diese drei Prinzipien verknüpft Böhme mit der Heiligen Dreifaltigkeit, die aufgrund der ewige Natur in Gott aus dem Bereich des Möglichen in den Bereich der äußeren Wirklichkeit hervorzutreten vermag. Die erste Person ist Gott der Vater, der Schöpfer aller Dinge, der seinen Sohn von Ewigkeit aus sich geboren hat. Die dritte Person ist der Heilige Geist, der vom Vater und vom Sohn ausgeht. Der Vater entspricht dem ersten Prinzip, und der Sohn entspricht dem zweiten Prinzip. Wenn dieses zweite Prinzip nicht „in der Geburt des Sohnes anbräche und aufginge, so wäre der Vater ein finsteres Thal. Also siehest du ja (2) daß der Sohn, welcher des Vaters Hertze, Liebe, Licht, Schöne und sanfte Wolthun ist, in seiner Geburt ein ander Principium aufschleust... Nun siehest du ja auch wol (3) wie der H. Geist vom Vater und Sohne ausgehe“[32] und auf diese Weise die Grundlage für das dritte Prinzip darstellt. Dieses Prinzip wird von Böhme im Zusammenhang mit der siebenten Naturgestalt auch als wesentliche Weisheit bezeichnet. „Die siebente Eigenschaft ist das Wesen, als ein Subjectum oder Gehäuse der andern sechs, darinen sie alle wesentlich sind, wie die Seele mit dem Leibe, und ist vornemlich nach der Licht-Welt das Paradeis oder grünende wirckende Kraft damit zu verstehen; ... und in der siebenten stehen alle Eigenschaften im Temperamento [im rechten Maß], als in einem einigen Wesen; Gleichwie sie aus der Einheit alle entspringen, also gehen sie wieder alle in Einen Grunde ein“[33].

29 Jakob Böhme, Tab, 48.
30 Jakob Böhme, Gw, 4, 10.
31 Jakob Böhme, Gw, 4, 11.
32 Jakob Böhme, 3 P, 4, 58.
33 Bööhme, Cl, 73.

3 Die Schöpfung

Mit der Schöpfung offenbart sich Gott aus seiner Ewigkeit „auch aus sich“[34] in der äußeren zeitlichen Natur. Diese äußere von Gott geschaffene Natur oder Welt spiegelt die ewige Natur wider. Allerdings ist geschaffene Natur durch den zerstörerischen Einfluss Lucifers in ihrem äußeren Bereich beschädigt. Die äußere Natur oder Welt besteht in sieben Eigenschaften oder Gestalten. Alle sieben Eigenschaften in der äußeren Welt „begreiffen in ihrem Cirk oder Raum den Himmel und diese Welt, und die Weite und Tieffe ausser und über den Himmel über der Welt, unter der Welt und in der Welt; ja den gantzen Vater, der weder Anfang noch Ende hat. Sie begreiffen auch alle Creaturen im Himmel und in dieser Welt; und alle Creaturen im Himmel und in dieser Welt sind aus diesen Geistern [Eigenschaften] gebildet, und leben darinnen als in ihrem Eigenthum: Und ihr Leben und Vernunft wird auf eine solche Weise in ihnen geboren, wie das Göttliche Wesen geboren wird, und auch in derselben Kraft. Und aus demselben Corpus der 7 Geister GOttes sind alle Dinge gemacht und herkommen, alle Engel, alle Teufel, der Himmel, die Sternen, die Elements“[35] und den Menschen und alles, was da ist. Die Schöpfung erfolgt in drei Stufen1. Die Erschaffung der Engel, 2. Der Abfall Lucifers und 3. Die eigentliche Weltschöpfung.

3.1 Die Erschaffung der Engel

Gott hat die Engel aus allen sieben Eigenschaften oder Qualitäten geschaffen. Der Schöpfungsakt besteht darin, dass durch das Zusammenziehen der Qualitäten gleichsam eine Vertrocknung bewirkt wird, die eine himmlische Substanz bildet, welche den ganzen Kosmos belebt. Diese Substanz wird von Böhme als Salitter bezeichnet. Aus ihr werden die Engel erschaffen. Das Wort Salitter setzt sich aus Sal = Salz und Nitrum = Natron zusammen und bedeutet wörtlich Salpeter. Für Böhme bezeichnet es den Vorgang. wie „aus dem ewigen Centro Naturae das andere Principium aus dem ersten ausgrünet, gleichwie das Licht aus dem Feuer, da 2 Geister verstanden werden, als (1) ein hitziger, und (2) ein luftiger: da in dem Luft-Leben das rechte Wachsen stehet, und in dem Feuer-Leben die Ursache der Qualität. Also wenn geschrieben ist: Die Engel sind aus GOtt geschaffen; so wird's verstanden aus GOttes ewiger Natur, darinnen man 7 Gestalten verstehet; und wird doch die Göttliche, heilige Natur nicht verstanden im Feuer, sondern im Lichte. Und gibt uns das Feuer ein Geheimnis der ewigen Natur, und auch der Gottheit da man 2 Principia verstehet, zweyerley Quell; eine hitzinge, grimmige, herbe, bittere, ängstliche, verzehrende im Feuer Quelle; und aus dem Feuer das Licht, welches im Feuer

34 Böhme 6 Pk, 1, 2, 19.

35 Böhme, Mr, 9, 4.

wohnet, und wird doch vom Feuer nicht ergriffen; und hat eine andere Quelle als die Sanftmuth, darinnen eine Begierde der Liebe ist: da denn in der Liebe-Begierde ein anderer Wille, als das Feuer hat, verstanden wird“[36]. So wie diese Engel aus allen Kräften, aus allen sieben Gestalten und den drei Prinzipien erschaffen worden sind, so gestaltet Gott gemäß der Dreiheit seines göttlichen Wesens jeden Engel dreifaltig und ordnet die Gesamtheit der Engel in drei Königreiche. Das erste Königreich ist nach dem König oder Großfürsten Micha-El benannt. Micha-El bedeutet Gottes Stärke und Kraft und steht nach Qualität, Art und Eigenschaft des Vaters im Bereich der geschaffenen Engel[37]. Der zweite und schönste unter den drei Königsengeln ist der nach Qualität, Art und Eigenschaft des göttlichen Sohnes geschaffene König Luzifer [Lichtträger], der dem zweiten englischen Königreich vorsteht[38]. Das dritte Königreich ist nach dem Engel Uri-El benannt und nach Art und Eigenschaft des Heiligen Geistes gebildet[39].Während die Reiche Micha-Els und Uri-Els von Böhme über dem Bereich des erschaffenen Himmels betrachtet werden, befand sich das Reich Luzifers an jenem Ort, wo sich heute das sichtbare Universum befindet. Alle drei Reiche bildeten vor der Rebellion und dem Sturz Luzifers eine lebendige lichtvolle Einheit. Die Erschaffung der Engel bedeutet grundsätzlich, dass sich der ungründliche Gott mit seinen geoffenbarten Eigenschaften in seinen Engeln eingeführt hat: „sie sind seine Saiten in dem allwesenden sprechenden Worte, und sind allesamt in die grosse Harmoney seines ewig-sprechenden Worts gerichtet. Also daß in allen Gradibus und Eigenschaften die Stimme des unerforschlichen GOttes offenbar und erkant werde, sie sind alle ins Lob GOttes erschaffen“[40]. Alle diese Engel haben ihren geistigen Körper „für sich“, was sowohl auf die unüberbrückbare Kluft zwischen Schöpfer und Geschöpft hindeutet und zugleich auf ihr gegenseitiges Verhältnis. Im Prozess des geschöpflichen Für-Sich-Werdens ist die Möglichkeit der Verselbständigung und Abwendung gegeben, die aber nicht wirksam werden kann, solange das Band der Liebe zwischen Schöpfer und Geschöpf aufrechterhalten bleibt. In der Kraft dieser Liebe kann das verborgene Böse nicht offenbar werden und sich gegen Gott stellen. Wenn sich aber ein Engel wider Gott erheben will, das heißt sich gänzlich verselbständigen will, muss vorher das Band der Liebe zerrissen werden: „wenn aber das geschicht, so muß ein Geist verschmachten und verderben, glaich als wenn einem Menschen die Luft, die auch seine Mutter ist, entzogen wird, so muß er sterben; also auch die Engel können ausser ihrer Mutter nicht leben“[41].

36 Böhme, Mr, 11, 47. Später von Böhme eingefügte Anmerkung, die nur in der Ausgabe sämtlicher Schriften von 1730 abgedruckt ist.
37 Vgl. Böhme, Mr, 12, 86 f.
38 Vgl. Böhme, Mr, 12, 99 f
39 Vgl. Böhme, Mr, 12, 108 f.
40 Böhme, Mm, 8 31.
41 Böhme, Mr, 4, 38.

3.2 Luzifer und sein Fall

Nach seiner Erschaffung stand Luzifer ganz vollkommen da, „und war der schönste Fürst im Himmel, geschmückt und angethan mit der schönsten Klarheit des Sohnes GOttes. So aber Lucifer in der Bewegung der Schöpfung wäre verdorben, wie er fürgibt, so hätte er seine Vollkommenheit, Schönheit und Klarheit niemals gehabt, sondern wäre alsbald ein grimmiger finsterer Teufel gewesen, und nicht ein Cherubin“[42]. Böhme weist damit klar und deutlich den Gedanken zurück, dass bereits bei der Erschaffung Lucifers der Wandel vom Engel zum Teufel grundgelegt worden sei.

Der Engel Lucifer war wie alle anderen Engel durch seine sieben Naturgestalten oder Qualitäten, die in ihm wirkten, „mit dem gantzen GOtt verbunden, daß sie nicht sollen anders oder höher oder sehrer qualificiren als GOtt selber“[43]. Als aber Lucifer im „Spiegel eigener Erkentniß“[44] sah, „daß er also schöne ist, und hat empfunden seine innerliche Geburt und grosse Gewalt, so hat sein Geist, den er in seinem Corpus geboren hat [das heißt sein eigener freier Wille]... sich enthebet, in willens über die Göttliche Geburt zu triumphiren, und sich über das Hertze GOttes zu erheben“[45]. Er vermochte sich aber nicht unmittelbar zu erheben, sondern musste dafür die sieben Naturgestalten anzünden. Dadurch erhoben sich auch diese Gestalten oder Quellgeister gegen Gott. „Sie wusten wol, daß sie nicht der gantze GOtt wären, sondern wären ein Stück darvon; so wusten sie auch wol, wie weit sich ihre Allmacht erstreckte: aber sie wollten nicht mehr das Alte, sondern wollten höher seyn als der gantze GOtt und vermeinten, sie wollten ihr Revier über die gantze Gottheit über alle Königreiche haben. Darum erhuben sie sich, in willens den gantzen GOtt zu regieren“[46]. In dieser Erhebung wurden alle sieben Naturgestalten Luzifers von ihm angezündet und verbrannten, sodass aus ihm ein schwarzer Teufel wurde[47].

Von diesen sieben angezündeten Naturgestalten wurden vier negative Kräfte geboren, die das böse Wirken Luzifer maßgeblich bestimmt haben, nämlich Hoffart, Geiz, Neid und Zorn. Doch trotz aller Anstrengungen vermochte Luzifer die Gottheit nicht zu überwinden: „Nein, sondern er hat den Zorn GOttes angezündet, welcher wol in Ewigkeit hätte im Verborgen geruhet; und hat aus dem Salitter GOttes eine Mordgrube gemacht: denn wenn man Feuer ins Stroh stecket,

42 Böhme, Mr, 13, 90
43 Böhme Mr, 13, 38.
44 Böhme Mm, 9, 14.
45 Böhme, Mr, 13, 32.
46 Böhme Mr, 14, 14 f.
47 Vgl. dazu Ananda K. Coomaraswamy, Wer ist der „Teufel“ und wo ist die „Hölle“. Aus dem Englischen übersetzt von Felix Herkert, in: Gnostika 65, 2010, S. 71–84.

so brennet es“[48]. Die Anzündung erfasst auch alle sieben Naturgestalten: „aber nur in der äusserlichen und begreiflichen Qualificirung [Wirkungsweise]. Denn das Hertze konnte der Teufel nicht berühren: so konte er auch die innerste Geburt der Quellgeister nicht berühren, denn seine Herrlichkeit in der 7 Geister war im ersten Blitz des Anzündens schon erstorben“[49]. Als in der Folge Lucifer „aus dem Licht verstossen ward, fiel er in das Reich der Phantasey, ins Centrum der Natur, ausser der Temperatur in die Finsterniß. ... Denn das ist Lucifers Fall, daß er mit eigenem Willen das Reich der Phantasey in seiner Creatur offenbarte“[50]. Durch den Fall Luzifers aus dem Lichtreich in die Finsterwelt zog er das höllische Reich in die kreatürliche Nachmodelung oder Nachformung des Lichtreiches und zündete es mit seinem Grimm- oder Zornfeuer an, wodurch die „alleräusserste Materiam der Erden“[51] entstanden ist. In dieser äussertsten Materia, das heißt in der Erde gibt es nun zum ersten Mal Gutes und Böses. Und Böhme stellt grundsätzlich fest: „Also ist König Lucifer ein Anfang der Sünden, und ein Stachel des Todes, und eine Anzündung des Zorns GOttes, und Anfang alles Bösen, eine Verderbung dieser Welt; und was je Böses geschicht, da ist er der erste Ursacher dran“[52].

4 Die Schöpfung dieser Welt

Die Folgen der Anzündung des Zorn-Feuers in der äußeren Natur sind furchtbar. Als Gegenschlag gegen den Fall Luzifers erfolgt die Schöpfung dieser Welt, die ein „Bildniß und Gleichniß“[53] der ewigen Natur ist, wobei die Bosheit und der Böse selbst nicht vernichtet werden. Böhme verneint in diesem Zusammenhang eine creatio ex nihilo, denn wo „Nichts ist, da wird auch nichts; alles Ding muß eine Wurtzel haben, sonst wächst nichts: wären nicht die 7 Geister der Natur von Ewigkeit gewesen, so wäre kein Engel, auch kein Himmel, und auch keine Erden worden“[54]. Die Erde, in welche sich die lebendig machenden Wurzeln der sieben Naturgestalten zur Schaffung der Welt einsenken können, ist der verbrannte Salitter der äußersten Geburt. Gerade diese durch das Böse hervorgerufenen Verwüstungen bilden von nun an eine Seite des neuen, von den sieben Naturgestalten wiedererweckten Lebens mit ihrem Neben- und Ineinander von Gut und Böse in der verdorbenen äußeren Natur. Durch das Eingreifen Gottes wird die Welt aus einem dumpfen vor sich Hindämmern herausgeris-

48 Böhme Mr, 16, 59.
49 Böhme, Mr, 16, 63.
50 Böhme Mm, 4, 29.
51 Böhme Tab, 60.
52 Böhme, Mr, 16, 87.
53 Böhme, 6 Pk, 1, 2, 15.
54 Böhme, Mr, 19, 56.

sen und damit der Fortgang der Schöpfung gewährleistet. Böhme folgt bei der Darstellung des Schöpfungsvorgangs weitgehend dem biblischen Bereich. Weil er diesen Bericht aber im Licht seiner geistigen Schau betrachtet, kommt es zu Abweichungen und Ergänzungen, auf die hier im Einzelnen nicht einzugehen erforderlich ist. Böhmes eigenständige Deutung von der Schöpfung dieser Welt enfaltet sich auf der Grundlage zweier Prinzipien, nämlich von Licht und Finsternis oder Liebe und Zorn, die miteinander verflochten sind. Gerade dieses Verflochtensein macht das Neue der geistigen Schau Böhmes aus. Zwischen Liebe und Zorn besteht keine Wesensgleichheit, die aber auch nicht als ein starres Nebeneinander verstanden werden darf. Denn diese Welt ist aus dem Ineinander von Liebe und Zorn oder Gut und Böse gebildet und bewegt sich auf eine künftige und endgültige Entscheidung zu. Der Zorn oder das Böse in dieser Welt ist aber nicht nur einer in die Grundbestandteile dieser Welt eingemengter Rückstand aus dem verbrannten Salitter, sondern den Bösen oder den Teufel selbst mit seinen dämonischen Legionen und Kräften. Dieser Teufel, oder wie die Schrift sagt, der Menschenfeind, ist mit seinem Gefolge noch in dieser Welt, aber nicht mehr mit dem göttlichen Licht verbunden. Die Entscheidung über sein Schicksal wurde bereits endgültig gefällt, jedoch noch nicht restlos vollzogen. Die bis zum Ende dieses Weltalters verbleibende Zeit bedeutet aber kein Zögern Gottes, sondern den Vollzug der Menschwerdung als Vollendung der Schöpfung.

5 Die Erschaffung des Menschen

Die Erschaffung des Menschen steht für Böhme mit der Verstoßung Luzifers aus dem Bereich der ewigen Natur in engstem Zusammenhang, „denn GOtt hat an des verstossenen Lucifers Legionen Stelle, aus demselben Loco, darinnen Lucifer saß, und daraus er gemacht ward, einen andern Engel gemacht; das war Adam“[55]. Dieser erste Mensch Jungfrau Sophia musste aber alle drei Prinzipien in sich haben, „sollte er GOttes Gleichniß seyn; (1) Die Quall der Finsterniß, und (2) auch des Lichtes, und (3) auch die Quall dieser Welt: und sollte doch nicht in allen dreyen leben und qualificiren, sondern in einer, als in der Paradeisischen, in welcher sein Leben aufging“[56]. Diese drei Prinzipien befanden sich im ersten Menschen in vollkommenem Gleichgewicht, „aber ausser ihme nicht; auch so ward der Teufel in GOttes Zorne im ersten Principio geschäftig mit seiner falschen Begierde, und führete seine Imagination stets in die Seele, und in das äussere Fleisch, als in den Limus der Erden, und in das erste Principium, als in die feurische Eigenschaft der Seelen, in die ewige Natur ein, davon das erste Principium in der Seelen beweget

55 Böhme, Mr, 5, 4.
56 Böhme 3 P, 10, 11.

ward, sich in des Teufels Einbildung zu bespeculiren, als in der Magischen Geburt zu beschauen, wie auch was Böses und Gutes wäre, wie es in der Ungleichheit der Essentz schmeckte und wäre; davon die Lust in der Seelen entstund“[57].

Durch diese Lust wurde die äußere Seele erweckt, „daß der Hunger in ihre Mutter einging , daraus sie war gezogen, und in eine andere Qual eingeführet worden“[58], nämlich in die verdorbene tote Erde, sodass die Begierde den Versuchsbaum hervorbrachte. Da erging das strenge Gebot an Adam, nicht vom Baum der Erkenntnis von Gut und Böse zu essen. Adam aß aber nicht mit seinem Mund, sondern mit seiner Imagination. Dadurch zerbrach die Harmonie und das Gleichgewicht im ersten Menschen, in dem der äußere Mensch aufwachte und zu herrschen begann. Die Jungfrau Sophia wandte sich von ihm ab, und er sank bewusstlos in einen tiefen Schlaf, der den Verlust vom Wissen des göttlichen Freudenreichs versinnbildlicht. Zugleich wurde sein Leib zu „Fleisch und Blut“[59]. Dem einsam gewordenen Adam schafft Gott mit Eva eine Gefährtin. Der Mensch ist nun in Mann und Frau gespalten und aus der göttlichen Welt in die äußere Welt gesetzt. Verführt vom Teufel, aß Adam und von den verbotenen guten und bösen Früchten vom Baum der Erkenntnis von Gut und Böse, um zu erkennen „wie alle Kräften in ihren Eigenschaften schmecken“[60]. Dadurch werden an Adam und Eva alle Eigenschaften von Gut und Böse offenbar, und sie werden endgültig irdisch und sterblich. Der Mensch fiel aufgrund seines Hochmuts in die Finsternis, ähnlich wie Luzifer. Franz von Baader (1765 -1841), der Wiederentdecker Jakob Böhmes sieht aber einen „mächtigen Unterschied zwischen dem Falle Lucifer's und dem des Menschen, Lucifer fiel ascendendo, der Mensch descendendo, Lucifer aus Hochfahrt, der Mensch aus Niedertracht, Lucifer brachte die Sünde [Sünde bedeutet in diesem Zusammenhang die ethische Form des Bösen.] in die Welt, der Mensch setzte sie verführt nur fort. Darum blieb der Mensch erlösbar“[61]. Was Baaders Lehre vom Ursprung des Guten und Bösen im Menschen betrifft, so ist sie „namentlich der Kantischen, Fichteschen, Hegelschen und Schellingschen Lehre gänzlich entgegengesetzt“[62].

Der Mensch, dem die Freiheit der Entscheidung gegeben ist, wird in dieser Welt ständig von den Angriffen des Bösen bedrängt, und „er lebet in dieser Welt zwi-

57 Böhme, Mm, 18, 29.
58 Böhme, Mr, 21, 31.
59 Böhme, 3 P, 13, 2.
60 Böhme, Gw, 6, 49.
61 Franz von Baader, Sämtliche Werke, Bd. 12, Leipzig 1855, S. 93. Im Folgenden abgekürzt: Baader, SW.
62 Baader, SW, Bd. 9, S. 19. Zu Baaders Lehre vom Bösen und der Sünde siehe: Hermann Spreckelmeyer, Die philosophische Deutung des Sündenfalls bei Franz Baader, Würzburg 1938.

schen Gut und Böse. Wohin er sich wendet, davon wird er beeinflusst, „in heiliger oder höllischer Kraft. Denn Christus spricht: Mein Vater will den Heil. Geist geben denen, die Ihn darum bitten. (Luc 11: 13.) Auch so hat GOtt dem Menschen das Gute befohlen, und das Böse verboten, und lässet noch täglich predigen, ruffen und schreyen, und den Menschen vermahnen zum Guten. Darbey ja man wol erkennet, daß GOtt das Böse nicht will, sondern will, daß sein Reich zu komme, und sein Wallen geschehe, wie im Himmel, also auch auf Erden“[63].

5.1 Vom Streit zwischen Gut und Böse im Menschen

Der Fall Luzifers und der Fall von Adam und Eva hat das Gleichgewicht der sieben Naturgestalten oder Qualitäten, aus denen der Mensch gemacht wurde, in hohem Maße gestört und böse Wirkungen von weiteichendem Ausmaß hervorgebracht. Böhme sieht diesen Streit im Grunde genommen als den „Streit des Geistes wieder das Fleisch, da das Fleisch wieder den Geist lüstert, und der Geist wieder das Fleisch“[64]. Die Frage nach dem Ursprung dieses Streits beantwortet er mit dem Hinweis auf die Begierde, die „das Centrum Naturae machet“[65], die sich vom ewigen Willen Gottes abzweigt. Während dies im Bereich der ewigen Natur in Gott den ewigen Fortgang der göttlichen Selbstoffenbarung bewirkt, führt es im Bereich des gefallenen Menschen zu einem furchtbaren Kampf zwischen Gut und Böse. Die erste Gestalt der Natur ist die Herbigkeit, „die zeucht immer an sich , und nimt da Nichts ist; da sie nichts gemachet hat, da nimt sie, und raffet es zusammen, und mags doch nicht essen, ist ihr auch nichts nütze, sie machet ihr selber also Angst, Marter und Unruhe damit, wie auch der Geitz im Menschen“[66]. Die zweite Gestalt der Natur auf dieser Ebene ist die Ausdehnung, die sich gegen das Zusammenziehen der ersten Gestalt wehrt. Das Ringen der zweiten Gestalt mit der ersten verdeutlicht Böhme mit dem Kampf zwischen Herr und Knecht. Die zweite Gestalt gleicht dem Knecht, „der ist der Arbeiter, bedeut den untern Menschen[67], der ist bös, zornig, wütende, sticht und tobet in der Herbichkeit, das mag die Herbichkeit vom Knecht nicht leiden, zeucht ihn nur heftiger, also wird der Knecht nur böser und toller, und stürmet dem Herrn das Haus: also will der Herr den Knecht binden und halten,

63 Böhme, Mr, Vorrede 17 f.
64 Vgl. Gal 5, 16 f.
65 Böhme, Mw, 2, 8, 9.
66 Böhme, Mw, 2, 8, 9.
67 Vgl. Leopold Ziegler, Menschwerdung, Bd. 2, Olten 1947, S. 356–359. Ziegler deutet hier die Gestalt des unteren Menschen und die Dialektik von Herr und Knecht mit Blick auf Lothrop Stoddards Darstellung der bolschewistischen Revolution in Russland, Franz von Baaders ‚Proletair‘, Friedrich Georg Jüngers ‚Titanen‘ und ‚Die Perfektion der Technik‘, Ernst Jüngers ‚Der Arbeiter‘. Vgl. dazu Julius Evola, L'“operaio“ nel pensiero di Jünger, Rom 1960 und Martin Heidegger, Zu Ernst Jünger, Gesamtausgabe Bd. 90, Frankfurt am Main 2004.

und der Knecht reisset mit Bosheit überaus. Und so ihn dann sein Herr, als die Herbichkeit, nicht mag bewältigen, gerathen sie miteinander in eine grosse Angst, Feindschaft, und Wiederwärtigkeit, fangen ein stehend Rad an zu machen, sich zu würgen, morden und tödten: Und das ist die dritte Gestalt der Natur, davon urständet Krieg, Streit, Zerbrechung Land und Städte, Neid und ängstliche Bosheit, da je einer den andern will todt haben, will alles fressen und in sich ziehen; er wills alleine haben, ist ihme doch alleine nichts nütze, sondern schädlich, er thut wie der Grimm der Natur thut, derselbe frist sich also auch also in sich selber, verzehret und zerbricht sich, gebieret sich doch auch also: davon kommt alles Böse, der Teufel mit allem bösen Wesen kommt daher, also hats seinen Urstand“[68]. Um dieser Katastrophe, von der die ganze Menschheit fortwährend heimgesucht wird, zu entgehen, muss der Mensch „in seiner bösen Angst einen andern Willen schöpfen, von der geitzigen Bosheit auszugehen in die Freyheit GOttes, da immer Ruhe und Friede genug ist“[69]. Das kann ihm dann gelingen, wenn er in den Angst-Tod [Dieser Tod führt zur Auslöschung der Ichhaftigkeit und dann zur Verwandlung.] sinkt und in die göttliche Freiheit fällt. Wenn dann seine Angst diese Freiheit kostet, „so erschricket die Angstqual; und im Schrecken zerbricht der feindige herbe Tod, denn es ist ein Schrack grosser Freuden und eine Anzündung des Lebens GOttes“[70]. Durch diesen Schrack scheidet sich die Natur in zwei Reiche, nämlich 1. in das Freudenreich und 2. in ein Finsterreich. Der Schrack ist ein Blitz und zugleich auch die Ursache des Feuers. Aus der Anzündung des Feuers geht einerseits das Leben mit der Wesenheit dieser Welt hervor und andrerseits das Licht der Freiheit. Die Licht- und Liebe-Geburt des Freudenreichs ist die fünfte Gestalt. Der Schall oder die „Offenbarung der Farben, Wunder und Tugenden, davon die fünf Sensus, als Sehen, Hören, Riechen, Schmecken und Fühlen entstehen“[71], bildet die sechste Gestalt. Die siebente Gestalt wird von der Wesenheit des Lichts, in der das göttliche Element enthalten ist, gebildet. In ihr befindet sich „die Englische Welt, sowol das Paradeis oder rechte Himmelreich, darinn das Wesen der Gottheit offenbar ist, und alles, was die Licht-Welt beschleust“[72]. Alle sieben Naturgestalten oder Qualitäten und das Centrum Naturae scheiden sich in das Licht- und das Finster-Reich; beide dürfen aber nicht als Gegensatz von Gut und Böse missverstanden werden. Der Gegensatz entsteht erst in der äußeren Welt und im Mensch durch die Hoffart (Hochmut) Lucifers und die Niedertracht des Menschen. Ohne den Fall von Lucifer gäbe es kein Böses in der Welt und im Menschen. Weil dem Menschen ein freier Wille gegeben ist, verfügt er über die Fähigkeit sich zwischen Gut und Böse zu unterscheiden: „Machen wir ei-

68 Böhme, Mw, 2, 8, 9.
69 Böhme, Mw, 2, 8, 11.
70 Böhme, Mw, 2, 8, 11.
71 Böhme, Mw, 2, 8, 14.
72 Böhme, Mw, 2, 8, 14.

nen Engel aus uns, so sind wir das; machen wir einen Teufel aus uns, so sind wir das auch“[73]. Und weiter: „Denn ein ieder Mensch ist frey, und ist wie ein eigener GOtt, er mag sich in diesem Leben in Zorn oder ins Licht verwandeln: Was einer für ein Kleid anzeucht, das verkläret ihn; und was der Mensch für einen Corpus in die Erde säet, ein solcher wird auch aufwachsen“[74]. Die Menschen, die sich für den Weg zum göttlichen Licht entschieden haben, sind in dieser Welt „fremde Gäste, und sind auf der Pilgrams-Strasse; wir müssen durch grosse wüste, wilde Einöden wanderen, und sind mit bösen Thieren umgeben, mit Nattern und Schlangen, Wölfen und eitel greulichen Thieren, und das böseste Thier tragen wir im Busen“[75]. Dieses böse Tier im Menschen ist das irdische Ich und sein Eigenwille, der das göttliche Leben in der Seele ermorden will.

5.2 Der neugeborene Wille als Blume der Seele

Der Weg zum Lichtreich ist nicht leicht. Vor allem geht es darum den Eigenwillen zu zerbrechen: „das thut wehe, denn Adam will nicht: so will der Zorn und der Teufel auch nicht“[76]. Der Mensch mit seinem Eigenwillen ist sein eigener Feind: „Du bist dein Selbst-Feind, was du für Freund hältest, das ist dein Feind: Und wilt du selig werden und GOtt schauen, so must du deines besten Freundes ärgester Feind werden, als des äussern Leben; nicht das du es zerbrechest, sondern seinen Willen. Du must thun, was du nicht wilt, du must dein Feind werden, oder kanst nicht GOtt schauen“[77]. Der Mensch muss also seinem Eigenwillen absterben. Dadurch kann er in Gott einen neuen Willen schöpfen und mit ihm „ins Feuer GOttes eingführet werden, verstehe, der Willen-Geist, der wird deine Seele anzünden: alsdenn greiff nach dem Leben und Geiste Christi, so wirst du ihn empfahen, der wird dich neugebären, mit einem neuen Willen, der dir bleiben wird. Derselbe ist die Blume deiner Seele, darinne das neue Kind stehet, in der Bildniß GOttes“[78].

---

73 Böhme, Mw, 2, 9 2.
74 Böhme, Mr, 18, 39.
75 Böhme, Mw, 1, 13, 13.
76 Böhme, Mw, 2, 9, 2.
77 Böhme, Mw, 2, 9, 3.
78 Böhme, Mw, 2, 9, 3.

6 Zum Abschluss

In diesem kurzen Überblick zur Frage nach dem Ursprung des Bösen in der Theosophie Jakob Böhmes wird deutlich, dass das Böse nicht in Gott ist und auch nicht von ihm herrührt. Wenn Böhme vom Zorn Gottes im Finsterreich spricht, so handelt es sich um eine Stufe der Selbstoffenbarung Gottes in der ewigen Natur. Diese Natur ist nicht Gott selber, sondern sein Werkzeug. „Gott durchwohnet wol die Natur, aber die Natur begreiffet Ihn nur so weit, als sich die Einheit GOttes mit in das natürliche Wesen eingiebet"[79]. Und Franz von Baader betont in diesem Zusammenhang gegen Hegel, der von Böhme sagte, dass dieser, weil „Gott alles ist, das Böse im Guten, den Teufel in Gott zu fassen"[80] suchte, dass das Böse erst mit der Zweiheit wirklich werden konnte, „sobald Gott im Geschöpf eine Existenz ausser sich selbst anfing oder hervorbrachte. Damit war die Möglichkeit eines feindlichen Dualismus gegründet, welche sich und zwar durch beiderseitige Opferung zur unzertrennlichen, inneren, wesentlichen, nicht formalen Einheit und zum freundlichen Dualismus wieder auflösen sollte. Dass nun aber die die Möglichkeit des feindlichen Dualismus zur Wirklichkeit wurde, geschah weder durch eine Wirkung, noch durch eine Mitwirkung Gottes, obwohl gewiss durch eine Zulassung, es war die Folge der freien Wahl desjenigen geistigen Geschöpfs, welches zuerst sündigte "[81]. Und dieses Geschöpf war Luzifer. Der Ursprung des Bösen liegt somit in der frei gewollten Abkehr und Trennung Luzifers von Gott. Die freie Entscheidung ist dann „nicht mehr frei, sich wieder Ihm zuzukehren; so wie sie bei gutem Gebrauche die Freiheit nicht mehr hat, sich von ihm wieder abzukehren"[82]. Böhme selbst hat zu seiner Lehre vom Guten und Bösen in seinem Werk *Von der Gnadenwahl*, das er als sein klarstes Werk bezeichnet hat, zusammenfassend festgestellt: „Denn man kann nicht von GOtt sagen, daß Er dis oder das sey, böse oder gut, daß er in sich selber Unterscheide habe: Denn Er ist in sich selber Natur-los, sowol Affect- und Creatur-los. Er hat keine Neiglichkeit zu etwas, denn es nichts vor Ihme, darzu er sich könnte neigen, weder Böses noch Gutes: Er ist in sich selber der Ungrund, ohne einigen Willen gegen der Natur und Creatur, als ein ewig Nichts; es ist keine Qual in Ihme, noch etwas das sich zu Ihme oder von Ihme könnte neigen. Er ist das Einige Wesen, und ist nichts vor Ihme oder nach Ihme, daran oder darinnen Er Ihme könnte einen Willen schöpfen oder fassen; Er hat auch nichts das ihn gebäret oder giebet: Er ist das Nichts und das Alles, und ist

79 Böhme Cl, 25.

80 Georg Wilhelm Friedrich Hegel, Vorlesungen über die Geschichte der Philosophie III, Frankfurt am Main 1986, S. 105.

81 Baader, SW, Bd. 12, S. 90.

82 Baader, SW, Bd. 12, S. 91.

ein Einiger Wille, in dem die Welt, und die gantze Creation lieget, in Ihme ist alles gleich-ewig ohne Anfang, in gleichem Gewichte, Maße und Ziel; er ist weder Licht noch Finsterniß, weder Liebe noch Zorn, sondern das das ewige Eine“[83].

83 Böhme, Gw, 1, 3.

6 Jakob Böhme und der geistige Weg zur Wiedergeburt

Jakob Böhmes Gottesweisheit (Theosophia)[1] ist eine Lehre und zugleich ein geistiger Weg, der den in die Finsternis gefallenen Menschen zur Wiedergeburt des ursprünglich vollkommenen Menschen führen will. Diese neue Wiedergeburt des Menschen ereignet sich analog zur innergöttlichen Willensbewegung vom Finster- zum Lichtreich. Dieser Zusammenhang macht die ganzheitliche Bedeutung des Wiedergeburtsvorgangs deutlich. Böhme hat die Wiedergeburt des Menschen auch als Prozess bezeichnet, in dem sich der sündhafte Mensch zum neuen wiedergeborenen Menschen umwandelt Diesen Prozess oder Weg zur Wiedergeburt ist Böhme selbst gegangen und hat ihn seinem ersten Buch „Aurora oder Morgenröte im Aufgang" dieses Wiedergeburtserlebnis beschrieben: Weil ich aber befand, daß in allen Dingen Böses und Gutes war, in den Elementen so wol als in den Creature , und daß es in dieser Welt dem Gottlosen so wol ginge als den Frommen, auch die Barbarischen Völcker die besten Länder innen hätten, und daß ihnen das Glücke noch wol mehr beystünde als den Frommen. Ward ich derowegen gantz melancholisch und hoch betrübet und konnte mich keine Schrift trösten, welche mir doch fast wol bekannt war: darbey dann gewißich der Teufel nicht wird gefeyret haben, welcher mir dann oft heidnische Gedancken einbleuete, derer ich alhie verschweigen will. Als sich aber in solcher Trübsal mein Geist (dann ich wenig und nichts verstund was er war) ernstlich in GOtt erhub als mit einem grossen Sturme, und mein gantz Hertz und Gemüthe, samt allen andern Gedancken und Willen sich

---

1 Über die Herkunft, Geschichte und die verschiedenen Bedeutungen des Begriffs Theosophie vgl. Gotthold Müller, Theosophie, in: Historisches Wörterbuch der Philosophie, Bd. 10, Darmstadt 1998, S. 1158–1162. Für Böhme gilt, was Gerhard Tersteegen über den Unterschied von Mystik und Theosophie gesagt hat:
„Theosophie und Mystic sind auch unterschieden. Die wahren und Original-Theosophen; deren uns von der Apostel Zeit an sehr wenige bekannt geworden, waren alle Mystici; aber weit gefehlt, daß alle Mystici auch Theosophen seyn sollten. Unter tausenden nicht einer. Theosophen sind solche, deren Geist (nicht Vernunft, Esprit,) die Tiefen der (1. Cor. 2,10) Gottheit, nach Göttlicher Führung, erforschet, und aus unzweifelbarer Schauung solche Wunder erkant hat", in: Gerhard Tersteegen, An einen frommen Prediger: „Kurtzer Bericht von der Mystik, Mülheim 1768, in: Gerhard Tersteegen, Briefe 2, hrsg. von Gustav Adolf Benrath, Göttingen 2008, S. 563.

alles darein schlos, ohne nachlassen mit der Liebe und Barmhertzigkeit GOttes zu ringen, und nicht nachzulassn, Er segnete mich dann, das ist, Er erleuchtetete mich dann mit seinem H. Geiste, damit ich seinen Willen möchte verstehen, und meiner Traurigkeit los werden; so brach der Geist durch. Als ich aber in meinem angesetzten Eifer also hart wieder GOtt und aller Höllen Porten stürmete, als wären meiner Kräften noch mehr vorhanden, in willens das Leben daran zu setzen (welches freylich nicht mein Vermögen wäre gewesen ohne des Geistes GOttes Beystand,) alsbald nach etlichen harten Stürmen ist mein Geist durch der Höllen Porten durchgebrochen bis in die innerste Geburt der Gottheit, und alda mit Liebe umfangen worden, wie ein Bräutigam seine liebe Braut umfähet. Was aber für ein Triumphiren im Geiste gewesen, kann ich nicht schreiben oder reden: es läst sich auch mit nichts vergleichen als nur mit deme, wo mitten im Tode das Leben geboren wird, und vergleicht sich der Auferstehung von den Todten. In diesem Lichte hat mein Geist alsbald durch alles gesehen, und an allen Creaturen, so wol an Kraut und Gras GOtt erkant, wer der sey, und wie der sey, und was sein Wille sey: auch so ist alsbald in diesem Lichte mein Willen gewachsen mit grossem Trieb, das Wesen GOttes zu beschreiben“[2]. In dieser großartigen Beschreibung ist im Kern seine ganze theosophische Gotteslehre und zugleich sein geistiger Weg enthalten. Er konnte sich aber im Jahr 1600 nicht vorstellen, dass er die ihm geoffenbarte Gottesweisheit (Theosophia revelata) an alle Gottsuchende Menschen weitergeben und sie auf dem geistigen Weg zur Wiedergeburt anleiten sollte.

1 Jakob Böhmes prophetische Berufung

Zwölf Jahre nach seinem Durchbruchserlebnis schrieb Böhme sein erstes Buch *Aurora oder Morgenröte im Aufgang*; in ihm finden sich erste Hinweise, dass in ihm eine prophetische Gewissheit[3] gewachsen war, seine theosophische Lehre zu verkünden und die Menschen, die diese Lehre verwirklichen wollten, geistig zu führen und zu unterweisen. Aufgrund der Verbreitung seiner Schriften hatte

2 Jakob Böhme, Mr 19, 10–13. Die Zitierung erfolgt nach Jakob Böhmes Sämtlichen Schriften, Faksimile-Neudruck der Ausgabe von 1730 in elf Bänden, begonnen von August Faust, neu herausgegeben von Will-Erich Peuckert, Stuttgart 1955–1961. Es gelten folgende Abkürzungen: Göttliche Beschaulichkeit`Besch; Clavis = Cl, Dreifaches Leben des Menschen = 3fL; Drei Prinzipien = 3P; Gnadenwahl = Gw, Mysterium Magnum = Mm, Menschwerdung Jesu Christi = Mw; Morgenröte = Mr, 6 theosophische Punkte = 6 Pk; Drei Prinzipen = 3 P: ii. Schutzbrie gegen Tilke = Tilke II; Sendbriefe = ep; Signatura Rerum = Sg; Von der wahren Gelassenheit = WGl; Von den letzten Dingen an Paul Kaym II = Kaym II; Von wahrer Buße = wahre Buße.

3 Vgl. Ernst Benz. Der Prophet Jakob Boehme. Eine Studie über den Typus nachreformatorischen Prophetentums, Wiesbaden 1959.

sich in Schlesien und in der Lausitz ein Freundeskreis gebildet, für den Böhme zum geistigen Lehrer oder Meister wurde. Nach sieben Jahren des vom lutherischen Pastor Gregor Richter erzwungenen Schreibverbots begann Böhme weitere Werke zu schreiben, die ebenfalls vor allem in Kreisen des schlesischen Adels weite Verbreitung fanden. Zu diesem Kreis gehörten unter anderen Carl Ender von Sercha, Abraham von Sommerfeld, Paul Kaym, Dr. Johann Daniel Koschowitz, Dr. Gottfried Freudenhammer von Freudenheim, Johann Theodor von Tschesch (1591–1649)[4], Abraham von Frankenberg (1593–1658), der erste Biograph Böhmes[5], und David und Hans Siegismund von Schweinichen. Über diese beiden Brüder berichtet Böhme in seinem Brief vom 13. Oktober 1623 an Christian Bernhard: „Wie mir dann vor wenig Tagen ist ein solcher Motus [Bewegung, Veränderung] von zwey Personen (welche doch in der Welt hoch sind, und zuvor die Welt geliebet) vorgestellet worden, an denen ich neue Geburt in grosser Kraft, und im Triumph Göttlicher Erkentniß, in solcher Demuth und süssem Aussprechen gesehen habe, daß ich dergleichen von meiner Kindheit an niemals gesehen habe, ohne was GOtt an mir armen Menschen selber gewircket hat, welches mir fast unglaublich wäre, so ich solches nicht selber empfindlich, auch dergleichen gehabt hätte“[6]. Böhme erwähnt in diesem Brief, dass Hans Siegismund von Schweinichen durch sein *Büchlein von der wahren Busse* zu dieser Wiedergeburt gelangt ist. Eine der bedeutendsten Persönlichkeiten im Freundeskreis um Böhme war der aus Liegnitz stammende Dr. Balthasar Walther (1558–1631)[7] Abraham von Frankenberg schrieb in seiner Böhme-Biographie über ihn, dass er die Schriften Böhmes „bey vornehmen Leuten daselbst und anderswo bekannt gemacht und hinterlassen) hat unterschiedlich und zum öftern betheuret, daß er auf seinen vielen und weiten Reisen, insonderheit als er gantzer 6 Jahre in Arabia, Syrien und Egypten gewesen, und nach der der wahren verborgenen Weisheit (welche man sonst Kabbalam, Magiam, Chymiam, oder auch in ihrem rechten Verstande Theosopiam nennet) mit grossem emsigen Fleisse geforschet“[8] hat. Walther hat Böhme wahrscheinlich im Jahr

4 Vgl. Tünde Beatrix Karnitscher, Der vergessene Spiritualist Johann Theodor von Tschesch (1595–1649), Göttigen 2015.

5 Vgl. Frankenberg, Abraham von, in: Biographisch-Bibliographisches Kirchenlexikon, Herzberg 1990, sp. 93 f.

6 Jakob Böhme ep, 45, 3.

7 Vgl. Leigh T. J- Penman, „Ein Liebhaber des Mysterii, und ein Verwandter desselben“. Toward the life of Balthasar Walther: Kabbalist, Alchemist and wandering Paracelsian physicien, in: Sudhoffs Archiv, Bd. 94, 2010, S. 73–99; Ders., Böhme's student and mentor: the Liegnitz physician Balthasar Walther (c. 1558-c. 1630), in: Offenbarung und Eposteme. Zur europäischen Wirkung Jakob Böhmes im 17. Und 18. Jahrhundert, Hrsg. von Wilhelm Kühlmann und Friedrich Vollhardt, Berlin 2012, S. 47–99.

8 Abraham von Frankenberg, Gründlicher und wahrhafter Bericht von dem Leben und Abscheid des in GOtt selig-ruhenden Jacob Böhmens, in: Jacob Böhme, Sämtliche Schriften,

1617 getroffen und sich bei ihm in Görlitz drei Monate aufgehalten und zahlreiche Gespräche mit ihm geführt hat. Ihm hat er auch die *Viertzig Fragen von der Seelen* gestellt, die Böhme im Jahr 1620 mit seinen Antworten zu einer eigenen Schrift gestaltet hat. Von Walther hat Böhme auch viel über den Islam und das Sufitum erfahren[9]. Mit Recht ist darauf hingewiesen worden, dass Walthers Kabbala-Begriff sich nicht auf die jüdische Kabbala bezieht, sondern eher auf die islamische Esoterik oder auf den Sufismus hinzuweisen scheint[10]. Wie dem im Einzelnen auch sei, Abraham von Frankenberg hat festgestellt, dass Balthasar Walther die verborgene Weisheit „nirgends aber so vollkommen hoch und tief rein gegründet, als in diesem einfältigen Manne und verworfenen Eckstein ... gefunden"[11] hat. Böhme hat ohne Zweifel Anregungen und Hinweise zum besseren Verständnis seiner Lehre von Walther an- und übernommen. Grundsätzlich aber gilt, dass allein die ihm geoffenbarte Gottesweisheit Quelle und Kern seiner Mystik und Theosophie ist, zu deren Verwirklichung er seine Freunde auf dem geistigen Weg angeleitet hat. Böhme hat dies nicht aus eigenem Willen getan, wie er immer wieder betont, sondern vielmehr im Auftrag des göttlichen Willens, „denn GOtt hat mir das Wissen gegeben: Nicht Ich, der Ich der Ich bin, weiß es, sondern GOtt weiß es in mir. Die Weisheit ist seine Braut, und die Kinder Christi sind in Christo in der Weisheit auch GOttes Braut: So nun Christi Geist in Christi Kindern wohnt, und Christi Kinder Reben am Weinstock Christi sind und mit Ihme Ein Leib sind auch Ein Geist; wem ist nun das Wissen, ists mein oder GOttes? Sollte ich denn nun nicht im Geiste Christi wissen, woraus diese Welt sey geschaffen, so derlsebe in mir wohnet, der sie geschaffen hat? Sollte Ers nicht wissen? So leide ich nun und will nichts wissen, der ich der Ich bin als ein Theil von der äussern Welt, auf daß Er in mir wisse, was Er wolle: Ich bin nicht die Gebärerin im Wissen, sondern mein Geist ist sein Weib, in der Er das Wissen gebieret nach dem Maß als Er will. Gleichwie die ewige Weisheit GOttes Leib ist, und Er gebieret darinnen was Er will: So er nun gebieret, so thue nicht ichs, sondern Er in mir; ich bin als todt im Gebären der hohen Wissenheit, und Er ist mein Leben; habe ichs doch weder gesuchet noch gelernet: Er neiget sich zu meiner Ichheit, und meine Ichheit neige sich in Ihn. Nun aber bin ich todt, und verstehe nichts, Er aber ist mein Verstand;

---

neu hrsg. von Will-Erich Peuckert, Bd. 10, Stuttgart 1961, S. 15.

9 Vgl. Roland Pietsch, Ein wilder Baum gegen Mitternacht – Jakob Böhmes theosophische Deutung des Islam, in: Ders„ Abhandlungen zum islamischen Gestesleben, Wiesbaden 2024, S. 151–165.

10 Vgl. Flavio Cuniberto, La direzione spirituale nel Luteranesimo. Il caso di Jakob Böhme e della sua scuola, in: Giovanni Filoramo (ed.), Storia della direzione spirituale, III, L'eta moderna a cura di Gabriella Zarri, Brescia 2008, S. 475–489, hier besonders S. 485.

11 Abraham von Frankenberg, a a. O., S. 15.

Also sage ich, ich lebe in GOtt, und GOtt in mir, und also lehre und schreibe ich von Ihme, lieben Brüder; sonst weiß ich nichts“[12].

2 Der geistige Weg – von der Buße zur Wiedergeburt

Böhme hat in seinen letzten Lebensjahren neben seinen *Theosophischen Sendbriefen* eine Reihe von Schriften verfasst, die sich alle auf den geistigen Weg und sein Ziel beziehen. Diese Schriften sind das Büchlein *Von wahrer Buße, Vom heiligen Gebet, von wahrer Gelassenheit, von der neuen Wiedergeburt, Vom übersinnlichen Leben, Von göttlicher Beschaulichkeit, Gespräch einer erleucht- und unerleuchteten Seelen* und *Trostschrift von vier Komplexionen.* Für eine Darstellung des geistigen Weges wird von diesen Schriften im Folgenden vor allem das Büchlein *Von der wahren Buße* herangezogen, weil in ihm die wichtigsten Stufen des geistigen Weges, den Böhme auch, wie gesagt, als Prozess bezeichnet, von der Buße bis zur Begegnung mit der Jungfrau Sophia beschrieben worden sind. Böhme hat berichtet, dass er der Jungfrau Sophia, die als der weibliche Anblick der Gegenwart und Herrlichkeit Gottes verstanden werden kann, ihm besonders in Zeiten der Not und Verfolgung erschienen ist: „Sie wollte all mein Trauren in grosse Freude verkehre, Als ich lag am Berge gegen Mitternacht, und die Bäume über mich fielen, und aller Sturm-Winde über mich gingen, und der Antichrist seinen Rachen gegen mir aufsperrete mich zu verschlingen, kam Sie mir zu Trost, und vermählete sich mit mir“[13].

2.1 Die Buße als Reue und Umkehr

Der erste Schritt oder die erste Stufe auf dem Rück-Weg zum verlorenen Ursprung ist die Buße. Die Buße besteht darin, dass sich der Mensch „wiederum durch eine Umwendung erstlich in eine Reue und Umkehrung einführen, und in der Reue oder Busse wieder in eine Göttliche Begierde, welche Glauben heisset“[14]. Böhme hat diesen ersten Schritt in seinem kleinen Büchlein *Von wahrer Busse*, das er im Jahr 1622 für seine Freunde, die den geistigen Weg beschreiten wollten, in acht Betrachtungen, die zugleich geistige Übungen sind, genau erklärt. Bevor der Mensch zur Buße schreitet, soll er sein Gemüt betrachten, das heißt die Gesamtheit seiner Seelenkräfte und Sinnesregungen[15], um sich seines gottesfernen Zustandes in allen Einzelheiten bewusst zu werden.

12 Jakob Böhme, Tilke II, 72–76.
13 Jakob Böhme, 3 P, 14, 52.
14 Jakob Böhme Mm 27, 35.
15 Vgl. dazu Hans Grunsky, Jacob Böhme, Stuttgart 1956, S. 110–121, 224–228.

2.1.1 Erste Betrachtung

Sie besteht darin, dass der Mensch sein Gemüt betrachte, wie dies fast vollständig von Gott abgewandt und nur dem zeitlichen und irdischen Leben zugewandt ist und dementsprechend zu „keine rechte Liebe gegen GOtt und seinen Nächsten“[16] fähig ist.

2.1.2 Zweite Betrachtung

In ihr wird betrachtet, „wie dieses alles eine Feindschaft wieder GOtt ist, welche ihm der Satan, durch seinen Trug, in unsern ersten Eltern erwecket hat; um welches Greuels willen wir des Todes sterben, und mit unsern Leibern verwesen müssen“[17].

2.1.3 Dritte Betrachtung

In ihr wird betrachtet, wie die menschliche Seele in ihrem irdischen Leben an drei Ketten angebunden ist. „Als die erste ist GOttes strenger Zorn, der Abgrund und fisteren Welt, welche das Centrum und creatürliche Leben der Seelen ist. Die andere Kette ist des Teufels Begiere gegen der Seelen, damit er die Seele stets sichtet, versuchet, und sie ohne Unterlaß von GOttes Wahrheit in die Eitelkeit, als in Hoffart, Geitz, Neid und Zorn stürtzen will, und dieselben bösen Eigenschaften mit seiner Begierde stets in der Seelen aufbläset und anzündet, dadurch sich der Seelen-Wille von GOtt wendet, und in eine Selbheit [Ichhaftigkeit] eingehet. Die 3te und allerschädlichste Kette, daran die arme Seele angebunden stehet, ist das verderbte und gantz eitele, irdische, sterbliche Fleisch und Blut, voll böser Begierde und Neiglichekit. Allhier soll er betrachten, wie mit Leib und Seele in dem Sünden-Schlamm, in GOttes Zorne im Rachen der Höllen Abgrund hart gefangen liege, wie GOttes Zorn in Seele und Leib in ihm brenne“[18].

2.1.4 Vierte Betrachtung

In ihr soll betrachtet werden „daß der grimme Tod alle Stunden und Augenblick seiner wartet“[19] und will ihn in seinen Sünden ergreifen, „und in Abgrund der Höllen stürtzen, als einen Meineidigen und Glaubbrüchigen, welcher zum Gerichte GOttes in der finstern Todes-Kammer solle behalten werden“[20].

16 Jakob Böhme, wahre Busse 1.
17 Jakob Böhme, wahre Busse 2.
18 Jakob Böhme, wahre Busse 3.
19 Jakob Böhme, wahre Busse 4.
20 Jakob Böhme, wahre Busse, 4.

2.1.5 Fünfte Betrachtung

In ihr soll der Mensch das ernste und strenge und Gericht Gottes betrachten, wie er für seine Taten bestraft werden wird.

2.1.6 Sechste Betrachtung

In ihr soll der Mensch betrachten, „wie der Gottlose seine edle Bildniß (wie ihn GOtt zu seinem Bilde geschaffen hat)“[21], verloren hat und zu einer ungestalten Larve wurde. Dadurch wurde er zu einem Feind Gottes.

2.1.7 Siebente Betrachtung

In ihr die ewige Strafe und Pein der Verdammten betrachtet werde, die „das Land der Heiligen in Ewigkeit nicht schauen und keine Erquickung erlangen“[22] werden. „Solches soll der Mensch ernstlich betrachten und dencken, wie ihn GOtt habe in ein solch schön und herrlich Bilde geschaffen, in sein Gleichniß. In dem Er selber wohnen will; daß Er ihn habe in sein Lob, zu seiner selbst ewigen Freude und Herrlichkeit geschaffen; daß Er möge neben den heiligen Engeln mit den Kindern GOttes in grosser Freude, Kraft und Herrlichkeit im ewigen Lichte wohnen, im Sange und Klange der Harmonie der Englischen und Göttlichen Freudenreich: daß er sich sollte mit den Kindern GOttes ewig freuen, ohne Furcht einiges Endes, da ihn kein böser Gedancke rühren könnte, auch kein Leid noch Kummer, weder Hitze noch Kälte, da man von keiner Nacht weiß, auch kein Tag noch Zeit mehr ist, sondern eine ewige Freunde“[23].

2.1.8 Achte Betrachtung

In ihr soll der Mensch „den Lauff dieser Welt, wie alles nur ein Spielwerck sey“[24], betrachten, „damit er seine Zeit in Unruhe zubringet, und daß es dem Reichen und Gewaltigen gehet wie dem Armen. ... Daß wir alle in einem Odem leben, und daß der Reiche nichts als nur eine Mund-Leckerey und Augen-Lust zu Vortheil habe; sonst geht's einem wie dem andern, um welcher Augen-Lust willen der Mensch eine solche grosse Seligkeit verschertzet und sich in solche grosse ewige Unruhe um des willen einführet“[25].

Nach diesen acht Betrachtungen stellt Böhme fest, dass für diejenigen, die eine tiefe Sehnsucht nach der Barmherzigkeit Gottes spüren und ihre Sünden ernsthaft bereuen, die Verheißungen Christi gelten, „daß GOtt nicht den Tod des ar-

21 Jakob Böhme. Wahre Busse 5.
22 Jakob Böhme, wahre Busse 7.
23 Jakob Böhme, wahre Busse, 7.
24 Jakob Böhme, wahre Busse, 8.
25 Jakob Böhme, wahre Busse, 8.

men Sünders will. Ez. 33: 11 sondern heisset sie alle zu sich kommen, Er will sie erquicken; Matth. 11: 28. Und daß grosse Freude im Himmel sey, über einen Sünder der Busse thut; Luc. 15: 7. Dieser ergreiffe nur die Worte Christi, und wickele sich in Christi Leiden und Tod ein“[26].

Für diejenigen, die sich zur Busse sehnen, aber nicht zur wahren Reue kommen, zu denen sagt Böhme: Ich will „einen Proceß schreiben, den ich selber gegangen bin, was ihm zu thun sey, und wie es mir ergangen ist; ob es einen lüstete nachzufolgen, so wird er es erfahren, was hienach geschrieben steht“.[27]

2.1 Der Prozess der wahren Busse

Böhme beschreibt diesen Prozess, der eine wichtige Stufe des geistigen Weges für alle ist, die gerne Busse tun wollen, aber keine rechte Reue über ihre begangenen Sünden empfinden. Sie fordert er auf, sich mit Sinnen und Gemüt, „mit aller Vernunft in Eines“ zusammenzufassen und sogleich den Vorsatz zu fassen sofort mit der Busse zu beginnen, um „von dem gottlosen Wege aus(zu)gehen, auch aller Welt Macht und Ehre nichts achten, und wo es seyn soll, alles um der wahren Buße willen verlassen, und für nichts achten“[28]. Daran muss der bußfertige Mensch unbedingt festhalten und „in das Leiden und den Tod Christi, in und sein Creutz geduldig eingehen, und seine gantze Hoffnung auf das zukünftige Leben richten ... und GOttes Willen thun, in Christi Geiste und Willen alle seine Werck in dieser Welt anfahen und vollenden“[29]. Für den weiteren Prozess der Busse lehrt Böhme seine Schüler einen Vorgang, durch den ein Bild Macht über den Willen gewinnt und wesenhaft wird. Er bezeichnet diesen Vorgang als Imagination oder Imaginieren (ein-bilden)[30]. Diese Bild-Werdung im Gemüt des Menschen hat das Ziel sich vor das Angesicht und in die Gegenwart Gottes zu stellen und sich durch wahre Buße und Reue von allen Sünden zu reinigen.

1. Erste Imagination

In dieser Imagination soll sich der Schüler mit einemWillen in das Leiden und den Tod Christi „fest ein-bilden, und seine Seele gantz darein einwickeln, „daß er in seinem Fürsatze werde die Liebe GOttes in Christo Jesu erlangen, und daß ihme GOtt werde nach seiner treuen Verheissung daß edle Pfand, den H. Geist, zu seinem Anfang geben, daß er in der Menschheit Christi, nach himmlischen Göttlichen Wesen, werde in ihm selber neugeboren werden, und daß ihme der

26 Jakob Böhme, wahre Busse 10.
27 Jakob Böhme, wahre Busse 11.
28 Jakob Böhme, wahre Busse, 12.
29 Jakob Böhme, wahre Busse, 13.
30 Vgl. Hans Grunsky, Jacob Böhme, Stuttgart 1956, S. 113. Imagination darf auf keinen Fall mit Phantasia gleichgesetzt werden.

Geist Christi werde sein Gemüthe in seiner Liebe und Kraft verneuren, und seinen schwachen Glauben kräftig machen“[31].

2. Zweite Imagination

Hier fordert Böhme seinen Schüler auf, sich fest ein-zubilden, dass Gott nicht den Tod des Sünders will, „sondern will daß er sich bekehre und lebe. ... Und daß GOtt seinen Sohn darum in die Welt gesandt, zu suchen und seelig zu machen, das verloren ist, als den armen, bußferigen, wiederkehrenden Sünder, und wie er um des armen Sünders willen habe sein Leben in den Tod gegeben, und für ihn in unserer angenommenen Menschheit gestorben sey“[32].

3. Dritte Imagination

Darüber hinaus soll der Schüler sich ein-bilden, „daß ihn GOtt in Christo Jesu viel lieber wolle erhören und zu Gnaden annehmen, als er zu Ihm komme, und daß GOtt in der Liebe Christi, in dem hochtheuren Namen Jesu, nichts Böses könne wollen, daß kein Zornblick in diesem Namen sey, sondern Er ist die höchste und tiefste Liebe und Treu“[33].

4. Vierte Imagination

In dieser Imagination soll der Schüler sich fest ein-bilden, daß er „vor dem Angesichte der H. Dreyfaltigkeit stehe, und daß GOtt wahrhaftig in ihm und ausser ihm gegenwärtig sey“[34]

Alle diese Imaginationen sollen dazu führen, dass der Mensch mit seiner Seelen unerschütterlich vor Gott steht und sich nicht mehr von ihm abwendet. Nach dieser Wende zu Gottes Angesicht gibt Böhme in Form eines Gebets eine kurze Anleitung, wie vor um vor den Augen Gottes eine Beichte abzulegen. In dieser Beichte kann jeder sein Anliegen frei gestalten, wie es ihm der Heilige Geist lehren wird. Das Gebet ist für Böhme kein gewöhnliches Wort-Sprechen[35]; es ist vielmehr ein Eingehen in Gott[36], wo Christus selber das wirkliche Bitten als das Gebet in uns selber ist[37]. In diesem Sinn ist die Anleitung zu seinem Gebet in Form einer Beichte vor Gott zu verstehen. Im Gebet spricht Böhme zuerst davon, dass der sündige Mensch den ursprünglichen Bund mit Gott zerbrochen hat und da-

31 Jakob Böhme, wahre Busse, 14.
32 Jakob Böhme, wahre Busse, 15.
33 Jakob Böhme, wahre Busse, 16
34 Jakob Böhme, wahre Busse 17.
35 Vgl. Jakob Böhme, Vom heiligen Gebet 1.
36 Vgl. Jakob Böhme 3 fLeben 16, 48.
37 Vgl. Jakob böhme Gw 12, 39.

durch Seele mit Schmutz besudelt hat. Allein „ein klein Füncklein des lebendigen Odems“[38] ist in ihm verblieben und sehnt sich danach, der göttlichen Gnade wieder teilhaftig zu werden; und es bittet und fleht Christus um Hilfe. Der Mensch bittet um Barmherzigkeit, obwohl er ihrer nicht wert ist. Er gibt sich aber mit seinem „gantzen Willen, Sinnen und Gemüthe“ in die Gnade Gottes. Und weiter lässt Böhme die Seele beten: „Ich ruffe dir durch deinen Tod, aus dem kleinen Füncklein meines Lebens... Du willst das glimmende Tocht nicht auslöschen. Nun habe ich keine andere Strasse zu dir, als dein Leiden und Sterben, weil du unsern Tod durch deine Menschheit hast zum Leben gemacht, und die Ketten des Todes zersprenget ...O allertiefste Liebe, nim doch meiner Seelen Begierde in dich, führe sie doch aus des Todes Banden, durch deinen Tod, in deiner Auferstehung in dir aus! Erquicke mich doch in deiner Kraft, auf daß meine Begierde und Willen anfahe neu zu grünen! Ach du Überwinder des Todes und Zornes GOttes, überwinde doch du in mir meine Ichheit, zerbrich ihren Willen, und zerknirsche meine Seele, daß sie sich vor dir fürchte, und stets vor dir zu boden falle, und sich ihres eigenen Willens vor deinem Gerichte schäme, daß sie als dein Werckzeug dir gehorsam sey; Beuge du sie in Todes Banden, nim ihr die Gewalt, auf daß sie ohne dich nichts wolle! ... Lehre mich doch was ich thun soll, daß ich mich möge zu dir wenden; ... Erwecke du eine rechte Reue über die begangenen Sünden in mir; ... Erleuchte doch meinen Geist, daß ich die Göttliche Bahn sehe, und stets gehe: nim doch du von mir, was mich wendet von mir, gib doch du mir, was mich stets wendet zu dir; nimm mich mir, und gib mich gantz zu eigen dir: Laß mich doch nichts ohne dich anfahen, wollen, dencken noch thun“[39]. Mit Nachdruck fordert Böhme vom bußfertigen Menschen, seine Vorsätze ohne Zögern zu verwirklichen: „Willst du gecrönet werden, so must du streiten, du must in Christo siegen, und nicht vor dem Teufel unten liegen. Dein Fürsatz soll bleiben stehen, du must zeitliche Ehre und Gut diesem nicht vorziehen“[40]. Zu diesem Kampf und Streit macht Böhme eine kurze Andeutung darüber, wie die Seele wieder vor Gott treten und um das edle Ritterkränzlein streiten soll. Jede Seele, die diesen Kampf wagen will, muss dies mit großem Ernst tun und nicht nur Worte machen, denn „will die Seele Christi Ritter-Kräntzlein von der Edlen Jungfrau Sophia erlangen, so muß sie in grosser Liebes-Begierde mit ihr darum buhlen [lieben]; sie muß sie bey ihrem allerheiligsten Namen darum bitten, und in gar grosser züchtiger Demuth vor Sie treten“[41]. Denn ein züchtiges Gemüth vermag erreichen, „daß die Seele in ihrer edlen Bildniß, welche in Adam starb, lebendig gemacht werde, ver-

38 Jakob Böhme, wahre Busse, 19.
39 Jakob Böhme, wahre Busse, 19.
40 Jakob Böhme, wahre Busse, 24.
41 Jakob Böhme, wahre Busse, 26.

stehet in der himmlischen Leiblichkeit, nach dem inwendigen Grunde, und daß sie das Siegs-Kräntzlein aufsetze, welches, ob es geschicht, doch der Seelen wieder abgenommen, und als eine Crone beygeleget wird. Gleichwie man einen König crönet, und hernach seine Crone verwahret; Also geschicht auch der Seelen, weil sie noch mit dem Sünden-Hause umgeben ist, damit, ob sie wieder fiele, nicht ihre Crone besudelt würde"[42].

2.2 Vorbereitender Prozess, um der Jungfrau Sophia zu begegnen

Voraussetzung für den inneren Prozess, das heißt die Verwandlung in die himmlischen Leiblichkeit, die im äußerlichen irdischen Leib verborgen bleibt, ist „ein nüchtern Gemüthe, welches in ernstem Fürsatze, und in höchster Demuth, mit reue seiner Sünden, vor GOtt trete, da ein Fürsatz innen ist, daß der Mensch nicht mehr will in die alte Fußstapfen der Eitelkeit eintreten"[43]. Böhme fordert zu diesem Vorhaben ein Gelübde abzulegen, und „ein solch Gelübde muß er der Edlen Jungfrau Sophia in seinem Fürsatz und Gemüthe thun, will er ihre Ehe und Liebe erlangen"[44]. Höher als die ganze schöne und herrliche Welt ist diese „Liebe der Edlen Jungfrau Sophia im Gewächse der Blume Christi, in seiner zarten Menschheit in uns, nach himmlischer Leiblichkeit. Denn das ist die Blume zu Saron, die Rose im Thal, davon Salomon spielet, und seinen geliebten Buhlen [Geliebte], seine züchtige Jungfrau nennet, welche er also liebete, so wol alle Heiligen vor und nach ihme ie geliebet haben: Welcher sie hat erlanget, der hat sie seine Perle geheissen"[45]. Böhme gibt dann in der Gestalt eines Gebetes eine kurze Anleitung, wie die Seele diesen Bund mit der Jungfrau Sophia erneuern kann. Im Gebet spricht Böhme von der Seele, die das Wort der göttlichen Verheißung in sich erfasst hat, und dann vor Gott tritt. Sie geht dann in das ganze Erlösungswerk Jesu Christi ein, das den Zorn in der Seele in Liebe verwandelt.

Dann spricht Böhme davon, wie die Seele, die sich danach sehnt der Edlen Jungfrau Sophia zu begegnen, von ihr empfangen wird. Sophia klopft vor der Tür der Seele an und warnt sie den gottlosen Weg zu beschreiten. Wenn die Seele sich aber nach der Liebe der Jungfrau sehnt, „so ist sie ihm zu willen und küsset ihn mit den Strahlen ihrer süssen Liebe, davon das Hertz Freude empfähet; aber in das Ehebette leget leget sie sich nicht balde zur Seelen, das ist, sie wecket nicht balde das verblichene Himmels-Bilde, welches im Paradeis verblich, in sich auf"[46]. Damit die Seele aber mit der Jungfrau Sophia wieder einen Bund schließen kann, muss sie dazu eine feste Zusage machen, damit sie gegen alle Versuchungen

42 Jakob Böhme, wahre Busse, 27.
43 Jakob Böhme, wahre Busse, 28.
44 Jakob Böhme, wahre Busse, 29.
45 Jakob Böhme, wahre Busse, 29.
46 Jakob Böhme, wahre Busse, 32.

gefeit bleibt, so wie Christus in der Wüste den Versuchungen gegenüber standhaft blieb. Und Böhme spricht zur Seele: „Willst du Ihn [Christus] anziehen, so must du durch seinen gantzen Proceß, von seiner Menschwerdung an bis zu seiner Himmelfahrt gehen: Ob du wol nicht kanst noch darfest das thun, was Er gethan hat, so must du doch gäntzlich in seinen Proceß eingehen, und der Seelen Eitelkeit in seinem Proceß immerdar absterben: Dann Jungfrau Sophia vermählet sich anderst gar nicht mit der Seelen, als nur in dieser Eigenschaft, welche in der Seelen durch Christi Tod ausgrünet, als ein neu Gewächse, das im Himmel stehet: Der irdische Leib ergreiffet sie diese Zeit nicht, dann er muß von ehe der Eitelkeit absterben; aber das Himmels Bilde, welches in Adam verblich, als der wahre Weibes-Same, darinnen GOtt Mensch ward, und seinen lebendigen Samen Himmlischer Wesenheit darein führete, der ergreiffet das edle Perlein, auf Art wie in Marien im Ziel dieses Bundes geschahe“[47]. Wenn die Seele mit ihrer Zusage beständig bleit und allen Versuchungen gegenüber standhaft bleibt, „so wird ihr das theure Ritter-Kräntzlein zu einem Siegs-Zeichen aufgesetzet. Alhie tritt die Jungfrau, welche sich aus dem theuren Namen JESU, mit Christo den Schlangen-Treter, als dem Gesalbten GOttes offenbaret, zur Seele, und küsset sie mit ihrer süsfesten Liebe in der Essentz gantz innerlich ... und alhie stehet Adam nach seinem himmlischen Theil vom Tode auf in Christo“[48]. Diese Begegnung der Seele mit der Jungfrau Sophia bezeichnet Böhme als Hochzeit. Böhme warnt aber immer wieder die Seele vor Anfechtungen und Versuchungen, und legt ihr mehrere Gebete vor, mit denen sie dagegen ankämpfen kann. Wenn die Seele den Weg der Busse gegangen und von allen Sünden gereinigt ist, kommt es zu Gesprächen „zwischen der armen verwundeten Seele, und der edlen Jungfrauen Sophia, im inwendigen Grunde des Menschen, als mit dem Geiste Christi in der neuen Geburt, aus seiner Menschheit in uns und der Seelen: Wie so grosse Freunde im Himmel des neuen wiedergeborenen Menschen sey: Wie holdselig sich die edle Sophia gegen ihren Bräutigam der Seelen stelle, wenn die Seele in die Busse eingehet; und wie sich die Seele gegen ihr halte, wann ihr Jungfrau Sophia offenbar wird. Den Eingang zum Gespräch der Seele mit der Jungfrau Sophia bezeichnet Böhme als *Pforte des Paradeisischen Rosen-Gartens.* In dieser Einleitung erklärt Böhme, dass sich Christus nach der Bekehrung und Busse im verblichenen Bild des Menschen bewegt hat und in dieser Bewegung ist die Jungfrau Sophia in der verblichenen Seele erschienen. Angesichts der Jungfrau erschrickt die Seele zutiefst, und erst jetzt wachen in ihr die Sünden auf. „Denn alda gehet das Gerichte über die Sünde der Seelen an“[49], die sich vor der Jungfrau schämt. „Aber die edle

47 Jakob Böhme, wahre Busse, 34.
48 Jakob Böhme, wahre Busse 38.
49 Jakob Böhme, wahre Busse, 45.

Sophia nahet sich in der Seelen Essentz, und küsset sie freundlich, und tingiret mit ihren Liebe-Strahlen das finstere Feuer der Seelen, und durchscheinet die Seele mit ihrem Liebes-Kusse“[50]. Diese innerseelische Begegnung ist erfüllt von einer großen Freude und Liebe, „wie es zugehe wann die Braut den Bräutigam hertzet“[51]. Diese Liebe zwischen Braut und Bräutigam hat Böhme in seinem großen Durchbruchserlebnis im Jahr 1600 selbst erfahren, in dem er „bis in die innerste Geburt der Gottheit [durchgebrochen ist], und alda mit Liebe umfangen worden, wie ein Bräutigam seine liebe Braut umfähet“[52].

3 Gespräch zwischen der Seele und der Jungfrau Sophia

Die Seele spricht zur Jungfrau Sophia:

„Nun sey dir, o grosser GOtt, in deiner Kraft und Süßigkeit, Lob, Danck, Stärcke, Preiß und Ehre, daß du mich von dem Treiber der Angst erlöset hast: O du schönes Lieb, mein Hertze fasset dich, wo bist du so lange gewesen? Mich däuchte, ich wäre in der Hölle, und in GOttes Grimm: O holdseliges Lieb, bleib doch bey mir, sey doch meine Freude und Erquickung, führe mich doch auf rechter Strasse: In deine Liebe ergebe ich mich; Ach ich bin ja vor dir dunckel, mache mich doch lichte. O edles Lieb, gib mir doch deine süsse Perle[53], lege sie doch in mich!

O grosser GOtt in Christo Jesu, nun preise und lobe ich dich in deiner Wahrheit, in deiner grossen Macht und Herrlichkeit, daß du mir hast ,eine Sünde vergeben, und hast mich mit deiner Kraft erfüllet: Ich jauchze dir in meinem Leben, und lobe dich in meiner Veste, welche niemand aufschliessen kann, als dein Geist in deiner Barmhertzigkeit; Meine Gebeine erfreuen sich in deiner Kraft, und mein Hertzspielet in deiner Liebe. Danck sey dir ewiglich, daß du mich aus der Höllen erlöset, und den Tod mir zum Leben gemacht hast: Jetzo empfinde ich deine verheissene Wahrheit: O süsses Lieb! Laß mich doch nicht wieder von dir weichen; Schencke mir doch dein Perlen-Kräntzlein, und bleibe in mir: Sey doch mein Eigenthum: daß ich mich ewig in dir erfreue.

Darauf spricht die Jungfrau Sophia zur Seelen.

Mein edler Bräutigam, meine Stärcke und Macht, biß mir zu vielenmalen willkommen: Wie hast du meiner so lange vergessen, daß ich in grossem Trauren vor

50 Jakob Böhme, wahre Busse, 45.

51 Jakob Böhme, wahre Busse, 45.

52 Jakob Böhme, Mr 19, 11.

53 Die Perle bedeutet hier die göttliche Weisheit, die nur vom wiedergeborenen Menschen erkannt wird.

deiner Thür stehen müssen anklopfen? Habe ich dir doch allezeit geflehet und geruffen: Aber du hattest dein Antlitz von mir gewandt, deine Ohren waren aus meinem Lande gegangen; Mein Licht kontest du nicht sehen, dann du wandeltest im finstern Thal: Ich bin nahe bey dir gewesen, und habe dir stets geflehet, aber deine Sünde hielt dich im Tode gefangen, daß du mich nicht kanntest. Ich kam in grosser Demuth zu dir, und rief dir, aber du warest in der Macht des Zornes GOttes reich, und achtest meiner Demuth nicht: Du hattest dir den Teufel zum Buhlen genommen, der hat dich also besundez, und sein Rauh-Schloß der Eitelkeit in dir aufgebauet, und dich gantz von meiner Liebe und Treue abgewendet in sein gleißnerisches, falsches Reich, darinnen hast du viel Sünde und Bosheit gewircket, und deinen Willen von meiner Liebe abgebrochen, und hast mir die Ehe gebrochen, und eine fremde Buhlschaft gepflogen, und mich, deine dir von GOtt gegebene Braut, lassen im verblichenen Wesen, ohne Stärcke deiner Feuers Macht stehen. Ich habe nicht kkönnen ohne deine Feuers Macht frölich seyn, dann du bist mein Mann, von dir wird mein glantz offenbar, du kanst meine verborgenen Wunder in deinem Feuer-Leben offenbaren, und in Majestät einführen und bist doch ausser mir ein dunckel Haus, , da nur Angst und Pein, darzu eine feindliche Qual innen ist.

O edler Bräutigam, bleib doch mit deinem Angesichte vor mir stehen, und gib mir deine Feuer-Strahlen, führe deine Begierde in mich, und zünde mich an, so will ich dir aus meiner Sanftmuth deine Feuer-Strahlen in ein weisses Licht verwandlen, und meine Liebe durch deine Feuer-Strahlen in deine Feuers-Essentz einführen, und will dich ewig küssen.

O mein Bräutigam, wie ist mir so wol in deiner Ehe, küsse moch doch mit deiner Begierde, in deiner Stärcke und Macht, so will ich dir alle meine Schöne zeigen, und dich mit meiner süssen Liebe und hellem Lichte, in deinem Feuer-Leben erfreuen. Alle heiligen Engel erfreuen sich ietzt mit uns, daß sie uns wieder in der Ehe sehen. Nun mein lieber Buhle, bleib doch in meiner Treue, und wende dein Angesichte nicht mehr von mir, wircke du in meiner Liebe deine Wunder, darzu dich GOtt erwecket hat.

Weiter spricht die Seele zu ihrer Edlen Jungfrau Sophia, als zu ihrer wiedergeborenen Buhlschaft [Liebesbeziehung].

Ach meine edle Perle[54], und eröffnete Flamme meines Lichtes, in meinem ängstlichem Feuer-Leben, wie verwandelst du mich in deine Freude! O schönes Lieb, ich bin dir ja in meinem Vater Adam brüchig worden, und habe mich durch die Feuer-Macht in Wollust und Eitelkeit der äussern Welt gewandt, und eine fremde Buhlschaft angenommen, und hätte also müssen ewig im finstern Thal, in

54 Die Perle ist hier ein Symbol für die göttliche Weisheit.

fremder Buhlschaft wandeln, wann du nicht wärest in grosser Treu, durch dein Durchdringen, und die Zerbrechung des Zorns GOttes, der höllen, und finstern Todes, in das Haus meines Elends zu mir kommen, und hättest meinem Feuer-Leben deine Sanftmuth und Liebe wiederbracht.

O süsse Liebe, du hast mir Wasser des ewigen Lebens aus GOttes Brünnlein mit gebracht, und mich in meinem grossen Durst erquicket: In dir sehe ich GOttes Barmhertzigkeit, welche mir zuvorn in der fremden Buhlschaft verborgen stunde; In dir kann ich mich erfreuen, du wandelst mir meine Feuer-Angst in grosse Freude. Ach holdseliges Lieb, gib mir doch deine Perle, daß ich ewig möge in solcher Freude stehen.

Darauf antwortet die edle Jungfrau Sophia der Seelen wieder, und spricht:
Mein lieber Buhle [Geliebter], und treuer Schatz, du erfreuest mich hoch in deinem Anfange: Ich bin ja durch die TieffeThoren GOttes zu dir eingebrochen, durch GOttes Zorn, durch Hölle und Tod, in das Haus deines Elendes, und habe dir meine Liebe aus Gnaden geschencket, und dich von Ketten und Banden erlöset, daran du feste angebunden warest, ich habe dir meine Treue gehalten: Aber du bittest ietzt ein schweres von mir, das ich nicht gerne mit dir wage. Du willst mein Perlein zum Eigenthum haben: Gedencke doch mein lieber Bräutigam, wie du es vorhin in Adam verwahrloset hast; Darzu stehest du noch in grosser Gefahr, und wandelst in zweyen gefährlichen Reichen: Als in deinem Feuer-Urstand wandelst du im Lande, da sich GOtt einen starcken eiferigen GOtt, und ein verzehrend Feuer nennet; Im andern Reiche wandelst du in der äussern Welt in der Luft, im eiteln verderbten Fleisch und Blut, da der Welt Wollust mit des Teufels Angriffen, alle Stunde über dich herrauschen; Du
möchtest in deiner grossen Freude wiederum Irdigkeit in meine Schöne einführen, und mir mein Perlein verdunckeln; Auch möchtest du stoltz werden, wie Lucifer ward, als er das Perlein zum Eigenthum hatte, und möchtest dich von GOttes Harmonie abwenden, so müste ich hernach ewig meines Buhlen beraubet seyn.

Ich will mein Perlein in mir behalten, und will in deiner verblichenen, und ietzt in mir wieder lebendig gemachten innern Menschheit, im himmel in dir wohnen, und mein Perlein in dem Paradeis vorbehalten, biß du diese Irdigkeit von dir ablegest, als dann will ich dirs zum Eigenthum geben; aber mein Antlitz, und süsse Strahlen des Perleins, will ich die die Zeit dieses irdischen Lebens gerne darbieten: Ich will mit dem Perlein im inneren Chor wohnen, und deine getreue liebe Braut seyn; In dein irdisch Fleisch vermähle ich mich nicht, dann ich bin eine Königin der Himmeln, und mein Reich ist nicht von dieser Welt; iedoch will ich dein äusser Leben nicht wegwerfen, sondern ofte mit meinen Liebe-Strahlen heimsuchen, dann deine äussere Menschheit soll wiederkommen; aber das Thier der Eitelkeit will ich nicht haben, GOtt hat das auch nicht aus seinem Fürsatz also grob und irdisch geschaffen, sondern deine Begierde hat diese viehische Grobheit in Adam durch Lust gefasset, aus allen Essentien der schöneaufgewachten Eitelkeit, irdischer Eigenschaft, darinnen Hitze und Kälte, dazu Wehethun, und Feindschaft, auch das Zerbrechen stehet.

Nun, mein lieber Buhle und Bräutigam, gib dich mir in meinen Willen, ich will dich in diesem irdischen Leben in deiner Fährlichkeit nicht verlassen: wann dich gleich wird GOttes Zorn überziehen, daß dir wird bange seyn, und meinest, ich habe dich verlassen, so will ich doch bey dir seyn, und dich verwahren, dann du kennest dich nicht, was dein Amt ist, du solst diese Zeit wircken und gebären. Du bist die Wurtzel dieses Baumes, aus dir sollen Zweige geboren werden, die müssen alle in Aengsten geboren werden, Ich dringe durch deine Zweige in ihrem Saft mit aus, und gebäre Früchte auf deinen Aesten, und das weist du nicht; Dann der Höchste hat mich also geordnet, bey und in dir zu wohnen.

Darum wickle dich in die Gedult, und hüte dich vor Wollust des Fleisches, brich ihm den Willen und Begierde, halte es im Zaum, als ein böses Roß, so will ich dich ofte in deiner feurischen Essentz besuchen, und dir meinen Liebes-Kuß geben, und dir ein Kräntzlein aus dem Paradeis, zum Zeichen meiner Liebe, mitbringen und aufsetzen, darinnen du dich solst erfreuen: Aber mein Perlein gebe ich dir diese Zeit nicht zum Eigenthum. Du solst in der Gelassenheit bleiben stehen, und hören, was der Herr in deiner Harmonie in dir spielet, dazu solt du Ihm Klang und Essentz deines Thons aus meiner Kraft geben, denn du bist nun ietzt ein Bote seines Mundes, und solst seinen Ruhm und Ehre verkündigen. Um dieser Ursache halben habe ich mich ietzt aufs neu mit dir verbunden, und dir mein ritterliches Sieges-Kräntzlein, das ich in der Schlacht des Teufels und Todes erlanget habe, aufgesetzet. Aber die Perlen-Crone, damit ich dich crönete, habe ich beygeleget, die solst du nicht mehr tragen, biß du rein vor mir wirst seyn.

Die Seele spricht ferner zu der Edlen Sophia.

Ach du meine schöne und süsse Gemahlin, was soll ich vor dir sagen! laß mich nur dir befohlen seyn, ich kann mich nicht verwahren: willst du mir ietzt nicht das Perlein geben, so sey es in deinem Willen, gib mir nur deine Liebes-Strahlen, und führe mich durch diese Pilgram-Strasse. Erwecke und gebäre du in mir was du willst, ich will hinfort dein eigen seyn, und mir nichts mehr wollen noch begehren, ohne was du durch mich willst. Ich hatte deine süsse Liebe verschertzt, und dir meine Treue nicht gehalten, dadurch ich war in ewige Straffe gefallen: weil du aber bist aus Liebe zu mir in die Höllen-Angst kommen, und hast mich von Pein erlöset, auch wieder zum Gemahl angenommen, so will ich ietzt um deiner

Liebe willen, meinen Willen brechen, und dir gehorsam seyn, und auf deine Liebe warten: Ich habe nun genug, daß ich weiß, daß du in allen nöthen bey mir bist, und mich nicht verlässest. O holdseliges Lieb, ich wende mein feuriges Angesicht zu dir. O schöne Crone, hole mich doch balde in dich, und führe mich aus der Unruhe, ich will ewig dein eigen seyn, und nimmermehr von dir weichen.

Die Edle Sophia antwortet der Seelen gantz tröstlich und spricht:

Mein edler Bräutigam, sey getrost, ich habe mich mit dir verlobet, in meiner höchsten Liebe, und in meiner Treue mit dir verbunden: Ich will alle Tage biß an der Welt Ende bey und in dir seyn, ich will zu dir kommen, und Wohnung in deinem innern Chor in dir machen, du solst aus meinem Brünnlein trincken, dann ich bin nun dein, und du bist mein, uns soll der Feind nicht mehr scheiden. Wircke du in deiner feurischen Eigenschaft, so will ich dir meine Liebe-Strahlen in dein Wircken eingehen; wir wollen den Weinberg Jesu Christi bauen; gib du Essentz des Feuers, so will ich Essentz des Lichtes und Gedeyen geben; Sey du Feuer, so will ich Wasser seyn, wir wollen das in dieser Welt verrichten, darzu wir von GOtt verordnet sind, und wollen Ihm dienen in seinem Tempel.

4 Zum Ausklang

Der geistige Weg, den Böhme und seine Freunde aus der Finsternis, in die sie durch den Sündenfall des ersten Menschen gefallen waren, zur Wiedergeburt gegangen sind. ist ein innerer und ein schmaler Weg oder ein „schmaler Steg"[55]. Wer ihn beschreitet, der ist „gleichwie ein Kriegsmann in der Schlacht, der immer des Todes gewärtig ist, da ihn die Feinde auf allen Seiten drengen, auf ihn zuschlagen, und immer seinen Tod begehren; Oder wie einem, der in eine tiefe See fället, und da schwimmet, und siehet kein Ufer, und wartet immer des Todes, da ihme das Wasser ins Maul gehet, der ächzet und begehret der Hilfe von oben herab"[56]. Diese Hilfe hat der Mensch durch das Erlösungswerk Christi erhalten, in das er eingehen muss, das heißt, er muss seinem Eigenwillen absterben und in das göttliche Nichts eintauchen, um so aus der Finsternis ins Licht und zur Wiedergeburt zu gelangen. Diesen Zusammenhang fasst Böhme im zweiten Teil seiner Schrift *Von den Letzten Zeiten*, die er an Paul Kaym gerichtet hat, kurz zusammen: Zuerst ist der Mensch also „mit seiner ersten (Göttlichen) Wesenheit in die Finsterniß des Todes eingeschlossen, die hat GOtt der Seelen in Christo wieder erschlossen; Nun ist die arme gefangene Seele dasselbe hungerige Magische Feuer, die zeucht aus

55 Jakob Böhme, Mr 19, 22.
56 Jakob Böhme, 3fL, 16, 3.

der Menschwerdung Christi wieder dieselbe aufgeschlossene Wesenheit GOttes in sich, isset also Gotts Wesen, schlinget das in sich, und giebet aus demselben Einschlingen oder Zehren einen Leib des Lichtes, der der Gottheit ähnlich oder fähig ist: Also wird die arme Seele mit einem Lichts-Leibe bekleidet, gleichwie das Feuer in der Kertze, und in dem Licht-Leibe findet sie Ruhe, aber in der Finsterniß dieser Welt hat sie Angst"[57]. Das Aufleuchten des Licht-Leibes in der Seele oder im inneren Menschen, dass in der äußeren und irdischen Welt verborgen bleibt, zeigt die Verwandlung und Wiedergeburt im inneren Menschen an. Am Tag der Auferstehung erscheint der wiedergeborene neue Mensch in vollkommener Einheit mit der Jungfrau Sophia im Glanz seiner vollkommenen himmlischen Leiblichkeit.

57 Jakob Böhme, Kaym II, 2, 21.

7 Johann Georg Gichtel und seine Bild-Figuren als Wegzeichen zur Wiedergeburt

Die himmlische Leiblichkeit[1] ist ein wesentliches Kennzeichen des inneren Menschen und seines feinstofflichen Leibes[2]. Himmlische Leiblichkeit entsteht in der Durchdringung des irdischen Leibes mit der göttlichen Wirklichkeit, nicht im Sinne einer Vermischung, sondern vielmehr im Hervorbringen eines vollkommenen neuen Licht-Leibes. Dieser Vorgang ist von außen nicht zu erkennen, denn er ereignet sich im Inneren des Menschen. Dem Mystiker und Theosophen Johann Georg Gichtel, einem der bedeutendsten Schüler Jakob Böhmes, wurden tiefe geistige Einsichten zuteil, die er in einer kleinen Schrift mit dem Titel *Eine kurtze Eröffnung und Anweisung Der dreyen Prinzipien Und Welten Im Menschen* veröffentlicht hat, in denen er diese Umwandlung des irdischen finsteren Menschen zu einem wiedergeborenen Menschen mit einem vollkommenen neuen Leib dargestellt hat. Die einzelnen Stufen dieser Umwandlung hat er mit Hilfe von Bild-Figuren[3] zu veranschaulichen versucht. Sie sollen als Hilfe zu den Imaginationsübungen auf dem geistigen Weg zur Wiedergeburt dienen.

Bevor im Folgenden Gichtels geistige Einsichten mit ihren entsprechenden Bild-Figuren im Einzelnen betrachtet werden, wird eine kurze Übersicht über sein Leben und Werk vorangestellt[4].

---

1 Julius Hamberger, Physia sacra oder der Begriff der himlischen Leiblichkeit, Stuttgart 1869. Anstelle von himmlischer Leiblichkeit wird auch oft der Begriff Geistleiblichkeit verwendet. Siehe: Ernst Benz, Über die Leiblichkeit des Geistigen. Zur Theologie der Leiblichkeit bei Jacob Böhme, in: Mélanges offerts à Henry Corbin, hrsg. von Seyyed Hossein Nasr, Institute of Islamic Studies, McGill University, Tehran Branch, Tehran 1977, S. 451–520.

2 Geoffrey Samuel and Jay Johnston (ed.), Religion and the Subtle Body in Asia and the West, London 2013.

3 Um Missverständnisse zu vermeiden, wird dem Begriff Figur das Wort Bild hinzugefügt. Vgl. Figur, in: Historisches Wörterbuch der Philosophie, Bd. 2, Darmstadt 1972, S. 947–953; Tibor Fabiny, Figura and Fulfillment: typology in the Bible, art, and literature, Eugene, OR, 2016.

4 Bernard Gorceix, Johann Georg Gichtel, Theosophe d'Amsterdam, Lausanne 1975; Ders., Johann Georg Gichtel: mystique et sophiologie, in: Ders., Flambée et Agonie. Mystiques du XVII siècle allemand, Sistero 1977, S. 277–293; Sibylle Rusterholz, Johann Georg Gichtel, in: Grundriss der Geschichte der Philosophie, Bd. 4, Das Heilige Römische Reich Deutscher Nation, Nord- und Ostmitteleuropa, Basel 2001, S. 96–102; Aira Võsa, Johann

1 Leben und Werk

Johann Georg Gichtel wurde am 14. März 1638 in einer protestantischen Familie in Regensburg geboren. Nach der Schulzeit ging er nach Sraßburg, wo er zuerst Theologie, Philosophie und Geschichte studierte und dann zur Rechtswissenschaft wechselte. Nach dem Abschluss ließ er sich in Speyer als Advokat nieder, kehrte aber 1664 nach Regensburg zurück. Hier begegnete er Justinian Ernst von Welz, der ihn für sein Vorhaben, nämlich die Erneuerung des Protestantismus und die Heidenmission gewann. Beide verfassten 1664 eine Schrift zur Gründung einer „Jesusliebenden Gesellschaft", die sie an den evangelischen Gesandten am Regensburger Reichstag sandten. Ihr Vorhaben wurde aber bald von theologischer Seite zurückgewiesen. Daraufhin ging von Welz in die Heidenmission und Gichtel versuchte die Erneuerung des Protestantismus allein voranzutreiben. In Zwolle, in der niederländischen Provinz Overijssel, begegente er dem lutherischen Pfarrer Friedrich Breckling (1629–1711). Auf dem Weg zurück nach Deutschland griff er die protestantische Geistlichkeit in Briefen an und wurde deshalb in Nürnberg verhaftet und nach Regensburg ausgeliefert, wo er dreizehn Wochen in Haft blieb. Anfang 1665 wurde er bei Verlust der bürgerlichen Rechte aus seiner Heimatstadt ausgewiesen. Als er zwei Jahre später wieder in Zwolle war und es dort zu Auseiandersetzungen mit Breckling und anderen Theologen kam, wurde er verhaftet und Anfang 1667 von dort ausgewiesen. Im Früjahr 1668 reiste er nach Amsterdam, wo er bis zu seinem Tode blieb. Hier führte er ein Leben in großer Zurückgezogenheit und vertiefte sich in die Werke Jakob Böhmes[5], und im Jahr 1682 veröffentlichte er die erste kritisch bearbeitete Gesamtausgabe der Werke Jakob Böhmes. In dieser Zeit hatte sich eine kleine Gemeinde um Gichtel geschart, die aber bald wieder auseinanderbrach. Von 1690 an führte er mit zahlreichen Glaubensbrüdern in Deutschland einen ausgedehnten Briefwechsel, der ohne sein Wissen im Jahr 1700 anonym unter dem Titel *„Erbauliche Theosophische Sendschreiben"* in zwei Teilen veröffentlicht wurde. Ein Jahr später gab Gottfried Arnold (1665–1714) dieselben Sendschreiben noch einmal heraus.

Im Jahr 1696 hatte Gichtels Freund Johann Georg Graber ein kleines Buch zusammengestellt, das den Titel trägt: *„Eine kurze Eröffnung und Anweisung Der Dreyen Principien Und Welten im Menschen, in unterschiedlichen Figuren vorgestellet: Wie und wo eigentlich ihre Centra im innern Menschen stehen; gleich sie der Autor selbst im göttlichen Schauen in sich gefunden, und gegenwärtig in sich empfin-*

Georg Gichtel- Teosoofilise idee kandja varauusaegaes Euroopa, (Johann Georg Gichtel – Träger der theosophischen Idee im frühneuzeitlichen Europa),Tartu 2006, mit ausführlichem Literaturverzeichnis auf den Seiten 272–291.

5 Sibylle Rusterholz, Johann Georg Gichtels Böhme-Rezeption als Theosophia Practica, in: Jacob Böhme in Three Worlds, ed. By Lucinda Martin, Berlin 2023, S. 239–251.

det, schmecket und fühlet. Sammt einer Beschreibung der dreyerley Menschen, nach Art des in ihme herrschenden Principii oder Geistes. Worinnen sich ein jeder als in einem Spiegel besehen kan, unter welchem Regiment er in seiner Lebensgestalt stehe und lebe. Nebst einer Anweisung, was der Streit Michaels und des Drachen, auch was das wahre Beten im Geist und Wahrheit sey: Abgemahlet und vorgestellet durch Johann Georg Grabern von Ringenhausen, Johann Georg Gichteln von Regensburg, im Jahr Christi 1696[6]. Abgesehen von den Vorberichten hat Gichtel alle anderen Texte in diesem Büchlein selbt verfasst. Es wurde 1723 ohne Ortsangabe gedruckt und 1736 und 1779 in Berlin und Leipzig nachgedruckt. Im Jahr 1722 gab Johann Wilhelm Überfeld (1659–1731) die Briefsammlung Gichtels unter dem Titel „*Theosophia practica*" in sieben Teilen in Leiden heraus. Sie gilt als das Hauptwerk Gichtels, der am 20. Januar 1710 in Amsterdam starb.

2 Der geistige Weg zur Wiedergeburt

Das Ziel des geistigen Weges ist die Wiedergeburt, das heißt die Wiedererlangung der ursprünglichen Gottebenbildlichkeit im inneren Menschen, die in der Wiederbegegnung und Vermählung mit der durch den Sündenfall verlorenen himmlischen Jungfrau Sophia besteht. Gichtel will mit dieser Wiedergeburt zeigen, „was Gott für einen Prozeß[7] mit dem alten Adam hält und wie der neue Mensch von einem Grad zum andern fortschreiten muß, bis sein neuer Leib sein volles Wachstum erreicht hat. Und es muß wohl angemerkt werden, daß wir in der Wiedergeburt keine neue Seele empfangen, aber wohl einen neuen Leib, also die Seele keine Wiedergebärung nötig hat, sondern nur eine Erneuerung ind Umwendung aus dem Äußeren ins Innere, da sie mit der einen Gottheit erneuert wird"[8].

Die Stufen dieses Weges hat Gichtel mit Hilfe von Bild-Figuren verabschaulicht. Diese Bild-Figuren beruhen nicht auf ausgedachten Meinungen oder Büchern, sondern gründen, wie Gichtel nachdrücklich betont, auf eigenem Schauen und Erfahrung[9]. Er stellt zugleich fest, dass eine Beschreibung dieser Figuren, welche die Umwandlung darstellen sollen, schwierig sei, weil der wiedergeborene „Mensch

6 Diese Schrift, aus der zitiert wird, ist mit dem Titel *Theosophia Practica ins Neuhochdeutsche übertragen und mit einer Einleitung von Agnes Klein herausgegeben worden, Schwarzenburg 1979. Im Folgenden abgekürzt: Johann Georg Gichtel, Eine kurze Eröffnung.*

7 Das Wort Prozess wird von Böhme verwendet und bezeichnet den Weg der Umwandlung zur Wiedergeburt.

8 Johann Georg Gichtel, Eine kurze Eröffnung, III, 24, 25. Die römische Zahl verweist auf das Kapitel, die arabische auf den Vers.

9 Vgl. Johann Georg Gichtel, Eine kurze Eröffnung, III, 1.

geistlich und verborgen ist, auch mit ntürlichen Figuren nicht abgemalt noch mit irdischer Zunge beschrieben werden kann“[10].

Die Bild-Figuren, die Gichtel in seinem Büchlein veröffentlicht hat, sollen dem Gottes- und weisheitsliebenden Leser als Hilfe auf seinem Weg zur Wiedergeburt dienen. Der Vorgang, durch den eine Bild-Figur Macht über den Willen gewinnt und wesentlich wird, wird von Jakob Böhme und in seiner Nachfolge von Gichtel als Immagination oder Immaginieren (ein- hinein -bilden)[11] genannt. Diese Bild-Werdung im Gemüt[12] des Menschen hat das Ziel, sich vor das Angesicht und in die Gegenwart Gottes zu stellen und sich durch wahre Buße und Reue zu reinigen. Der geistige Weg ist deshalb ein Weg der Reinigung, den Gichtel entsprechend der Lehre vom dreifachen Menschen, die Böhme in seinem Werk „Vom dreifachen Leben des Menschen“ entfaltet hat[13]. Auf dieser Grundlage unterscheidet Gichtel im Menschen drei Lebensbereiche: das äußere Leben, das innere seelische Leben und das heilige Lichtleben, das aber beim natürlichen in die Finsternis gefallenen Menschen tief verborgen und nicht wirksam ist.

3 Die erste Bild-Figur:

„Das Rad der Geburt der Bildniß Gottes im Menschen durch die drey Principia Göttliches Wesens“

Die erste Bild-Figur, mit der Gichtel seine kleine Schrift einleitet, trägt die Überschrift „Das Rad der Geburt der Bildniß Gottes im Menschen durch die drey Principia Göttliches Wesens“. Gichtel hat dieses Bild aus Böhmes Werk „Vom dreifachen Leben des Menschen“ entnommen und beschreibt mit seiner Hilfe den Weg des Menschen von außen nach innen zu seinem göttlichen Ursprung. Er folgt dabei Jakob Böhme, der diese Figur ausführlich beschrieben hat: „Das Rad[14] Naturae windet sich von Aussen in sich hinein, denn die Gottheit wohnet im Inneren in sich, und hat eine solche Figur, nicht daß mans kan malen, es ist nur ein natürlich Gleichniß; gleichwie sich Gott in der Figur dieser Welt abmahlet, dann Gott ist über-

10 Johann Georg Gichtel, Eine kurze Eröffnung, III, 1.

11 Vgl. Hans Grunsky, Jacob Böhme, Stuttgart 1956, S. 113.

12 Jakob Böhme unterscheidet zwischen dem Gemüt Gottes, das sich auf alle göttlichen Kräfte bezieht, und dem menschlichen Gemüt, dass alle seelischen Kräfte und auch alle Sinnesregungen umfasst.

13 Aira Võsa, Die Lehre von dem dreifachen Menschen, Johann Georg Gichtel als Interpret der theologischen Anthropologie Jakob Böhmes, in: Alter Adam und Neue Kreatur, hrsg. von Udo Sträter, Tübingen 2009, S. 127–134.

14 Das Rad ist das Symbol für die Dreiheit (die drei ersten Naturgestalten) in der Einheit.

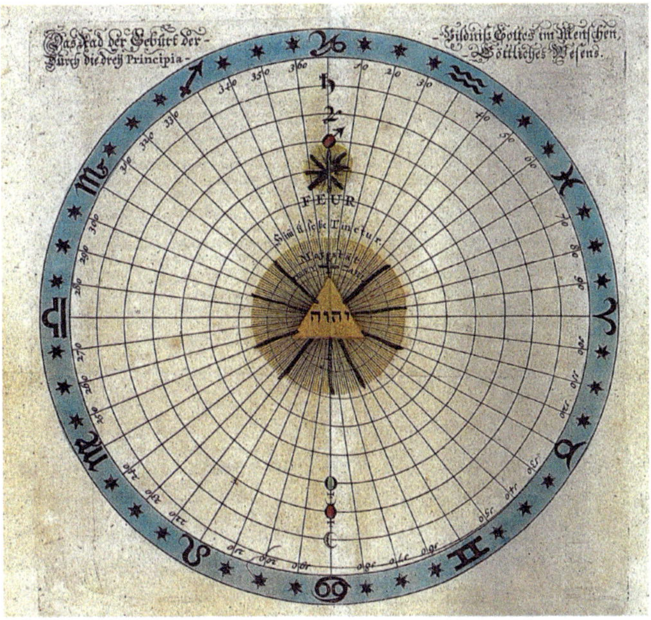

al gantz, und wohnet also in sich selber“[15]. Dann schildert Böhme die verschiedenen Stufen oder Schichten, durch die der Weg in das Innere bis zum ewigen Herzen geht. „Mercke: das äussere Rad ist der Zodiacus mit dem Gestirne; und hernach die sieben Planeten bis auf Sol, nach Sol Feuer, nach Feuer Tinctur himmlisch, nach Tinctur Majestät, nach Majestät die Dreyzahl mit dem Creutze. Obwohl diese Figur nicht genug gemacht ist, so ist es doch eine Nackdenkung: Und könte mans auf einem grossen Circul feine entwerfen, den wenig Verständigen zur Nackdenckung. Also gehet das Begehren in sich hinein nach dem Hertzen, welches ist Gott, wie du kanst also mit einer solchen Figur nachdencken, dann die Wiedergeburt gehet auch in sich zu Gottes Hertze. Also mercke es recht, denn es ist das Centrum der äussern Geburt: Im achten Umkreis ist der Zodiacus; nach dem Zodiaco die Erdkugel, darnach am Rade herum Saturnus, und wann man am Rade herumfähret, der Mond: Und wiederum am Rade herum Jupiter; Und wiederum am Rade herum Mercurius; Und wiederum Mars, und dann Venus:Und die Sonne in Mitten: Und nach der Sonnen das Feuer, welches die Sonne gibt: Und nach dem Feuer die

15 Jacob Böhme, Sämtliche Schriften, Faksimile-Nachdruck der Ausgabe von 1730 in elf Bänden, Stuttgart 1960; Bd. 3, Vom dreyfachen Leben 9, 58.

andere Welt, als die himmlische Tinctur[16]: Und nach der himmlischen Tinctur die Dreyzahl, als das ewige Hertze, und ist das ewige Centrum der ewigen Natur: Und in dem ewigen Centro gantz die Kraft der Majestät Gottes durch und durch, von Nichts gehalten oder eingesperret, auch keines Wesens oder Natur, gleichwie der Sonnen Glantz“[17]. Gictel beschreibt dann im Einzelnen die Stufen, die vom äußeren Gestirn des äußeren Menschen bis zur Wiedergeburt und zur Begegnung mit der Jungfrau Sophia führen: „Das erste [Gestirn] ist das äußere Gestirn und des natürlichen Menschen Regierer und Führer, der ihn zu allerlei Künsten, Handwerken, Studien und Geschäften treibt, gute und böse, reiche und arme, hohe und niedrige Menschen macht, wie solches vor Augen ist. Diesem Regiment ist Adam in seinem Fall anheimgefallen und hat alle seine Kinder mit darunter gebracht, dass wir in dieser Welt, ohne Wiedergeburt und harten Kampf, uns dem nicht ganz entreißen können“[18].

„Dieses Leben mit seinen sieben Gestalten [Planeten] der äußeren Natur windet sich hinein bis ins Herz, in die Sonne, welche mit ihrer Wurzel im Feuer steht, wovon sie ihren Glanz und Schein hat. In diese sieben Gestalten hat sich der Teufel, die alte Schlange, eingeflochten und die Seele versiegelt und veriegelt, wovon Apok. 5 zu lesen ist. Die achte Gestalt ist die Feuerwelt mit dem feurigen Gestirn und steht in der großen Welt wie in der kleinen Welt in der Mitte; sie ist das Scheideziel zwischen dem äußeren und dem inneren Menschen, während in der Wiedergeburt die Lichtwelt in der Mitte ist, darein sich Jesus gesetzt, der Ihm [sich selbst der] die Feuerwelt in unserer Menschheit unterworfen hat“[19].

In dieser Feuerwelt fällt die Entscheidung zwischen dem finsteren Zornfeuer und dem Lichtfeuer oder zwischen Hölle und Himmel, die durch den Cherub mit seinem zweischneidigen Schwert symbolisiert wird. Wenn der Mensch den Eingang zum Himmel gefunden hat, „so begegnet ihm die himmlische Sophia in der neunten Gestalt„ [20], und diese Bild-Figur Böhmes macht es für Gichel leicht, darauf hinzuweisen, dass der Mensch begreifen kann, „daß ihm Gott viel näher in sich selbst ist als außerhalb seiner selbst“[21]. Um diee Nähe zu erreichen, muss sich der Mensch zu Gott umwenden, bis er der himmlischen Jugfrau zu bsegegnen vermag.

Nach diesem Überblick über die Stufen des geistigen Weges zur Wiedergeburt betrachtet Gichtel in der zweiten Bild-Figur den Zustand des natürlichen in die Finsternia gefallenen Menschen.

---

16 Die Tinctur ist das Lichtwesen des zweiten Prinzips. Sie entsteht dadurch, dass die Liebe-Begierdei n den Spiegel der Weisheit imaginiert und wesentlich wird.

17 Jacob Böhme, Vom dreyfachen Leben, 9, 59–61.

18 Johann Georg Gichtel, Eine kurze Eröffnung, I, 8.

19 Johann Georg Gichtel, Eine kurze Eröffnung, I, 10.

20 Johann Georg Gichtel, Eine kurze Eröffnung, I, 17.

21 Johann Georg Gichtel, Eine kurze Eröffnung, I, 25.

4 Die zweite Bild-Figur:
Der ganze irdische, natürliche, finstere Mensch gemäß den Sternen und Elementen

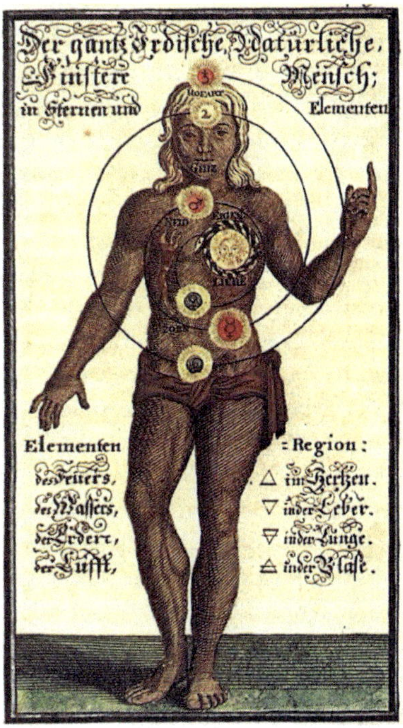

In dieser Bild-Figur ist der irdische Mensch ganz finster. Aus der höchsten Stelle am Kopf befindet sich ein roter Kreis oder ein Zentrum, in welchem das hermetisch-astrologische Zeichen für Saturn steht. Aus diesem Kreis entspringt eine Spirale, die sich in einem weiten Bogen nach unten zwischen Blase und Sonnengeflecht bewegt. Dort trifft sie auf einen weißgoldenen Kreis, in welchem das Zeichen für Mond steht. Von dort schwingt sich die Spirale wieder nach oben bis zu einem weißgoldenen Kreis mit dem Zeichen für Jupiter. Dann geht die Bewegung nach unten zur Milz, wo sich in einemroten Kreis das Zeichen für Merkur befindet und dann wieder nach oben in den Halsbereich, wo in einem weißgoldenen Kreis das Zeichen für Mars steht. Anschließend schwingt sich die Spirale nach unten in den Bereich der Leber, wo sich in einem roten Kreis das Zeichen für die Venus befindet. Schließlich mündet die Spirale in den Bereich des Herzens, wo in einem weißgoldenen Kreis das Zeichen für Sonne steht, die Avon einer Schlange umschlungen wird. Gichtel erklärt diese Bild-Figur folgendermaßen: „Die Zeichen der Planeten bedeuten das Rad der äußeren Natur als den siderischen Leib, welcher sich heraufwindet bis in die Sonne. Und die Sonne ist eine Schlange, bedeutet den Teufel im Spiritus Mundi (Weltgeist), welcher sich in unsere Lebensgestalt einflicht bis in die Sonne. Um die Sonne ist ein Zirkel oder Globus und der bedeutet die Lichtwelt, welche aber verschlungen oder verborgen steht. Und der finstere Globus oder Kugel darunter weist auf die Feuerseele oder Gottes Zorn“[22].

22 Johann Jacob Gichtel, Eine kurze Eröffnung, II, 51. 52.

Danach weist Gichtel darauf hin, dass „wenn nun dieser finstere Globus oder die Feuerwelt mit dem göttlichen Liebefeuer entzündet würde, daß es hell brennt und ein helles Licht im Innersten des Herzen ausgebiert, so würde die alte Schlange – der Satan – hinausgeworfen in die Finsternis“[23]. Der irdische Mensch ist aber „ein eigenwilliger, zahmer Tiermensch, der nach seinem eigenen Gutdünken und des äußeren Fleischlebens Gemächlichkeit“[24] lebt und handelt.

Das größte Hindernis für den irdischen Menschen auf seinem Weg zur Wiedergeburt ist der Eigewille. „Gott hat dem Menschen zwar den freien Willen mit den sieben Gestalten zur Ausgebärung der ewigen Dreieheit und göttlichen Weisheit eingeblasen und ihm die Vernunft oder Verstand[25] mit den fünf Räten oder Sinnen zum äußeren Gehilfen verordnet, welcher das Gemüt genannt wird, damit der freie Wille in allen Geschöpfen herrschen und die Wunder Gottes offenbaren sollte – Aber nur zu dem Ende, daß er sich nach innen wenden und dem Macher untertan und gehorsam sein und in Demut dem göttlichen Lichtgrund gelassen stehen sollte, was der mit ihm und durch ihn wirken und offenbaren will; er soll vom Verbum Domini als von Christi Fleisch und Blut des inwendigen Menschen im Glauben essen, nicht von der irdischen Frucht als vom äußeren Fleischleib aus dem Madensack“. Es ist dieser Glaube, durch den die Menschen aus dem Zustand seiner Irdigkeit zur Wiedergeburt gelangen. Ein Mensch, der glaubt, „ist ein gesalbter Priester Gottes und Tempel des Heiligen Geistes, darinnen Gott wohnt, daß es ihm wohl gehe, als auch für alle Menschen, daß sie durch des Heiligen Geistes Ausgießung zur Erkenntnis der Wahrheit gebracht werden mögen“[26]. Der Weg zur Erkenntnis der Wahrheit ist der Weg zur Wiedergeburt und führt durch alle Stationen und Feuer bis zum Ziel. Dabei ist die achte Feuersgestalt entscheidend.

---

23 Johann Georg Gichtel, Eine kurze Eröffnung, II, 54.

24 Johann Georg Gichtel, Eine kurze Eröffnung, II, 57.

25 Jakob Böhme unterscheidet deutlich zwischen Vernunft und Verstand. Die Vernunft begründet sich allein auf die natürliche Erfahrung, der Verstand stützt sich dagegen auf die natürliche und göttliche Erfahrung.

26 Johann Georg Gichtel, Eine kurze Eröffnung, II, 106.

5 Die dritte Bild-Figur:
Der wiedergeborene Mensch in seiner instehenden Geburt in Christo im Herzen, welcher die Schlange ganz zermalmt

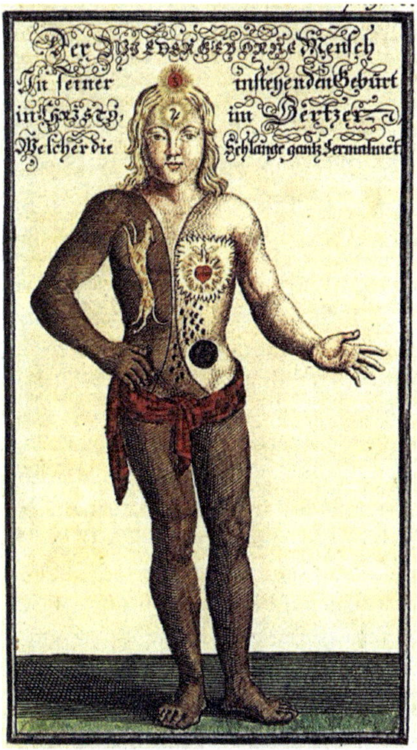

In dieser Bild-Figur ist der Mensch in der Mitte zweigegeteilt. Die rechte Seite ist schwarz, die linke hell. An der höchsten Stelle des Kopfes befindet sich ein kleiner roter Kreis mit dem hermetischen Zeichen für Saturn. Darunter in der Mitte der Stirn ist ein weißgoldener Kreis mit dem Symbol für Jupiter. Auf der linken Seite ist das Herz mit roter Farbe abgebildet, von dem Blut tropft. Um das Herz herum strahlt ein weißes Licht. Über dem Herzen befindet sich eine Taube mit ausgebreiteten Flügeln mit der Inschrift Jesus. Unter dem Herzen ist eine rotbraune Kugel abgebildet, die der Milz entspricht. Gichtel berichtet, wie ihm dieses Bild in einer geistigen Schau zuteil wurde: „Da sah ich im Herzen ein helles, weißes Licht , um das Herz eine dicke Schlange, im hellen Licht erschien Jesus in der Gestalt, wie er von Johannes Apok. 13–15 beschrieben wird. Der sprach mit ganz tiefem Seufzen: *Wenn deine Gnade nicht mein Trost wäre, o Gott, ich müßte in meinem Elend vergehen!* Kaum daß diese Worte zu Ende gesprochen gewesen, ist die Schlange mit einer mächtigen Bewegung zermalmt und so zerstückelt worden, daß ich sie als unzählige Stücklein hinunter in die finsteren Gedärme fallen sah. Darauf bin ich wieder zu mir selbst gekommen und habe merkliche Erleichterung und Glaubenskräfte im Gebet gefühlt“[27]. Diese Bild-Figur zeigt den inneren neuen Leib des wiedergeborenen Menschen, „der vom alten so weit verschieden (ist) wie die hellscheinende Sonne von der finsteren Erde; und wenn er (der neue Leib) im alten Leib ersteht, so ist er ihm doch unfaßlich und

---

27 Johann Georg Gichtel, Eine kurze Eröffnung, III, 51–54.

unbegreiflich, zu Zeiten aber wohl zuempfinden. Und er kann nicht wohl eigetlicher abgebildet werden als mit der Sonne und der Sterne Licht und Glanz; er ist auch unseren äußerlichen, natürlichen Augen so unmöglich anzuschauen, wie es uns umöglich ist, mit natürlichen Augen in die helleuchtende Sonne zu schauen“[28]. In den folgenden zwei Bild-Figuren wird der wiedergeborene vollkommene Mensch noch ausführlicher beschrieben gedeutet.

6 Die vierte Bild-Figur:

Darinnen dargestellt der inwendige vollkommene Mensch H: durchaus geheiliget und erleuchtet nach allen III Prinzipien göttlichen Wesens

Unter dieser Überschrift stehen zwei Bild-Figuren, die „das erste Bildnis Gottes aus der Wiedergeburt in Christus in seiner Vollkommenheit darstellen“[29]. Dieses Bildnis ist „das Ziel, in welchem die Zentren des neuen Menschen in ihrer ersten göttlichen Ordnung stehen; das erste und zweite Prinzipium vorne, das dritte Prinzipium hinten im Gemüt. Alle drei urständen im Herzen und tun sich in der Taufe des Heiligen Geistes darinnen auseinander dergestalt, daß die Feuerwelt unten, die Lichtwelt oben sich auftut“[30].

Die erste Bild-Figur zeigt einen Menschen mit einem goldleuchtendem Kreis in der Mitte der Stirn, auf der geschrieben steht: Heiliger Geist; darunter im Bereich des Kehlkopfes einen silbernen Kreis. auf dem geschrieben ist: Sophia, und Spiegel der Gottheit. Dann weiter unten auf der linken Seite das Herz mit der Aufschrift: Jesus. Darunter im Bereich der blaufarbenem Milz, um die weißen Flammen leuchten, mit der Aufschrift: Jehova. Weiter unten gibt es einen großen dunklen Kreis, dessen Mitte die Geschlechtsteile bilden. auf dem geschrieben steht: Finstere Seele, der Seele Wurzel mit dem Centrum Naturae[31].

Die zweite Bild-Figur zeigt diesen Menschen von hinten. Der Kopf und der Kreis, welcher der Sophia entspricht, ist mit vergoldeten Sternen zu sehen. Darüber steht: Vernunft. Im Kopf ist die Inschrift: Sinne. Der darunter liegende Bereich, welcher dem Bereich der Sophia entspricht steht geschrieben: Komplexion und siderisches Gemüt oder Gedächtnis. Der untere kreisrunde finstere: Hölle und Satan. In ihm sind vier Drachen abgebildet, die ihr spiralförmiges weißes Feuer gegen die Seele richten.

28 Johann Georg Gichtel Eine kurze Eröffnunn, III, 5, 6.
29 Johann Georg Gichtel, Eine kure Eröffnung, IV, 1.
30 Johann Georg Gichtel, Eine kurze Eröffnung, IV, 3, 4.
31 Das Centrum Naturae ist die Mitte der ewigen Natur, aus der die sieben Naturgestalten hervorgehen.

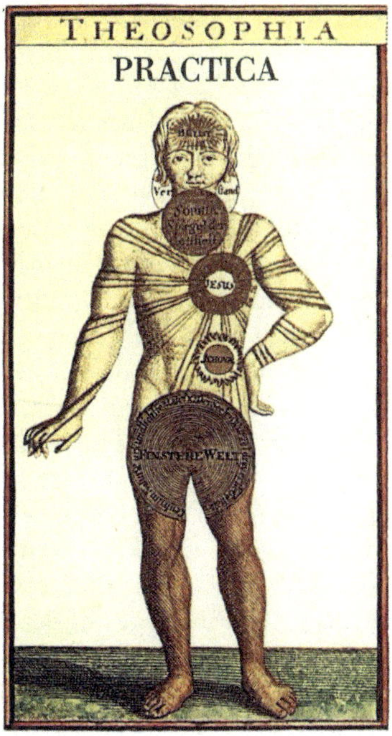

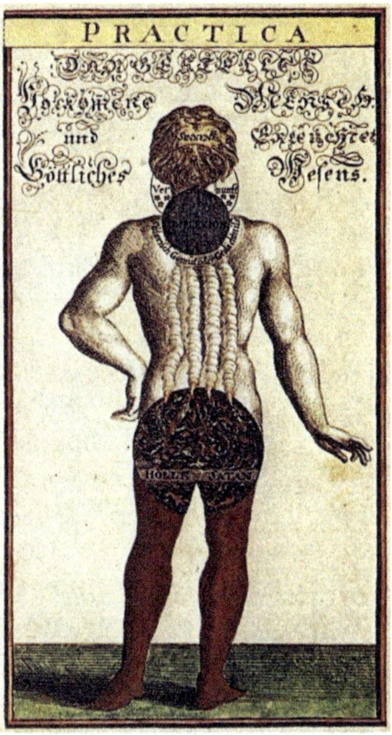

Gichtel erklärt diese Bild-Figur, die den vollkommenen Menschen darstellt, von vorn und von hinten. Sie „bildet den dreifachen inwendigen englischen (engelgleichen) Menschen ab, wie er von Gott geschaffen gewesen und in der Wiedergeburt wieder erneuert und verklärt wird“[32]. Dieses dreifache Leben des Mensch wird durch die drei Prinzipien bewirkt. Das erste Prinzip ist die ewige Natur (Finsterwelt), das zweite Prinzip ist die Lichtwelt und das dritte Prinzip ist die äußere Welt. Mit Hilde dieser Prinzipienlehre, die Gichtel von Böhme übernommen hat, erklärt er die Bild-Figur, wobei er von der finsteren Kugel oder Welt als dem ängstlichen Gemüt mit den sieben Gestalten der Natur (Finstere Welt, der Seele Wurzel mit dem Centrum Naturae) ausgeht, welche „das sinnliche Regiment mit dem Verstand sowohl geistlich als auch leiblich in sich hat. Und sie ist ein Spiegel der inneren, finsteren Feuer- und Lichtwelt, auch an alle beide die ganze Zeit des äußeren irdischen Lebens angebunden“[33]. Die göttliche Lichtwelt hat ihren „Ort“ im Herzen, „worin Gott wohnt und allein im Licht Gott genannt wir; es ist das mittelste Prinzipium im wiedergeborenen neuen Menschen“[34].

32 Johann Georg Gichtel, Eine kurze Eröffnung, IV, 1.
33 Johann Georg Gichtel, Eine kurze Eröffnung, IV, 3, 4.
34 Johann Georg Gichtel, Eine kurze Eröffnung, IV, 17.

Unter dem Herzen befindet sich das magische Wunder. Gichtel verweist hier auf Böhme, der darüber schrieb, dass dieses magische Wunder „ein magisch ewigwährend Feuer (ist) , es hat nie keinen Anfang gehabt, wird auch kein Ende haben, und verstehet, daß Gott das ewige, unanfängliche Feuer, (welches von Ewigkeit in sich selber in der ewigen Magia, als in Gottes Willen, im Begehren der ewigen Natur, als ein ewig Centrum der Gebärerin ist gewesen) eingeführet hat; denn diese Bildniß solte ein Gleichniß nach Ihme seyn“[35]. Im wiedergeborenen Menschen ist dieses magische Feuer "die Stätte der Liebe Gottes“[36], während es im nicht wiedergeborenen Menschen das Zornfeuer Gottes ist. Das magische Wunderauge „ ist Grund des Himmels und der Hölle und der sichtbaren Welt, woraus Gutes und Böses urständet als Licht und Finsternis, Leben und Tod, Seligkeit und Verdammnis“[37]. Das Wunderauge wird auch als Mysterium Magnum bezeichnet, und aus ihm gehen zwei Willen hervor: der hoffärtige Teufelswille und der demütige engelgleiche Wille. Weil der Mensch über einen freien Willen verfügt, kann er sich frei entscheiden, welchen Willen er wählt. „Wenn nun der Wille in der Liebe brennt, ist es lauter Paradies; wenn er aber von der Liebe abricht, ist es eine pure Hölle“[38]. Im Hinblick auf das dritte Prinzip ist es der Spiritus mundi, der in Hitze und Kälte brennt. In der Bild-Figur ist das magische Feuerauge auf der linken Seite unter dem Herzen in seiner Wurzel „Gottes Zornfeuer, nach welchem sich Gott einen zornigen und eifrigen Gott nennt; und nach dem Licht ist es Gottes Liebesfeuer, nach welchem Er allein Gott genannt wird“[39]. Damit hat Gichtel die drei Prinzipien oder Welten im Menschen nach Leib, Seele und Geist zusammenfassend beschrieben und die Bild-Figur erklärt.

„Durch diese drei Welten steht nun die Seele und ist an alle drei fest angebunden; und welcher sie sich mit ihrer Begierde und ihrem Willen ergibt, deren Knecht sie ist. Diese drei Anfänge oder Welten sind in Adam in einem gleichen Gewicht gestanden, und keine war in der anderen offenbar. Die finstere Welt ist im Feuer und das Feuer im Lichte verborgen gestanden. Und alle drei haben einen freudenreichen Geist in das Paradies als im Gemüt, worin das Paradies und der himmlischen Sophia Wohnung offenbar gewesen, ausgeboren“[40].

Nach einem kurzen Hinweis auf die Ursachen und Folgen von Adams Fall geht Gichtel noch einmal auf die Wiedergeburt des Menschen ein, die in der Vermählung der Seele mit der himmlischen Jungfrau Sophia zum Ausdruck

35 Jakob Böhme, Sämtliche Werke, Stuttgart 1957, Bd. 4, Von der Menschwerdung Jesu Christi, I, 3, 19.
36 JohannGeorg Gichtel,Eine kurze Eröffnung, IV, 18.
37 Johann Georg Gichtel, Eine kurze Eröffnung, IV, 17.
38 Johann Georg Gichtel, Eine kurze Eröffnung, IV, 24.
39 Johann Georg Gichtel,Eine kurz Eröffnung, IV, 17.
40 JohannGeorgGichtel, Eine kurze Eröffung, IV, 34–36.

kommt. Aus eigener Erfahrung schreibt er: „Wenn nun die Seele eine Zeitlang mit ihrer lieben Braut (Jungfrau Sophia) im Rosengarten spaziert ist und ihr allerhand schöne Blümlein und Kraftsprüche in ihr Herz gesammelt hat, so nimmt die liebe Braut ihren lieben Buhlen , die Seele, aus dem ganzen Leib zusammen. Da sieht sie wie ein feurige Kugel aus – siehe die dritte Figur und betrachte das majestätische Wunderauge von Jakob Böhme – und taucht in das feurige Meer ein – wie e mir in fünf Tagen ünfmal hintereinander widerfahren ist, als ich abends im Gebet war; da sah ich, daß es in der Mitte kristallinisch blau wie der heiße Himmel, aber ein feuriges Wasser war, welches über die Seele als feurige kleine Wellen dahinspielte; den lieblichen Geschmack und Empfindung kann ich nicht ausdrücken“[41]. Durch die Wiedergeburt wird „die Seele mit Christi Wesenheit bekleidet und angezogen, mit dem Heiligen Geist gesalbt und mit dem göttlichen Liebesfeuer getauft, so daß sie ein melsidechischer Prieser Gottes ist“[42]. Gichtel hat nachdrücklich betont, das dies „nicht ohne unablässiges Gebet praktiziert werden (kann), worin der Seele Willensgeist immer mit seiner Imagination in die keusche Liebe Jesu eindringt, um Gnade und Barmherzigkeit ruft und mit dem entzündeten Zornquell Gottes in seinen unwiedergeborenen Brüdern ringt“[43].

7 Zum Abschluss

Im Jahr 1997 wurde in dem Werk von Julius Evola „*Schritte zur Initiation, Magie als Wissenschaft vom Ich, Band II Theorie und Praxis des höheren Bewußtseins* in deutscher Üersetzung ein Aufsatz von ARVO (Giovanni Antonio Colonna di Cesarò)[44] und EA (Giulio Cesare Evola)[45] mit dem Titel *Die esoterische Lehre von den geheimen Körperzentren bei einem christlichen Mystiker*[46] veröffentlicht, in dem Johann Georg Gichtels Bild-Figuren gedeutet und zahlreiche Hinweise auf Ähnlichkeiten mit verschiedenen östlichen westlichen Üerlieferungen aufgezeigt werden.

So stellen die Verfasser, die ihre Betrachtung bei de beiden Bild-Figuren des vollendeten Menschen beginnen (hier das vierte und fünfte Bild), zunächst im

41 Johann Georg Gichtel, Eine kurze Eröffnung, IV, 98, 99.

42 Johann Georg Gichtel, Eine kurze Eroffnung, IV, 135.

43 Johann Georg Gichtel, Eine kurze Eröffnung, IV, 1140.

44 Luigi Agnello: GiovanniAntonio Colonna di Cesarò, in: Dizionario Biografico degli Italiani, Bd. 27, Rom, 1982, S. 459–462.

45 Hans Thomas Hakl, Giulio Cesare Evola, in: Ditionary of Gnosis & Western Esotericism, ed. by Wouter J. Hanegraaff, Leiden, Boston 2006, S. 345–360.

46 Julius Evola, „Schritte zur Initiation, Magie als Wissenschaft vom Ich, Band II Theorie und Praxis des höheren Bewußtseins in der Übersetzung aus dem Italienischen von Dr. H. T. Hansen (Dr. Hans Thomas Hakl), Bern, München, Wien 1997, S. 44–59. Im Folgenden abgekürzt: Die esoterische Lehre.

Hinblick auf die Methode Gichtels fest, dass seine Darstellung der Dialektik von Zorn- und Lichtfeuer mit dem Hermesstab (caduceus), der in der alchemistisch-hermetischen Überlieferung ein bedeutendes Symbol ist, verglichen werden kann, weil in ihm die beiden feindlichen Schlangen in Harmonie vereint sind.[47]

Weitere Entsprechungen sehen die Verfasser zwischen Gichtel und der indischen Chakrenlehre, so zum Beispiel in der Ähnlichkeit des Wurzelchakras mūlādhārā mit dem unteren Bereich des Menschen, der in den Bildfiguren als Finstere Welt veranschaulicht wird. Auf eine Aufzählung aller weiteren Hinweise auf Ähnlichkeiten und Entsprechungen wird verzichtet, um deutlich zu machen, mit welchen Überlieferungen die beiden Verfasser das Hauptanliegen Gichtels, den Übergang oder die Umwandlung des finsteren zeitliche Menschen zu ewigen Lichtmenschen, verbinden.

Im Mittelpunkt von Gichtels Lehre steht die Wiedergeburt, die durch die Umwandlung des finsteren Menschen zum Lichtmenschen auf dem geistigen Weg erfolgt. Diesen geistigen Weg oder mystischen Pfad hat Gichtel in der ersten von Böhme übernommenen Bild-Figur anschaulich dargestellt; so ist die achte Gestalt des Feuers von entscheidender Bedeutung; sie ist die Scheide zwischen der äußeren zeitlichen und der ewigen Natur. Für den Übergang weisen die Verfasser auf die traditionelle initiatische Symbolik der Schiffart hin: „die Überquerung des ‚Großen Meeres' oder des ‚Roten Meeres'. Um sie zu schaffen, sind zwei Voraussetzungen angegeben:

a. Daß die Seele durch vielmaliges Durchgehen durch die Gestalten des Feuers fix geworden ist (I, 18, 19); das bedeutet, daß die Seele an einem gewissen Punkt, ja überhaupt wichtigsten Punkt, auch im Rahmen des ‚nassen Weges' wenn dieser tatsächlich zu einer initiatischen Verwirklichung führen soll, die Eigenschaft zeigen muß, auf die der ‚trockene Weg'[48] von allem Anfang an hinzielt.

b. Daß es der Seele gelingt, sich mit der Erkenntnis oder dem Bild zu identifizieren, das die Grundlage für den Gesamtvorgang geliefert hat und dem eine ‚magnetische' Kraft zugeschrieben wurde (I, 28). Hier ist dieses Bild Christus ; in anderer Hinsicht ist es Sophia, das göttliche Licht. Gichtel sagt wörtlich, daß Sophia die Braut ist, die die Seele aus dem ganzen Leib zusammennimmt oder herausgebt (IV, 98) und sie dann in das feurige Meer eintaucht (IV, 99) – die achte Gestalt des Feuers oder das magnetische Feuer, von dem sie getauft wird (IV, 100).

47 Vgl. Walter Burkert, Structure and History in Greek Mythology and Ritual, Berkley 1979, S. 39–45.

48 Julius Evola, Die Hermetische Tradition. Von der alchemistischen Umwandlung der Metalle und des Menschen in Gold. Entschlüsselung einer verborgenen Symbolsprache, Interlaken 1989, S. 144–147.

Dieses Meer entspricht dem zu überquerenden ‚Roten Meer' (die symbolische Verbindung zwischen dem ‚Auszug aus Ägypten' und dem ‚Austreten aus dem Körper' findet sich z.B. in den gnostischen Lehren, von denen Hippolyt, *Philos*., V, I, 16 berichtet), des weiteren dem ‚himmlischen Nil' sowie den ‚Urwassern des Großen Grün' – von denen im Gebet an Ptah des *Papyrus von Harris* die Rede ist -, die in der ältesten ägyptischen Tradition von der Sonnenbarke überquert werden, wobei Horus, der Gott der Wiedergeborenen, Führer ist. Eine analoge Symbolik gibt es in *Le Songe Vert* des Bernhard von Treviso[49], wo ein alter Mann, der sich als Genius der Weisen ausgibt, den Autor in einer Vision die Regionen der Luft, des Feuers und der Sterne durchziehen läßt, um ihn shließlich in einem Wirbel zu umfangen, woraufhin er sich auf einer Insel wiederfindet, die von einem Meer aus Blut, also einem Roten Meer, umgeben ist. Auf dieser Insel gibt es sieben Reiche (die höhere Siebenheit), und er befindet sich genau in dem Reich, das im Mittelpunkt aller anderen steht und wo der König der gesamten Insel residert"[50].

„Jenseits des Roten Meeres und nach Überwindung dieser Gefahr bleibt noch die Phase der Reintegration des Körpers. Aber bei Gichtel gibt es dazu nur den schon erwähnten Hinweis – die dunkle und feurige Kraft des Zentrums bringt, einen Grad tiefer als diesesFeuer und befruchtet durch die göttliche Gegenwart Christi, sieben spirituale Gestalten hervor (II, 13, 14). Damit kommen wir zur Tafel V (hier die dritte Bildfigur), wo der wiedergeborene Mensch rätselhafterweise in eine schwarze rechte und eine helle linke Seite geteilt wird (man könnte vielleicht an den *Rebus*[51], das Wesen mit den zwei Naturen denken, oder an ein Gleichnis des *Mysterium Magnum* selbst). Dann haben wir Tafel I (hier die vierte Bildfigur), wo nicht die sieben, sondern die drei Prizipien des göttlichen Wesens gezeigt werden, und zwar mit Jesus, Sophia und dem Heiligen Geist, die wiederum getrennt in Erscheinung treten und in unterschiedlichen Zentren (Herz, Kehlkopf, Stirn) lokalisiert werden, wozu noch im dunklen ‚Globus' der Milz und in der ‚unteren finsteren Welt' der wiederhergestellte Jehova kommt"[52].

Angesichts der Fülle von Hinweisen auf mögliche Aähnlichkeiten und Entsprechungen zwischen Gichtels Lehre und verschiedenen Überlieferungen und Religionen stellt sich die Frage, ob es zwischen ihnen eine transzendente überförmliche Einheit gibt. Der Weg, um eine solche Einheit aufzuzeigen, ist vor allem die vergleichende Betrachtung der gegebenen Überlieferungen und Religionen. Dabei muss sorgfältig darauf geachtet werden, dass nicht nur die äußeren Formen der Überlieferungen und Religionen betrachtet werden, sondern vor allem ihr Gehalt,

49 Bernhard von Treviso (1394–1450) war ein italienischer Alchemist.

50 Die esoterische Lehre, S. 55 f.

51 Mit Rebus werden in der Alchemie zwei Wesen mit gegensätzlichen Eigenschaften bezeichnet, die vorher ein Wesen waren und wieder zu einem Wesen werden können.

52 Die esoterische Lehre, S. 57 f.

der im Absoluten gegründet ist; mit anderen Worten, es gilt vor allem die innerste überförmliche Mitte der Überlieferungen und Religionen zu erkennen und miteinander zu vergleichen – ohne jede Vermischung und bei gleichzeitiger Wahrung ihrer jeweiligen „Einzigkeit“; um schließlich zeigen zu können, dass alle geistigen Wege in die eine göttliche Wirklichkeit führen.

8 Wandlungen und Verwandlungen der Gegensätze Zhou Dunyi: Yin Yang – Jakob Böhme: Feuer- und Lichtprinzip

Eine Gegenüberstellung

Obwohl aufgrund der großen zeitlichen, räumlichen und auch kulturellen Abstände zwischen dem bedeutenden chinesischen Gelehrten Zhou Dunyi (1017–1031) und dem Görlitzer Schuhmacher Jakob Böhme (1575–1624), der von seinen Freunden philosophus teutonicus genannt wurde, offensichtlich keine Beziehungen möglich waren, bleibt es unbenommen, ihre metaphysischen Lehren einander gegenüberzustellen. Eine Gegenüberstellung kann auf die jenseits von Zeit und Raum liegenden Urwahrheiten hinweisen, die in den verschiedenen einzelnen Überlieferungen fragmentarisch aufscheinen können. Im Folgen wird versucht, Spuren dieser Urwahrheiten in beiden Lehren kurz aufzuzeigen.

1 Zhou Dunyi über Yin und Yang

Bevor die Yin-Yang-Lehre und ihre Deutung durch Zhou Dunyi darrzustellen versucht wird, wird ein allgemeiner Überblick über diese Lehre gegeben. Die Yin-Yang-Lehre ist seit unvordenklichen Zeiten in der Geistesgeschichte Chinas gegenwärtig. Sie hat im Lauf der Zeit unterschiedliche Ausdrucksformen angenommen und dementsprechend auch unterschiedliche Deutungen erfahren. Im ersten Zeichenlexikon der chinesischen Schrift Shuowen Jiezi (Erklärung einfacher und Untersuchung zusammengesetzter Schriftzeichen), dass während der Han-Dynastie im Jahr 121 n. Chr. von dem chinesischen Gelehrten Xu Shen veröffentlicht wurde, wird die Bedeutung des Schriftzeichens Yin wie folgt erklärt: dunkel, Südufer eines Flusses und Nordhang eines Berges. Das Zeichen Yang dagegen bedeutet: sonnige Anhöhe. Eine sehr einfache und klare Bestimmung von Ying und Yang findet sich in der ältesten medizinischen Abhandlung Huangdi Neijing (Der Klassiker des Gelben Kaisers), die aus dem Jahr 200 n. Chr. stammt, in der es heißt: „Der gelbe Kaiser behauptet, dass Yin und Yang das Dao des Himmels und der Erde ist, das Netz der zehntausend Dinge, der Elternteil von Verwandlungen, der Ursprung von Leben und Tod und der Wohnsitz von Geist und Einsicht. Um Krankheiten zu heilen, muss man in dieser Wurzel suchen"[1]. Yin und Yang waren schon lange vor der Veröffentlichung des Zeichenlexikons in der chinesischen Geistesgeschichte bekannt und wurden vielfältig gedeutet. So hat zum Beispiel das jahrtausendealte Yijing (I Ging) oder Zhouyi (Buch der Wandlungen) gerade im Hinblick auf Yin und Yang zahlreiche tiefgehende philosophische Deutungen erfahren. Dies gilt für fast alle chinesischen philosophischen Schulen bis in die Neuzeit. Aus der Fülle dieser vielfältigen Deutungen wird im Folgenden Zhou Dunyis Lehre vom Taiji (das höchste Äußerste) betrachtet, das Ursprung von Yin und Yang und in der Folge der ganzen Wirklichkeit ist; vorher wird ein kurzer Überblick über sein Leben und Werk gegeben.

1.1 Ein kurzer Überblick über Leben und Werk von Zhou Dunyi

Zhou Dunyi, auch Zhou Lianxi genannt, ist ein bedeutender chinesischer Philosoph aus der Zeit der Song-Dynastie, der als Vorläufer des Neokonfuzianismus gilt. Er wurde im Jahr 1017 in Yingdao (heute Daozhou in der Provinz Hunan) als Sohn eines Friedensrichters geboren. Weil sein Vater schon im Jahr 1031 starb, wurde er von seinem Onkel Zheng Xiang erzogen und erhielt anschließend eine Ausbildung, die ihn befähigte, die Laufbahn zum Amt eines Friedensrichters einzuschlagen. 1036 erhielt er seine erste Anstellung und in den folgenden Jahren wurde er aufgrund seiner Pflichttreue weiterbefördert. Er erfreute ich der Anerkennung zahlreicher Gelehrter und wurde vom Volk hochgeachtet. Wegen seiner schlechten Gesundheit zog er sich von allen öffentlichen Ämter zurück und führte das Leben eines zurückgezogenen Gelehrten. Zhou Dunyi hat zahlreiche Werke verfasst, von denen aber viele verlorengegangen sind. Erhalten sind Taijitu (Diagramm des Taihji), Taijitu Shuo (Erklärung des Taiji-Diagramms) undTongshu (Dad Buch der Wandlungen verstehen) sowie eine Reihe von Gedichten und Liedern. Zhou Dunyi starb im Jahr 1073 in Lushan, in der Provinz Jianxi. In einem seiner letzten Gedichte heißt es:

> „Der Wind hat meine Türe zugeweht.
> Nun bleibt sie auch den ganzen Tag geschlossen,
> Weil niemand in Geschäften zu mir geht.
> Ob meine Tür geöffnet oder zugeschlossen
> Das sorgt mich nicht, denn eine ganze Welt
> Wird von dem Raume hier umschlossen"[2].

1 Y. Zhang (Hrsg.), Huangdi Neijing, Peking 2002, S. 41.

2 Werner Eichhorn, Chou Tun-I. Ein chinesisches Gelehrtenleben aus dem 11. Jahrhundert, Leipzig 1936, S. 46.

1.2 Zhou Dunyi über den Ursprung von Yin und Yang

Zhou Dunyi erklärt den Ursprung von Yin und Yang in seinem Taijitu Shuo (Erklärung des Taiji-Diagramms). Dieses Diagramm umfasst fünf Figuren, die nacheinander von oben nach unten gedeutet werden müssen.

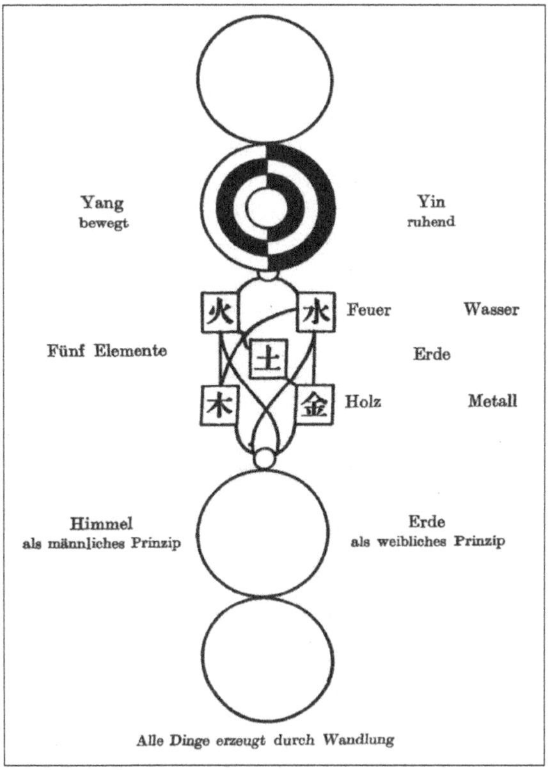

1. Die erste Figur ist ein leerer Kreis. Über diesem Kreis steht geschrieben: „Wuji er taiji"[3]. Wuji bedeutet „unendlich" oder „grenzenlos". Taiji kann als „höchstes Äußerstes" oder „großer Urpol" übersetzt werden. Der chinesische Satz „Wuji er taiji" wurde unterschiedlich übersetzt. So zum Beispiel: „Ohne Prinzip da-

3 Vgl. dazu: Alfred Forke, The World-Conception of the Chinese, London 1935; Robin R. Wang, Zhou Dunyi's Diagram of the Supreme Ultimate Explained (Taijitu shuo): A construction of the Confucian Metaphysics, in: Journal of the History of Ideas, Bd. 66, 2005, S. 307–323. Robin R. Wang, Yinyang. The Way of Heaven and Earth in Chinese Thought and Culture, Cambridge, 2012.

bei Urprinzip“[4], „Ungrund und doch Urgrund“[5], Der Urpol des Nichts (des Formlosen) wird zu dem Großen Urpol“[6] oder „Das Prinzip des Nichtseins ist zugleich das Urprinzip“[7]. Der bedeutende Sinologe Alfred Forke hatte gegen Zenkers Übersetzung „Ungrund und doch Urgrund“ nichts einzuwenden, denn „Ungrund bedeutet bei Böhme nicht ein Fehlen des Grundes, sondern einen unendlich tiefen Grund, der sich schwer begreifen läßt: ‚Der Vater (Gott) ist der Wille des Ungrundes, des Nichts, das nach dem Etwas hungert, der Wille zum Ichts (Etwas), der fasset sich in eine Lust zu seiner Selbstoffenbarung‘ (Überweg-Heinze). ‚Es muß also in Gott etwas sein, das diese Selbstentzweiung und Selbstgebärung möglich macht, ein unoffenbares bloßes Sein, unbestimmt und inhaltlos, der Urgrund und Ungrund, das ewig Eine, das nicht Licht noch Finsternis, kein Wesen, keine Person, Alles und Nichts bedeutet,“ so schreibt Wilhelm Windelband über den Ungrund des deutschen Mystikers. Etwas ähnliches ist auch das Prinzip des Nichtseins des Tschou Tun-i“[8].

2. Die zweite Figur besteht aus zwei Halbkreisen, in denen sich weiße und schwarze Bereiche vorhanden sind. In der Mitte befindet sich ein leerer kleiner Kreis. Diese Figur zeigt das Hexagramm Jiji (63) im Yijing (Buch der Wandlungen).

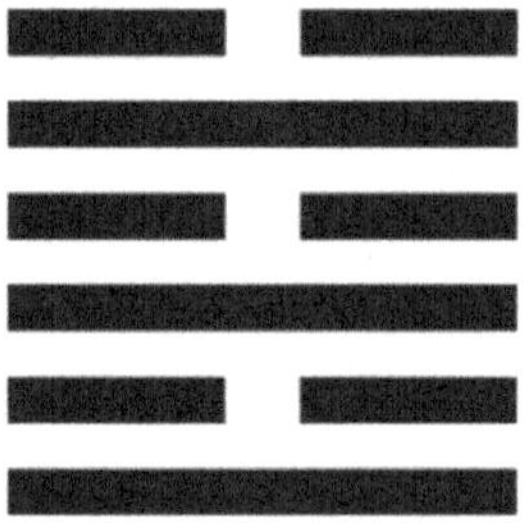

4 Georg von der Gabelentz, Tafel des Ursprungs, Dresden 1878, S. 31.

5 Egon Victor Zenker, Geschichte der chinesischen Philosophie, Bd. 2, Reichenberg 1937, S. 216.

6 Carsun Chang, Geschichte der neukonfuzianischen Philosophie, Gastvorlesung an der Thüringischen Universität zu Jena 1930, Frankfurt am Main 2016, S. 51.

7 Alfred Forke, Geschichte der neueren chinesischen Philosophie, Hamburg 1938, S. 48. Im Folgenden abgekürzt: Alfred Forke.

8 Alfred Forke, S. 50 f.

Dieses Hexagramm bedeutet: „Nach der Vollendung“[9], „Bereits durchqueren“[10], „Nach dem Überqueren (Das Ausgelöschtsein)“[11] oder „Schon gelungen“[12].Der Kreis in der Mitte der zweiten Figur ist für Zhou Dunyi Ausgangspunkt seiner Deutung der ganzen Figur. Der linke Teil bedeutet li (das Feuer) mit zwei hellen Linien außen und einer dunklen Linie (Yin) innen. Dazu erklärt Zhou Dunyi: Das Urprinzip (taiji) „bewegt sich und bringt Yang hervor. Sobald die Bewegung ihr Ende erreicht hat, ruht es und bringt Yin hervor. Sobald die Ruhe zu Ende ist, bewegt es sich wieder. Bald bewegt es sich, bald ruht es. Jeder ist der Ursprung des andern. Wenn Yin und Yang gesondert sind, dann stehen die beiden Modi fest“[13].

3. Die dritte Figur stellt den Fluss der fünf Phasen oder Elementen (wuxing) Feuer, Wasser, Erde, Holz und Metall dar. Dabei bemüht sich Zhou Dunyi die fünf Elemente in die rhythmischen Schwingungen von Yin und Yang einzubeziehen und erklärt: Yang wandelt sich, Yin tritt hinzu und sie erzeugen: Wasser, Feuer, Holz, Metall und Erde. Die fünf Fluida (Elemente) verteilen sich dementsprechend, und die vier Jahreszeiten treten ihren Lauf an. Die fünf Elemente vereinigt sind Yin und Yang, Yin und Yang vereinigt bilden das Urprinzip, das Urprinzip ist ursprünglich das Prinzip des Nichtseins. Sobald die fünf Elemente hervorgebracht sind, hat jedes seine besondere Natur“[14].

Die vierte und fünfte Figur werden wie die erste Figur als leere Kreise dargestellt. Die vierte Figur bedeutet, dass das wahre Prinzip des Nichtseins und die feine Substanz der zwei (Modi) und fünf (Elemente) sich vereinigen und in wunderbarer Weise gerinnen. „Das Wesen des Himmels wird zum Männlichen, das der Erde zum Weiblichen“[15]. Dann vereinigen sich beide und bringen durch ihre Verwandlung alle Wesen hervor.

In einem Anhang spricht Zhou Dunyi von der Entstehung des Menschen. „Allein der Mensch erhält den feinsten Stoff und wird am meisten durchgeistigt. Nachdem sein Körper entstanden ist, entwickelt sein Geist das Wissen, seine fünf Naturen (oder Tugenden) werden erregt und bewegt, Gutes und Böses scheiden sich, und alle möglichen Taten werden ausgeführt. Der Heilige regelt

9 I Ging Text und Materialien. Aus dem Chinesischen über setzt von Richard Wilhelm, Kreuzlingen / München 1973, S. 229.

10 Eranos Yi Jing (I Ging) Das Buch der Wandlungen, übersetzt und hrsg. von Rudolf Ritsema und Hansjakob Schneider, Bern / München/ Wien 2001, S. 774.

11 Yijing Das Buch der Wandlungen, aus dem Chinesischen übersetzt und hrsg. von Dennis Schilling, Frankfurt am Main 2009, S. 743.

12 Yijing Buch der Wandlungen, übersetzt und hrsg. von Rainald Simon, Stuttgart 2014, S. 445.

13 Alfred Forke, S. 48. Zhou Dunyis Erklärung des Taiji-Diagramms findet sich auf Seite 48 und 49.

14 Alfred Forke, S. 48.

15 Alfred Forke, S. 48.

sich nach der rechten Mitte, der Korrektheit, Wohlwollen und Gerechtigkeit, aber er legt das Hauptgewicht auf die Ruhe und erreicht die höchste menschliche Vollkommenheit. Daher kommt seine Tugend der von Himmel und Erde gleich, sein Glanz dem von Sonne und Mond, der Ablauf seiner Taten dem der vier Jahreszeiten, und er hat über Glück und Unglück dieselbe Macht wie Geister und Dämonen. Der Edle pflegt diese (Tugenden) und wird dadurch glücklich, der gewöhnliche Mensch widerstrebt ihnen und wird unglücklich. Daher heißt es: stellt man das Prinzip des Himmels auf, so spricht man von Yin und Yang, stellt man das Prinzip der Erde auf, so spricht man von Wohlwollen und Gerechtigkeit. Wenn man den Anfang erforscht und auf das Ende zurückgeht, dann versteht man, was über Leben und Tod gesagt worden ist. Groß ist die Wandlung. Soweit gelangt man"[16].

2 Jakob Böhme über die Entstehung des Feuer- und Lichtprinzips

Jakob Böhme wurde 1575 in Altseidenberg bei Görlitz in einer wohlhabenden Bauernfamilie geboren[17]. Nach dem Besuch der Dorfschule erlernte er das Schusterhandwerk und begab sich anschließend auf Wanderschaft. Zurückgekehrt nach Görlitz heiratete er und ließ sich in der Stadt als Schuhmachermeister nieder. Aufgrund mystischer Erfahrungen entfaltete er das Geschaute in zahlreichen theosophischen Werken. Er wurde deshalb verfolgt; zugleich wurden seine Schriften vor allem von schlesischen Adeligen gelesen und verbreitet. Böhme starb am 17. November in Görlitz. Seine mystische Theosophie fand in Europa und der Welt weite Verbreitung.

2.1 Jakob Böhmes mystische Theosophie

Obwohl Zenkers Übersetzung von Wuji und Taiji als Ungrund und Urgrund mit den entsprechenden Anmerkungen Forkes auf eine gewisse Ähnlichkeit zu Jakob Böhmes Ungrund und der ewigen Natur hinweisen, dürfen daraus keine voreiligen Schlussfolgerungen gezogen werden. Vielmehr gilt es zunächst, Jakob Böhmes

16 Alfred Forke, S. 48 f. Die neueste deutsche Übersetzung: Zhou Dunyi, Erläuterung des Taiji-Diagramms. Das Buch der Wandlungen verstehen. Aus dem Chinesischen übersetzt-Willich von Martin Bödicker, Willich 2015.

17 Über Leben und Werk: 1. De Vita et Scriptis Jacobi Böhmii, oder Historischer Bericht von dem Leben und Schriften Jacob Böhmes, 2. Das Leben Jakob Böhmes von Will-Erich Peuckert, in: Jakob Böhme, Sämtliche Schriften, Faksimile-Neudruck der Ausgabe von 1730 in 11 Bänden, neu hrsg. von Will-Erich Peuckert, Stuttgart 1955, Bd. 10.

Lehre vom Ungrund und von der ewigen Entstehung der beiden Prinzipien ganz aus sich allein darzustellen.

2.1.1 Der göttliche Ungrund

Der Ungrund oder das Absolute ist für Böhme das, was ohne jeden Grund ist und was unbedingt und unendlich ist. In diesem Ungrund „ist nichts als eine Stille ohne Wesen; es hat auch nichts, das etwas gebe, es ist eine ewige Ruhe, und keine Gleiche, ein Ungrund ohne Anfang und Ende: Es ist auch kein Ziel noch Stätte, auch kein Suchen oder Finden, oder etwas, das eine Möglichkeit wäre; Derselbe Ungrund ist gleich einem Auge, denn er ist sein eigener Spigel, er hat kein Wesen (Weben) auch weder Licht noch Finsterniß“[18]. Er kann sich nicht kundgeben oder offenbaren, weil er absolut ist. Offenbaren kann sich aber der Wille des Ungrundes, der mit dem Ungrund selber nicht verwechselt werden darf. In diesem Willen wird Gott „nicht GOtt genant und erkant, denn es ist darinnen weder Gutes noch Böses“[19]. Die Bewegung dieses Willens zu seiner Selbstfassung schildert Böhme mit dem Bild der göttlichen Dreiheit.Der erste ungründliche Wille ist der ewige Vater, „und der gefundene, gefassete, geborne Wille des Ungrundes heisset sein geborner oder eingeborner Sohn ... darinnen sich der Ungrund in Grund fasset“[20]. Den Ausgang des ungründlichen Willens durch den gefassten Willen ist der Geist. Mit diesem Ausgang führt sich der Wille zu seiner Selbst-Beschaulichkeit in den Spiegel der göttlichen Weisheit ein. Diese Weisheit „ist das ausgeflossene Wort Göttlicher Kraft, Wissenschaft und Heiligkeit; ein Subjectum [Gegenstand] oder Gegenwurf der ungründlichen Einheit im Wesen, darinn der G. Geist wircket, formet und bildet; verstehet, Er formet und bildet die Göttliche Verständnis in der Weisheit, denn sie ist das leidende; und der Geist GOttes in ihr ist das Thuende oder das Leben“[21]. Böhme nennt diese Weisheit auch Mysterium magnum (das große Geheimnis) und bezeichnet damit den Übergang von der verborgenen Gottheit zum sich offenbarenden Gott, denn ist der Gegenstand der Weisheit, „da das hauchende Wort oder die wirckende, wallende Kraft Göttlicher Verständniß durch

18 Jakob Böhme, Mw 2, 1. 8. Die Zitierung erfolgt nach Jakob Böhmes Sämtlichen Schriften, Faksimile-Neudruck der Ausgabe von 1730 in elf Bänden, begonnen von August Faust, neu herausgegeben von Will-Erich Peuckert, Stuttgart 1955–1961. Für die einzelnen Werke dieser Ausgabe gelten folgende Abkürzungen: Betrachtung göttlicher Offenbarung = BgO, Clavis = Cl, Vierzig Fragen = 40 Fr, Gnadenwahl = Gw, Mysterium magnum = Mm, Von der Menschwerdung Jesu Christi = Mw, Morgenröte= Mr, Sechs theosophische Punkte = 6 Pk, Drei Prinzipien = 3 P, Signatura rerum = Sr, Tafel der drei Prinzipien = Tab. Die erste Ziffer bezeichnet das Kapitel, die zweite den Vers an.

19 Jakob Böhme, Mw 2, 1, 9.

20 Jakob Böhme Gw 1, 6.

21 Jakob Böhme, Cl 18.

die Weisheit ausfleust, darinnen auch die Einheit GOttes zu seiner Offenbarung mit ausfleust; denn im Mysterio Magno urständet die ewige Natur; und werden im Mysterio Magno allezeit zwey Wesen und Willen verstanden“[22]. Das erste Wesen oder die erste Willensbewegung „ist die Einheit GOttes, als Göttliche Kraft, oder die ausfliessende Weisheit“[23]. Das zweite Wesen „ist der schiedliche [sich teilende] Wille ... welcher seinen Grund nicht in der Einheit hat, sondern in der Beweglichkeit des Ausflusses oder Aushauchens, welches ins eigene Wollen und in Beweglichkeit zur Natur einführet, als in die Eigenschaften bis ans Feuer und Licht“[24]. Mit Blick auf diese Bewegung des Willens zur ewigen Natur in Gott erfolgt der Übergang von der Einheit des ungründlichen Willens zur Vielheit der Willensbewegungen, die ihre besonderen Gestalten hervorbringen.

2.1.2 Die ewige Natur in Gott

Durch die ewige Natur in Gott tritt alles, was im Spiegel der göttlichen Weisheit in ungeschiedener Einheit vorhanden ist, in unterschiedenen besonderen Eigenschafen hervor. Die ewige Natur „ist nicht GOtt selber, denn GOtt durchwohnet wol die Natur, aber die Natur begreiffet Ihn nur so weit, als sich die Einheit GOttes mit in das natürliche Wesen eingiebet, und auch wesentlich machet“[25]. Diese ewige Natur „stehet in ihrem ersten Grunde in sieben Eigenschaften, und theilen sich die Sieben in unendlich aus“[26]. Die erste Eigenschaft nennt Böhme Begierlichkeit oder Begehren und beschreibt damit, wie sich der Wille in sich zusammenzieht und finster wird. Im Gegensatz zu dieser zusammengezogenen und finsteren Begierde strebt der Wille aus hier heraus in die lichtvolle Weite; kommt aber nicht aus dieser Enge frei. Indem auf diese Weise beide Eigenschaften ineinanderwirken, entsteht die dritte Eigenschaft, die Böhme als Angst oder Angst-Qual bezeichnet. Das Zusammenziehen drängt in sich, und die Ausdehnung strebt aus sich: „So es aber nicht voneinander weichen und sich trennen kann, so wird's ineinander gleich einem drehenden Rade“[27]. Dieses drehende Angst-Rad kann als Geburtsangst verstanden werden. Alle drei Eigenschaften der ewigen Natur sind aber nicht Gott selbst, sondern seine nur seine Offenbarung. Die erste Eigenschaft ist die des göttlichen Vaters, die zweite die des Sohnes und die dritte Eigenschaft hat ihren Ursprung im Heiligen Geist. Die göttliche Dreieinigkeit wird dann in der vierten Eigenschaft offenbart. Diese vierte Eigenschaft als der Feuerblitz „urständet aus der stetswährenden Conjunction oder Zusammenfügung der

22 Jakob Böhme, Cl.20.
23 Jakob Böhme, Cl 21.
24 Jakob Böhme, Cl 21.
25 Jakob Böhme, Cl 25.
26 Jakob Böhme, Cl. 28.
27 Jakob Böhme, Mm 2, 15.

Härte und des Bewegens, verstehet, die Peinlichkeit urständet daraus; aber der Feuer-Glantz urständet aus der freyen Lust des Willens, da die Einheit der Lust in den Eigenschaften geschärfet wird; so erscheinet sie als ein Blitz durch die stetswährende Conjunction der grossen Sänfte der Einheit und der Grimmigkeit des Bewegens der dreyen ersten Eigenschaften"[28]. Der Feuerblitz entsteht aus der Angst der Finsternis, die sich in die ewige Einheit und Freiheit des Ungrundes zurücksehnt und von ihm entzündet wird. Dieser Feuerblitz überwindet die Finsternis der ersten drei Naturgestalten. Das ist ein Vorgang „wie das Leben aus dem Tode urstände: Es wird kein Leben, es zerbreche dann das enige daraus das Leben gehen soll; Es muß alles in die Angst-Kammer ins Centrum eingehen, und muß den Feuer-Blitz in der Angst erreichen, sonst ist keine Anzündung, wiewol das Feuer mancherley ist, also auch das Leben: aber aus der grössesten Angst urständet auch das grösseste Leben, als aus einem rechten Feuer"[29]. Im Feuer-Blitz „wird der ewige Wille, der kein Grund ist, offenbar"[30]; mit anderen Worten, im Aufgang des Feuer-Blitzes erscheint das Nichts des Ungrundes, das gleichsam alle drei Naturgestalten in sich verschlingt.

2.1.3 Das Feuer- und Lichtprinzip

Mit der Überwindung der finsteren Naturgestalten oder Eigenschaften wird der Grund der drei ersten Naturgestalten der ewigen Natur in Gott nicht zerstört, und daraus ergibt sich eine Scheidung der Offenbarungsweisen, die von Böhme Feuer- und Lichtprinzip genannt werden. Prinzip bedeutet in diesem Zusammenhang einen hervorgebrachten Lebensgrund, oder das, „da sich ein Leben und Beweglichkeit findet da keines ist; das Feuer ist ein Principium mit seiner Eigenschaft, und das Licht ist auch ein Principium mit seiner Eigenschaft, denn es wird aus dem Feuer erboren, und ist doch nicht des Feuers Eigenschaft; Es hat auch sein Leben in sich, aber das Feuer ist Ursache daran; und die grimmige Angst ist eine Ursache der beyden"[31]. „Das wahre Liebe-Feuer, das sich in dem Lichte aus dem peinlichen Feuer scheidet, darinnen nun die Göttliche Liebe im Wesen verstanden wird"[32]. Diese fünfte Gestalt „hat alle Kräften der Göttlichen Weisheit in sich, und ist das Centrum, darinnen sich GOtt der Vater in seinem Sohne durchs sprechende Wort offenbaret"[33]. Beim Feuer-und Lichtprinzip handelt es sich aber nicht um zwei voneinander abgesonderte Dinge, „sondern sie sind nur Ein Ding, scheiden sich aber selber in 2 Anfänge (Principia) und machen zwey Centra, da ein iedes in sich selber

28 Jakob Böhme, Tab 41.
29 Jakob Böhme, Mw 2, 5, 10.
30 Jakob Böhme, Mm 4, 11.
31 Jakob Böhme, 6 Pk, 1, 2, 1.
32 Jakob Böhme, Gw 3, 26.
33 Jakob Böhme, Gw 3, 29.

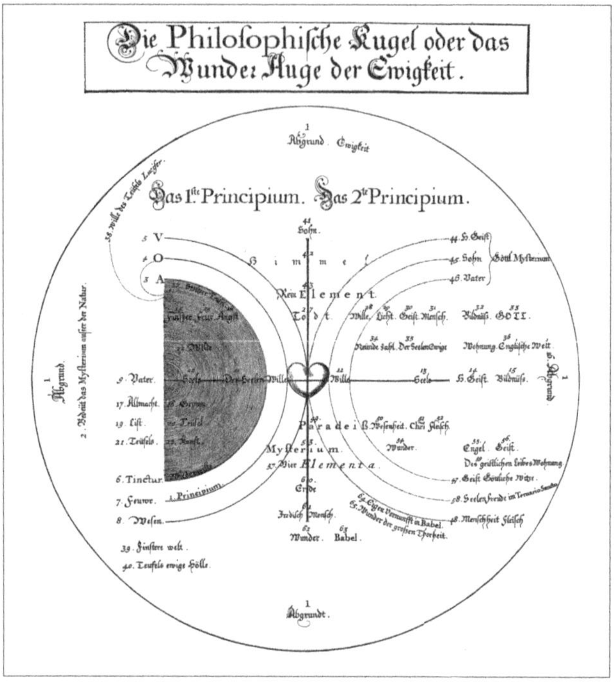

Die philosophische Kugel Jakob Böhmes

wircket, und will Gleichwie der Tag in der Nacht, und die Nacht, und die Nacht in dem Tage zwey Centra sind, und doch ungeschieden, als nur mit Willen und Begierde sind sie geschieden. Denn sie haben zweyerley Feuere in sich, als (1) den Tag, das Hitzige aufschliessende, und (2) die Nacht, das Kalte einschliessende: und ist doch zusammen nur Ein Feuer, und wäre keines ohne das andere offenbar oder wirckend: Dann die Kälte ist die Wurtzel der Hitze, und die Hitze ist die Ursache daß die Kälte empfindlich sey. Ausser diesen beyden, welche doch in stetem Streite stehen, wären alle Dinge ein Nichts, und stünden stille ohne Bewegniß“[34]. Jakob Böhme hat in seiner Schrift „Viertzig Fragen von der Seele“ aus dem Jahr 1620 eine Zeichnung eingefügt, in der er das Feuer- und Lichtprinzip im Zusammenhang mit seiner ganzen Lehre erklärt[35].

Neben dem Feuer- und Lichtprinzip spricht Böhme von einem dritten Prinzip, das sich in der siebten Eigenschaft offenbart. Auf die fünfte Eigenschaft folgt die

34 Jakob Böhme, BgO 3, 3.

35 Jakob Böhme, 40 F, 1, 30. Die Zeichnung befindet sich auf der nächsten Seite.

sechste Eigenschaft, in der alle fünf Eigenschaften als Ton oder Hall lautbar werden, und alle Eigenschaften schwingen sich „ineinander, je eine der andern, und also führet sich die Liebe der Einheit in Wircken und Wollen, in Empfindniß, Findniß und Hochheit“[36]. Nach dem Laut, Ton, Hall oder Schall vollendet sich der Reigen der sieben Gestalten in der siebenten Naturgestalt. Sie ist das Wesen, in der alle anderen Gestalten ineinander verbunden sind und sich als wirksam erweisen. In der siebenten Gestalt wird das dritte Prinzip offenbart, sofern alle sieben Gestalten in ein Wesen gebildet werden, „welch Wesen in sich selber heilig, rein und gut ist, und der ewige, ungeschaffene Himmel heisset, als die Stätte GOttes, oder das Reich GOttes“[37]. Das dritte Prinzip ist „aus dem ersten Principio der peinlichen, finstern Feuer-Welt, und aus der heiligen licht-flammenden Liebe-Welt ausgesprochen“[38].

3 Zum Ausklang

In diesem kurzen Überblick, in dem sowohl Zhou Dunyis Wuji und Taiji dem Ungrund und Grund Jakob Böhmes als auch die Yin-Yang- Lehre dem Feuer- und Lichtprinzip gegenübergestellt wurden, darf die Gegenüberstellung als solche nicht im Sinn von Descartes und anderer neuzeitlicher Philosophen als bloßer Dualismus[39] verstanden werden, denn Yin und Yang und ebenso Feuer und Licht gehen aus einer ursprünglichen Einheit hervor. Vielmehr sind die einander gegenübergestellten Lehren Ausgangs- oder Eckpunkte, um die vielfältigen Wandlungen und Ineinander-Verwandlungen der Gegensätze aufzuzeigen. Dabei weist Zhou-Dunyis Deutung Yin-Yang-Lehre, die er vor allem aufgrund des altchinesischen „Buchs der Wandlung“ und Laozis Dao-Lehre deutete, auf altüberlieferte Urwahrheiten hin[40]. Jakob Böhmes mystische Theosophie gründet in einer überbewussten Tiefenschau und weist ebenfalls auf ewige Urwahrheiten hin. Diese Urwahrheiten sind in Wirklichkeit Spuren der einen Urüberlieferung, die allen einzelnen Überlieferungen zugrunde liegt. Auf dieser Grundlage gilt es im Sinne von Martin Heideggers Nachdenken über das Wesen der Sprache zu jener denkenden Erfahrung zu gelangen, „das die Gewähr schenkte, daß europäisch-

---

36 Jakob Böhme, Tab 48.

37 Jakob Böhme, Gw 4, 10.

38 Jakob Böhme, Gw 4, 11.

39 Über die verschiedenen Bedeutungen von Dualismus siehe: Dualismus, in: Historisches Wörterbuch der Philosophie, Bd. 2, Darmstadt 1972, S. 297–300.

40 Vgl. The Yin-Yang Perspective and Visual Metaphysics, in: Patrick Laude, Keys to the beyond: Frithjof Schuon's cross-traditional language of transcendence, Albany 2020, S. 265–293.

abendländisches und ostasiatisches Sagen auf eine Weise ins Gespräch kämen, in der Solches singt, das einer einzigen Quelle entströmt“[41].

41 Martin Heidegger, Aus einem Gespräch von der Sprache zwischen einem Japaner und einem Fragenden, in: Ders., Unterwegs zur Sprache, Pfullingen 1959, S. 94.

9 Das ungeschaffne Meer der Gottheit

Über die Mystik des Angelus Silesius (Johannes Scheffler) im *Cherubinischen Wandersmann*

Angelus Silesius, der mit bürgerlichem Namen Johann Scheffler hieß, wurde Ende Dezember 1624, im Sterbejahr Jakob Böhmes, in Breslau als Sohn des Adeligen Stenzel Scheffler und seiner Frau Maria Magdalena Hennemann geboren. Nach dem Besuch des Elisabeth-Gymnasiums in Breslau studierte er von 1643 an in Straßburg, Leiden und Padua Medizin, wo er zum Dr. med. et phil. promovierte. In Leiden begegnete er einer geistigen Freiheit, die es sonst im damaligen Europa der Reformation und des Dreißigjährigen Krieges nicht gab. Neben seinem Studium beschäftigte er sich mit theologischen und mystischen Werken, darunter auch den Schriften Jakob Böhmes. Nach seiner Rückkehr in die schlesische Heimat, wo er seit 1649 Leibarzt des Herzogs Silvius Nimrod von Oels war, begegnete er Abraham von Franckenberg (1593–1652) mit dem ihn bald eine tiefe Freundschaft verband. Franckenberg, ein Freund und Schüler Jakob Böhmes (1575–1624) machte ihn mit den großen Mystikern des Mittelalters bekannt und darüber hinaus mit den Schriften Valentin Weigels (1533–1588) und Jakob Böhmes[1]. Im Jahr 1652 wurde Angelus Silesius ein ungewöhnliches Ereignis zuteil. Plötzlich und unvorhergesehen empfing er Eingebungen in der Form von Reimen und schrieb diese sogleich nieder. Auf diese Weise entstand in vier Tagen das erste Buch seiner wichtigsten Schrift, die er 1657 unter dem Titel „Geistliche Sinn- und Schlußreime" in fünf Büchern und dann 1675 in der zweiten Auflage als „Cherubinischer Wandersmann", um ein sechstes Buch erweitert, veröffentlicht hat. Angelus Silesius konnte das erste Buch dieser Schrift noch Abraham von Franckenberg vorlegen, der am 25. Juni 1652 verstarb. Silesius dichtet für ihn sein „Christliches Ehrengedächtnis", in dem schon einige Grundzüge des Cherubinischen Wandersmanns vorweggenommen sind. Silesius hat im Wandersmann zahlreiche mystische Quellen in seine Eingebungen aufgenommen und dichterisch verarbeitet. In den Anmerkungen und in der Vorrede zu diesem großen Dichtungswerk

1 Vgl. Lehel Sata, Paradox und mystische Sinnlichkeit – Angelus Silesius' *Cherubinische Wandersmann* im Lichte der Theosophie und Sprachphilosophie Jakob Böhmes, Hamburg 2016.

beruft sich Silesius ausdrücklich auf die „Institutiones Thauleri“, auf Maximilian Sandaeus (1578–1656)[2], auf die Heilige Schrift, auf Ludwig Blosius (1506–1566), auf den altniederländischen Mystiker Jan van Ruysbroek (1293–1381), auf Bernhard von Clairvaux (um 1090–1153), Bonaventura (1217/18–1274), Thomas a Jesu (1564–1627), Johannes vom Kreuz (1542–1591), Augustinus (354–430), Heinrich Herpius / Harphius (Anfang 15. Jh.-1478), Dionysius Chartusianus (Dionysius der Karthäuser) (1403/04–1471) und den Verfasser der „Theologia deutsch“. In der Bibliothek von Silesius befanden sich eine Reihe von mystischen Schriften, die ihm von Abraham von Franckenberg geschenkt worden waren. Darunter die Offenbarungen von Mechthild von Magdeburg (um 1208/10–1282 oder 1294) und Gertrud von Helfta (1256–1302), die Predigten Johannes Taulers (nach 1300–1361), die Offenbarungen der heiligen Birgitta von Schweden (1302/03–1373) und die Werke Heinrich Seuses (um 1295–1366); außerdem die Werke von Paracelsus (1493–1541), Valentin Weigel und Jakob Böhme. Die Verfasser dieser mystischen Werke gehörten sowohl der katholischen als auch der lutherischen Kirche an. In ihrem Gehalt übersteigen sie aber alle konfessionellen Grenzen. Die Tatsache, dass der Lutheraner Angelus Silesius aber im Jahr 1653 zur katholischen Kirche konvertierte, hatte ihren Grund in der Verweigerung der Druckerlaubnis für die „Geistlichen Sinn- und Schlußreime“ durch den lutherischen Hofprediger Christoph Freitag. „Das grobschlächtige Gebaren des Zensors löste im äußerst sensiblen Silesius eine maßlose Empörung aus. Er fühlte sich von den verständnislosen Orthodoxen abgestoßen und gedachte Franckenbergs, der sie ‚stolze Pharisäer und naseweise Schriftgelehrte’ genannt hatte“[3]. Diese Konversion führte im Leben des Silesius eine große Wende ein. „Der Dichter ließ sich fortan das Gesetz seines Handelns vollständig von seinen Gegnern vorschreiben, und das ist das Unbegreifliche an seinem weiteren Lebensweg. Die Protestanten empfanden seinen Übertritt zum Katholizismus als Verrat und griffen den Abtrünnigen auf eine schimpfliche Art an... Auf alle Angriffe schlug er mit unbeherrschter Gereiztheit zurück und wurde darob zum scharfen Polemiker“ [4]. In seinen Streitschriften fand er nicht mehr zu seiner mystischen Sprache zurück, und dies gehört zur Tragik seines Lebens.

---

2 Vgl. Mariel Mazocco, Angelus Silesius, Annotateur de la Pro Theologia mystica clavis de Sandaeus, in: Maximilianus Sandaeus, un jésuite entre mystique et symbolique, hrsg.von Ralph Dekoninck und Agnès Guiderdoni, Paris 2019, S. 205–217.

3 Walter Nigg, Angelus Silesius – Der Sänger der mystischen Weisheit, Olten 1959, S. 17. Bernard Gorceix, Johannes Scheffler: mystique chérubique et mystique séraphique, in: Ders., Flambée et Agonie Mystiques du XVII siècle allemande, Sisteron 1977, S. 233–275. Roland Pietsch, Johannes Scheffler dit Angelus Silesius, in: Dictionnaire de Spiritualite, Bd. 13, Paris 1988, S. 408–413.

4 Walter Nigg, a. a. O., 19 ff.

Angelus Silesius starb am 9. Juli 1677 in Breslau, wo er in der Kirche St. Matthias begraben ist.

Die Mystik

Das Wort Mystik wird vom griechischen Verb „mýein = die Augen schließen" abgeleitet. Dem Wortsinn nach bezeichnet Mystik somit ein tiefes inneres Erleben. Mystik im eigentlichen Sinn aber bezieht sich unmittelbar auf das Mysterium der höchsten göttlichen Wirklichkeit und Wahrheit. Angelus Silesius will mit seinem „Cherubinischen Wandersmann" die Leser zur „göttlichen Beschaulichkeit (contemplatio divina)" anleiten und sie damit zur mystischen Erkenntnis des höchsten Mysteriums der göttlichen Wirklichkeit und Wahrheit führen. Er geht dabei nicht nach einem festgesetzten System vor; im Gegenteil, er bleibt mit der Fülle seiner dichterisch fließenden Sinnsprüche in einer ständigen Bewegung, um dadurch umso mehr die unaussprechliche ewige Wahrheit anzudeuten. Auf diese Weise werden seine Verse gleichsam zu verdichteten Anblicken der einen göttlichen Wahrheit. Der geistige Gehalt dieser Anblicke erschließt sich aber nicht von außen, sondern einzig und allein in einer geistigen Innenschau. Innenschau in diesem Sinne aber ist, wie gesagt, Mystik, und dementsprechend bezieht sich die mystische Erkenntnis auf das Göttliche im Inneren des Menschen, oder wie Silesius sagt:

> „Der Himmel ist in dir.
> Halt an wo lauffstu hin / der Himmel ist in dir:
> Suchstu Gott anders wo / du fehlst ihn für und für" [5].

Die innere Mitte oder der innerste Grund im Menschen, in dem Gott und der Himmel auf unfassbare Weise gegenwärtig sind, darf indessen nicht mit dem gewöhnlichen Ich gleichgesetzt werden. Das menschliche Ich ist ungewiß, und deshalb weiß der Mensch nicht, wer oder was er eigentlich ist:

> „Man weiß nicht was man ist.
> Ich weiß nicht, was ich bin / Ich bin nicht, was ich weiß:
> Ein ding und nit ein ding: Ein stüpffchin und ein kreiß" [6].

Um aus dieser Ungewissheit zum eigentlichen Ziel und Ursprung des Menschseins zu finden, fordert Silesius

> „Du must was GOtt ist seyn
> Sol ich mein letztes End / und ersten Anfang finden /
> So muß ich mich in GOtt / und GOtt in mir ergründen.
> Und werden das was Er: Ich muß ein Schein im Schein /

5 Angelus Silesius (Johannes Scheffler), Cherubinischer Wandersmann – Kritische Ausgabe, hrsg. von Louise Gnädinger, Stuttgart 1984, I, 82, S. 39. Im Folgenden abgekürzt: Ch. W.

6 Ch. W. I, 5; S. 27.

Ich muß ein Wort im Wort / ein Gott in Gotte seyn“ [7].

In diesem Sinnspruch macht Angelus Silesius deutlich, dass die Erkenntnis von Ursprung und Ziel des Menschen allein aus dem Innesein des Menschen in Gott und aus Gottes Innesein im Menschen ergründet werden kann. Dieses Ergründen reicht bis in den tiefsten Grund von Gott und Mensch. Gottes Grund und der tiefste Grund im Menschen, die eigentlich ein einziger Grund sind, können aber nicht von außen erkannt werden. Dennoch versucht Silesius, das unaussprechliche Geheimnis der göttlichen Wirklichkeit metaphysisch-dichterisch zu umschreiben. Damit schafft er die Grundlage, um die Frage nach dem göttlichen Ursprung und Ziel des Menschen grundsätzlich beantworten zu können. Mystisch-metaphysischer Ausgangspunkt dafür ist seine dichterische Rede vom Mysterium des absoluten Gottes und vom Mysterium der Vereinigung von Gott und Mensch. Das Mysterium Gottes findet bei Angelus Silesius seinen Ausdruck in der dichterischen Rede von der Unerkennbarkeit und Unaussprechlichkeit Gottes und zieht sich vielfältig durch alle sechs Bücher seines „Cherubinischen Wandersmanns“.

Die Unerkennbarkeit Gottes

Gott kann nicht erkannt werden. Diese Unerkennbarkeit Gottes bringt Angelus Silesius durch eine radikale Verneinung von allen möglichen Bestimmungen Gottes zum Ausdruck, denn jede Bestimmung ist immer auch eine Begrenzung. Indem aber Silesius diese Begrenzungen verneint und somit aufhebt, öffnet er den Blick auf die unfassbare Unendlichkeit Gottes selbst.

„Der unerkandte GOtt.
Was Gott ist weiß man nicht: Er ist nicht Licht / nicht Geist /
Nicht Wonnigkeit / nicht Eins/ nicht was man Gottheit heisst:
Nicht Weißheit / nicht Verstand / nicht Liebe / Wille / Gütte:
Kein Ding / kein Unding auch / kein Wesen / kein Gemütte:
Er ist was ich / und du / und keine Creatur /
Eh wir geworden sind was Er ist / nie erfuhr“ [8].

In diesem Sinnspruch, der sich als Sechszeiler aus der Fülle der übrigen Verse heraushebt, ist die ganze verneinende mystische Theologie (theologia negativa et mystica) des Angelus Silesius zusammengefasst. Die verneinende Theologie (theologia negativa) geht auf Dionysios Areopagites (2. Hälfte des 5. Jh.), den Vater der christlichen Mystik, zurück; sie steigt auf dem Wege der Verneinung (via negativa) zur unendlichen und namenlosen Gottheit auf, um sich im mystischen Dunkel der unio mystica mit ihr zu vereinen. Silesius hat sein Wissen über diese theologia negativa zunächst

7 Ch. W. I, 6; S. 6.
8 Ch. W. IV, 21; S. 154.

aus der Schrift des Maximilianus Sandaeus „Theologia Mystica seu Contemplatio Divina Religiosorum a calumniis vindicata“ geschöpft, die 1627 in Mainz erschien. In der „Secunda disquisitio“ dieses Werkes findet sich eine Wiedergabe des fünften Kapitels der lateinischen Übersetzung der „Mystischen Theologie“ des Dionysios Areopagites. Wegen seiner grundlegenden Bedeutung wird dieser Text in voller Länge wiedergegeben: „Wollen wir uns nun wieder aufwärts bewegen, dann müssen wir sagen, dass sie (sc. die letzte Ursache, d.h. das Absolute) weder **Seele** noch **Geist** ist. Sie hat kein Vorstellungsvermögen, keine Meinung, keine Vernunft und kein Denkvermögen. Sie kann nicht mit Worten beschrieben oder gedacht werden. Sie ist nicht Zahl und nicht bestimmte Stellung, sie ist weder groß noch klein; sie ist weder gleich noch ungleich, weder ähnlich noch unähnlich. Sie steht nicht und bewegt sich nicht, sie ist auch nicht in Ruhe. Sie hat keine **Kraft** und ist nicht Kraft; sie ist auch nicht **Licht**. Sie lebt nicht und ist nicht Leben. Sie ist kein (irdisches) **Wesen**, sie ist weder Dauer noch Zeit. Sie kann nicht mit den Sinnen erfasst werden. Sie ist weder Wissen noch **Wahrheit**, weder Herrschaft noch **Weisheit**. Sie ist nicht **eins** und nicht **Einheit**, nicht **Gottheit** und nicht Güte. Sie ist kein Geist, den wir erkennen können. Sie ist weder Sohn noch Vater. Sie ist überhaupt nichts, was wir oder ein anderes lebendes Wesen erkennen könnten. Sie ist weder **nicht-seiend** noch **seiend**. Das Seiende erkennt sie nicht und ist selbst nicht diese letzte Ursache. Sie erkennt das Seiende nicht und ist es auch nicht. Sie ist nicht der Sinn des Seienden, nicht Name und nicht Erkenntnis. Sie ist weder **Licht** noch dunkel, weder Trug noch **Wahrheit**. Wir können über sie überhaupt nichts sagen, weder positiv noch negativ. Nur über das eine, was ihr nachfolgt, können wir etwas bejahend oder verneinend sagen; von ihr selbst können wir weder positiv noch negativ etwas behaupten. Erhaben über unsere Behauptungen, ist sie das Vollkommene, die alleinige Ursache von allem. Über alle negativen Aussagen ist die erhaben, sie ist völlig frei; sie steht über allem“ [9]. Die in diesem Text hervorgehobenen Worte „Seele, Geist, Kraft, Licht, Wesen, Weisheit, eins, Einheit, nicht-seiend und Wahrheit“, die alle verneint werden, finden sich teilweise auch in der „Secunda disquisitio“ und im Sinnspruch des Silesius über die Unerkennbarkeit Gottes wieder. Der Abschluss des fünften Kapitels von Dionysios stimmt aber nicht mit dem Ende des Sechszeilers von Angelus Silesius überein. Während Dionysios sagt, dass Gott oder das Absolute alle ihn bejahenden und verneinenden Aussagen übersteigt und überragt, enden die Verneinungen im Vers von Silesius als deren Antithese: Gott ist etwas. Dieses Etwas wird aber wiederum verneint. Wir werden es aber erkennen, wenn wir uns mit dem absoluten Gott vereinen. „Diese Kompositionsweise ist ein Beispiel für die Freiheit, mit der Angelus Silesius die vielfältigen Einflüsse verschmilzt, die er aufgenommen hat; in

9 Dionysius Areopagita, De mystica Theologia – ad Timotheum, in: Der Neuplatonismus, ausgewählt und übersetzt von Walter Schulz, Berlin 1965, S. 116 f.

ihm verbinden sich die Gedanken, die er bei anderen findet, zu neuen Figuren. So kommt es, daß sein Werk an (scheinbaren) Widersprüchen reich ist und dass man ihm Unrecht tut, wenn man ihn als Repräsentanten einer bestimmten Richtung der Mystik auffasst. Die kirchlich autorisierte Lehre des Dionysius, aus dem Buch eines Jesuiten geschöpft, geht in diesem Epigramm einen Bund ein mit der Lehre von der Vergottung, die zu den kühnsten und freiesten Eckharts gehört" [10]. Angelus hatte aller Wahrscheinlichkeit nach keine unmittelbare Kenntnis von Meister Eckharts Schriften gehabt, ihren Inhalt aber teilweise aus den Predigten Johannes Taulers und dann auch aus den Schriften Jakob Böhmes geschöpft. Tauler spricht in einer Predigt von der Finsternis, der göttlichen Unbekanntheit, wo Gott über allem steht, was man von ihm aussagen kann, ohne Name und Form, ohne Bild, jenseits aller Weisen und allen Seins".[11] Gott ist für ihn „ein ungründlicher Abgrund, der in sich selbst schwebt, ohne Grund" [12]. Und Jakob Böhme betont die Unerkennbarkeit Gottes, wenn der schreibt, dass man „nicht von GOtt sagen (kann), daß er dis oder das sey, böse oder gut, daß Er in sich selber Unterscheide habe: Denn Er ist in sich selber Natur-los, sowol Affect- und Creatur-los. Er hat keine Neiglichkeit zu etwas, denn es ist nichts vor Ihme, darzu Er sich könnte neigen, weder Böses noch Gutes: Er ist in sich selber der Ungrund, ohne einigen Willen gegen der Natur und Creatur, als ein ewig Nichts; es ist keine Qual in Ihme, noch etwas das sich zu Ihme oder von Ihme könnte neigen. Er ist das einige Wesen, und ist nichts vor Ihme oder nach Ihme, daran oder darinnen Er Ihme könnte einen Willen schöpfen oder fassen; Er hat auch nichts das Ihn gebäret oder giebet: Er ist das Nichts und das Alles, und ist ein Einiger Wille, in deme die Welt, und die gantze Creation lieget, in Ihme ist alles gleich-ewig ohne Anfang, in gleichem Gewichte, Maß und Ziel; Er ist weder Licht noch Finsterniß, weder Liebe noch Zorn, sondern das Ewige Eine, darum saget Moses: Der Herr ist ein Einiger GOtt (Deut. 6: 4.) Derselbe ungründliche, unfaßliche, unnatürliche und uncreatürliche Wille, welcher nur Einer ist, und nichts vor Ihme noch hinter Ihme hat; welcher in sich selber nur Eines ist, welcher als ein Nichts und doch Alles ist: Der ist und heisset der Einige GOtt; welcher sich in sich selber fasset und findet, und GOtt aus GOtt gebiert" [13]. Die Unerkennbarkeit Gottes hat Angelus Silesius auch noch in anderen Sinnsprüchen zum Ausdruck gebracht. In radikal verneinender Form aber nur noch einmal:

10 Renate Schäfer, Die Negation als Ausdrucksform mit besonderer Berücksichtigung der Sprache des Angelus Silesius, Diss. Phil., Bonn 1959, S. 182.

11 Johannes Tauler, Predigten, übertragen und herausgegeben von Dr. Georg Hoffmann, Freiburg i. Br., 1961, s. 540.

12 Johannes Tauler, a. a. O., S. 336.

13 Jakob Böhme, Von der Gnadenwahl, I, 3 f., in: Jakob Böhme, Sämtliche Schriften, neu herausgegeben von Will-Erich Peuckert, Band VI, Stuttgart 1957, S. 4 f.

„Die Ewigkeit.
Was ist die Ewigkeit? Sie ist nicht diß / nicht das /
Nicht Nun / nicht Jchts / nicht Nichts / sie ist / ich weiß nicht was“ [14].

In diesem Sinnspruch, in dem die Unerkennbarkeit Gottes mit der Unerkennbarkeit der Ewigkeit gleichgesetzt wird, verwendet Silesius die Formel „nicht dies, nicht das“, die sich bereits bei Dionysios Areopagites als höchste Form der Verneinung findet und in der von Sandaeus verwendeten lateinischen Übersetzung „nec existens hoc vel hoc: sed super omne ens“ [15] lautet. Viele Mystiker haben diese Formel in abgewandelter verwendet, so zum Beispiel auch Meister Eckhart: „Es ist weder dies noch das; trotzdem ist es ein Etwas (ez enist weder diz noch daz; nochdenne ist ez ein waz“) [16]. Und Jakob Böhme verwendet das weder dies noch das“ immer wieder, um auf die mystische Unerkennbarkeit Gottes hinzuweisen. Die verneinende Formel „nicht dies, nicht das“ wandelt Silesius in folgendes Paradoxon um:

„Man liebt auch ohn erkennen.
Jich lieb ein eintzig Ding / und weiß nicht was es ist:
Und weil ich es nicht weiß / drum hab ich es erkost“ [17].

Die Aufhebung von bejahenden und verneinenden Aussagen über Gott beschreibt Angelus Silesius im nachstehenden Vers:

„GOtt nichts und alles.
GOtt ist ein Geist / ein Feur / ein Wesen und ein Licht:
Und ist doch wiederumb auch dieses alles nicht“ [18].

Die Unaussprechlichkeit Gottes

Mit der Unerkennbarkeit Gottes ist seine Unaussprechlichkeit eng verbunden, denn, was nicht erkannt werden kann, das kann auch nicht ausgesprochen oder benannt werden. Die Unaussprechlichkeit Gottes, von der die Mystiker immer wieder sprechen, überschreitet aber bei weitem die mystische Unerkennbarkeit Gottes. Meister Eckhart sagt von Gott, dass „Gott, der ohne Namen ist – er hat keinen Namen -, unaussprechlich (ist) (Got, de âne namen ist – er enhât enkeinen namen -, ist unsprechelich)“ [19]. Und Johannes Tauler nennt Gott „einen unaussprechlichen (unsprechelich) Abgrund“. Silesius übernimmt dieses mystische Wort und dichtet:

14 Ch. W. II, 153; S. 94.
15 Maximilianus Sandaeus, Theologia Mystica, Mainz 1627, S. 116.
16 Meister Eckhart, Die deutschen Werke, Bd. I, Stuttgart 1958, S. 473 und S. 39. Im Folgenden abgekürzt: DW.
17 Ch. W. I, 43; S. 33.
18 Ch. W. IV, 38; S. 157.
19 Meister Eckhart, DW I, S. 496 und S. 284.

„Das unaußsprechliche.
Denkstu den Namen Gottes zu sprechen in der Zeit?
Man spricht ihn auch nicht auß in einer Ewigkeit“ [20].
„Das stillschweigende Gebeth.
Gott ist so überalls daß man nichts sprechen kann:
Drum bettestu Jhn auch mit schweigen besser an“ [21].

Das Wissen von der Unerkennbarkeit Gottes findet seinen Ausdruck auch als Über-Steigerung der Rede von Gott und Gottheit. Dionysios Areopagita spricht in diesem Sinne auch von der göttlichen Überwesenheit (hyper-ousia), und diese Form der Steigerung findet sich auch bei den deutschen Mystikern und schließlich bei Silesius in abgewandelter Form als Über-Gottheit:

„ Die über-GOttheit.
Was man von GOtt gesagt / das gnüget mir noch nicht:
Die über-GOttheit ist mein Leben und mein Liecht“ [22].

Silesius weist mit diesem Sinnspruch darauf hin, dass der Gott suchende Mensch nicht bei irgendeinem Gottesbild, einem Gottesvorstellung oder Gottesauffassung stehen bleiben darf. „Um Gottes willen muss man auch die gewöhnliche Rede von Gott überwinden und zu der Übergottheit vorstoßen. Das Wörtchen ‚über' drückt Silesius' innerste Sehnsucht aus. ‚Gott ist überheilig' sagt er und will immer weiter in seinem Bestreben, er will die Erkenntnis der Cherubinen übersteigen, will über sie hinausfliegen, um sich ins ungeschaffene Meer der bloßen Gottheit zu stürzen. Stets ist die Absicht des Wandermannes darauf gerichtet, über alles hinaus zu kommen. Nicht begehrt er die Engelhaftigkeit, sonder die Überengelheit, er will sich vor allem über sich selbst hinaus schwingen“.[23] Diesen Weg über sich hinaus beschreibt Silesius als mystischen Weg über Gott hinaus in die Leerheit der göttlichen Wüste:

„Man muß noch über GOtt.
Wo ist mein Auffenthalt? Wo ich und du nicht stehen:
Wo ist mein letztes End in welches ich sol gehen?
Da wo man keines findt. Wo sol ich dann nun hin?
Jch muß noch über GOtt in eine wüste ziehn“ [24].

20 Ch. W. II, 51; S. 79.
21 Ch. W. I, 240; S. 62.
22 Ch. W. I, 15; S. 29.
23 Walter Nigg, a. a. O., s. 40. Vgl. Ch. W. I, 3; S. 27.
24 Ch. W. I, 7; S. 28.

Das göttliche Nichts

Die Unaussprechlichkeit und Unerkennbarkeit Gottes wird in der mittelalterlichen Mystik auch mit dem Wort „Nichts" bezeichnet. In der „Theologia deutsch" wird der Zusammenhang zwischen der göttlichen Vollkommenheit, Unfassbarkeit, Unaussprechlichkeit und dem Nichts kurz erklärt: „Das Vollkommene ist für alle Kreaturen unerkennbar, unfasslich und unaussprechbar, sofern sie Kreatur ist. Darum nennt man das Vollkommene ‚Nichts', denn es ist keines von diesen" [25]. Und Silesius dichtet vom göttlichen Nichts[26] und Über-Nichts:

> „"GOtt ergreifft man nicht.
> GOtt ist ein lauter nichts / Jhn rührt kein Nun noch Hier:
> Je mehr du nach Jhm greiffst /je mehr entwird Er dir" [27].

> „Die GOtthei ist ein nichts.
> Die zarte GOttheit ist ein nichts und übernichts:
> Wer nichts in allem sicht / Mensch glaube / dieser sichts" [28].

Das Mysterium der Vereinigung von Gott und Mensch

Wenn Gott Nichts ist, dann kann sich der Mensch mit diesem göttlichen Nichts nur dann vereinen, wenn er selbst zu Nichts wird. Silesius bezeichnet diesen Vorgang, der einen wichtigen Anblick des geistigen Weges zur Vereinigung von Gott und Mensch darstellt, als Selbst-Vernichtung. Diese Selbstvernichtung führt zur Vernichtigkeit, die von Sandaeus als annihilatio mystica [29] bezeichnet wird. Sandaeus nennt die annihilatio auch mortificatio und zitiert Belegstellen aus Werken von Tauler. Die Vernichtung führt in letzter Folgerichtung zur Gleichheit zwischen Gott und Mensch.

> „Die Selbst-vernichtung.
> Nichts bringt dich über dich als die Vernichtigkeit:
> Wer mehr Vernichtigt ist / der hat mehr Göttlichkeit" [30].

---

25 Der Frankforter. Theologia Deutsch, hrsg. von Alois M. Haas, Einsiedeln 1980, S. 39.

26 Vgl. Renate Schäfer, Die Negation als Ausdrucksform mit besonderer Berücksichtigung der Sprache des Angelus Silesius, Bonn 1959. Friso Melzer, Das Wort ‚Nichts' in der Sprachweisheit des Angelus Silesius, in: Gestalt Gedanke Geheimnis Festschrift für Johannes Pfeiffer zu seinem 65. Geburtstag, hrsg. von Rolf Bohnsanck u. andere, Berlin 1967, S. 264–270.

27 Ch. W. I, 25; S. 31.

28 Ch. W. I, 111; S. 43.

29 Maximilianus Sandaeus, Pro theological mystica clavis, Köln 1630, Reprint Heverlee-Louvain 1963, S. 99–103.

30 Ch. W. I, 140; S. 92.

Die Gleichheit schauet Gott.
Wem nichts wie alles ist / und alles wie ein nichts:
Der wird gewürdiget deß Liebsten Angesichts“ [31].

Die Selbstvernichtung oder das Zunichtewerden, das zur Vernichtigkeit führt, ist von den großen Mystikern des Mittelalters ausführlich beschrieben worden. Johannes Tauler, den Silesius ausführlich studiert hat, spricht in seinen Predigten sehr oft von Vernichtung, die er zunächst als Verkleinerung seiner selbst, das heißt als Verkleinerung des eigenen Ichs bezeichnet: „Die wahre Verkleinerung seiner selbst versinkt in den göttlichen inneren Abgrund Gottes. Da verliert man sich in völliger und wahrer Verlorenheit seines Selbst. ‚(Abyssus abyssum invocat) Ein Abgrund ruft den anderen in sich hinein' (Ps. 41, 8). Der geschaffene Abgrund zieht seiner Tiefe wegen an. Seine Tiefe und sein erkanntes Nichts ziehen den ungeschaffenen offenen Abgrund in sich; der eine fließt in den anderen, und entsteht ein einziges Eins, ein Nichts in dem anderen. Das ist das Nichts von dem Sankt Dionysius sprach, dass Gott all das nicht sei, was wir nennen, verstehen und begreifen können; da wird der (menschliche) Geist (dem göttlichen) ganz überantwortet; wollte Gott ihn ganz zunichte machen und könnte er selbst (in dieser Vereinigung) zunichte werden, er würde es aus Liebe zu dem Nichts, mit dem er ganz verschmolzen ist, tun, denn er weiß nicht mehr, liebt und fühlt nicht mehr als das Eine“ [32]. Die Selbstvernichtung als Verkleinerung führt ins göttliche Nichts, und diese Vernichtung ist die Rückkehr des Menschen in den Zustand der Lauterkeit. Die Lauterkeit ist die Voraussetzung dafür, dass der Mensch, der aus der Ungeschaffenheit Gottes hervorgegangen ist, wieder in diesen ungeschaffenen Ursprung zurückkehren kann. Um wieder zur Lauterkeit zu gelangen, muss sich der Mensch von allem, was er im Zustand der Geschaffenheit angenommen hat, befreien. Dadurch wird, wie Silesius in der Vorrede zum „Cherubinischen Wandersmann“ aus Dionysius Carthusianus zitiert: die Seele des Menschen „in dem Abgrunde der Gottheit vertiefet und verschlukket / daß sie scheint etlicher massen das geschaffene Wesen auß- und das ungeschaffene und erste Musterwesen (esse ideale) wider anzuziehen“ [33]. Das bedeutet in letzter Folgerichtigkeit, dass der Menschen zu Nichts werden muss und Silesius dichtet:

„Nichts ist der beste Trost.
Nichts ist der beste Trost: Entzeucht GOtt seinen Schein /
So muß das blosse Nichts dein Trost im Untrost seyn“ [34].

31 Ch. W. I, 169; S. 96.
32 Johannes Tauler, a. a. O., s. 394 f.
33 Ch. W., S. 20.
34 Ch. W. II, 6; S. 72.

Das größte Hindernis auf diesem Weg zum Nichts ist, worauf schon hingewiesen wurde, das gewöhnliche Ich des Menschen. Silesius fordert deshalb zum Kampf gegen das Ich auf:

> „Der Haß seiner selbst.
> Jch lieb und hasse mich / ich führe mit mir Kriege /
> Jch brauche List und Macht / daß ich mich selbst besiege:
> Jch schlag' und tödte mich / ich mach' es wie ich kann
> Daß ich nicht ich mehr bin: rath was ich für ein Mann?" [35].

Das gewöhnliche Ich des Menschen oder „die Jchheit schaffet nichts" [36]. Dagegen ist das wahre Ich des Menschen das Ich Gottes im Menschen selbst:

> „Es sol ein Einigs werden.
> Ach ja! wär' ich im Du / und du im ich ein Ein;
> So möchte Tausendmahl der Himmel Himmel seyn" [37].
>
> Der Mensch ist nichts /GOtt alles.
> Jch bin nicht Jch noch Du: Du bist wol Jch in mir:
> Drumb geb ich dir mein GOtt allein die Ehrgebühr" [38].

Grundsätzlich gilt der mystische Sinnspruch: „Der Mensch ist nichts, Gott ist alles. Und daraus folgert Silesius weiter:

> „Nichts werden ist GOtt werden.
> Nichts wird was zuvor ist: wirstu nicht vor zu nicht /
> So wirstu nimmermehr gebohrn vom ewigen Licht" [39].

Dieses Zunichtewerden des Ichs und der Ichhaftigkeit hat Silesius noch mit einer Reihe von anderen anschaulichen Metaphern beschrieben, die er aus den großen mystischen Überlieferungen übernommen hat. So spricht er: „Geh auß / so geht Gott ein: Stirb dir / so lebstu GOtt" [40] oder

> „Je mehr du auß / je mehr GOtt ein.
> Je mehr du dich auß dir kanst außthun und entgiessen:
> Je mehr muß GOtt in dich mit seiner GOttheit fliessen" [41].
>
> „Der außgang der geschicht umb den eingang.

35 Ch. W. III, 229; S. 146.
36 Ch. W. I, 279; S. 67.
37 Ch. W. II, 179; S. 98.
38 Ch. W. II, 180; S. 98.
39 Ch. W. VI, 130; S. 266.
40 Ch. W. II, 136; S. 91.
41 Ch. W. I, 138; S. 47.

Kein außgang der geschicht / als umb deß eingangs willen:
Mein Hertz entschüttet sich / dass es GOtt an sol füllen“ [42].

„Wer sich verläst / findt GOtt.
Wer sich verlohren hat / und von sich selbst entbunden /
Der hat GOtt seinen Trost / und seinen Heyland funden“ [43].

„Zweyerley seiner selbst verliehrung.
Jch kann mich selbst verliehrn. Ja? böß ists wenn in tod /
Glückseelig Preiß ich dich / verliehrstu dich in GOtt“ [44].

Ein weiteres wichtiges Wort in den Sinnsprüchen des Angelus Silesius ist das Wort „entbilden“, das in der deutschen Mystik sehr häufig gebraucht wurde. Zum Beispiel sagt Meister Eckhart: „Und wenn sich daher der Mensch in Liebe ganz zu Gott fügt, so wird er entbildet und eingebildet und überbildet in der göttlichen Einförmigkeit, in der er mit Gott eins ist“ [45]. Silesius dichtet:

„Entbildet mustu seyn.
Entbilde dich mein Kind / so wirstu Gotte gleich:
Und bist in stiller Ruh dir selbst dein Himmelreich“ [46].

Das Entbilden bedeutet das Freiwerden des Menschen von allen irdischen Formen und es schafft auf diese Weise die Voraussetzung für die Vereinigung des Menschen mit Gott. Mit dem „entbilden“ hängt auch das „entwerden“ zusammen. Ein Wort, das sich ebenfalls bei Meister Eckhart und seinen Schülern findet und von Silesius gebraucht wird:

„GOtt ergreifft man nicht.
GOtt ist ein lauter nichts / Jhn rührt kein Nun und Hier:
Je mehr du nach Jhm greiffst / je mehr entwird er dir“ [47].

Von gleicher Bedeutung sind die ebenfalls aus der deutschen Mystik stammenden Worte „sich überschwenken“ und „versinken“.

„Man muß sich überschwenken.
Mensch wo du deinen Geist schwingst über Ort und Zeit /
So kanstu jeden blik seyn in der Ewigkeit“ [48].

42 Ch. W. V, 14; S. 190.
43 Ch. W. II, 61; S. 80.
44 Ch. W. VI, 170; S. 272.
45 Meister Eckhart, DW II, S. 688.
46 Ch. W. II, 54; S. 79.
47 Ch. W. I, 25; S. 31.
48 Ch. W. I, 12; S. 29.

„Die Demut steigt am Höchsten.
Wer in der Demut GOtts am tieffsten ist versunken /
Der ist der höchste Glantz auß allen Himmelsfunken“ [49].

Silesius beschreibt das Mysterium der Vereinigung des Menschen mit Gott aber nicht nur auf verneinende Weise, sondern er gebraucht auch eine Reihe von bejahenden Ausdrücken, wie zum Beispiel: „in Gott verbrennen“, „sich in Gott wickeln“ oder „sich in sein Licht verbergen“:

„Ein Phoenix soll man seyn.
Jch will ein Phoenix seyn / und mich in GOtt verbrennen /
Damit mich nur nichts mehr von Jhme könne trennen“ [50].

„Der Teuffel sicht kein Licht.
Mensch wickle dich in GOtt / verbirg dich in sein Liecht:
Jch schwehre dir beym Jah / der Teuffel sicht dich nicht“ [51].

Der Weg zur Vereinigung mit Gott als ein Versinken in das göttliche Nichts oder als ein Verbrennen in Gott ist der Weg des mystischen Sterbens (mors mystica):

„Das geistliche Sterben.
Stirb ehe du noch stirbst / damit du nicht darffst sterben /
Wann du nu sterben solst: sonst möchtestu verderben“ [52].

„Der Weise stirbt nicht.
Der weise stirbt nicht mehr? Er ist zuvor schon Tod:
Todt aller Eitelkeit / Todt allem was nicht GOtt“ [53].

„Der geheime Tod.
Tod ist ein seelig ding: Je kräfftiger er ist:
Je herrlicher darauß das Leben wird erkiest“ [54].

„Es ist kein Tod.
Jch glaube keinen Tod: Sterb ich gleich allen Stunden /
So hab ich jedesmahl ein besser Leben funden“ [55].

Dieses Sterben oder dieser mystische Tod befreit den Menschen vom Zufall und wandelt ihn zum wahren oder wesentlichen Menschen.

49 Ch. W. II, 203; S. 101.
50 Ch. W. II, 172; S. 97.
51 Ch. W. II, 249; S. 108.
52 Ch. W. IV, 77; S. 164.
53 Ch. W. VI, 241; S. 282.
54 Ch. W. I, 26; S. 31.
55 Ch. W. I, 30; S. 31.

„ Zufall und Wesen.
Mensch werde wesentlich: denn wenn die Welt vergeht /
So fällt der Zufall weg / das wesen das besteht“ [56].

„Der Zufall muß hinweg.
Der Zufall muß hinweg / und aller falscher schein:
Du must gantz wesentlich und Ungefärbet seyn“ [57].

Das Sterben vor dem Sterben als Wandlung zum wahrhaft wesentlichen Menschen bedeutet, dass der Mensch alle seine ichhaften Erkenntnis- und Willenskräfte, vor allem aber seinen Eigenwillen loslässt. Silesius erklärt dieses Loslassen auch mit dem schon von Meister Eckhart und seinen Schülern gebrauchten Begriffen „Gelassenheit“ und „Abgeschiedenheit“.

„Die Gelassenheit.
Jch mag nicht Krafft / Gewalt / Kunst / Weißheit / Reichthum / Schein:
Jch will nur als ein Kind in meinem Vater seyn“ [58].

„Der Gelassene ist schon Seelig.
Ein Mensch der Gott sich läst in allen fälln und weisen /
Den kann man warlich schon im Leibe seelig preisen“ [59].

„Die geheimste Gelassenheit.
Gelassenheit fäht GOtt: GOtt aber selbst zulassen /
Jst ein Gelassenheit / die wenig Menschen fassen“ [60].

Die Vollendung des Loslassens führt zur Abgeschiedenheit. Dieser Begriff umfasst bei Meister Eckhart folgende drei Anblicke, die aber alle miteinander verbunden sind: 1. Ageschiedenheit bedeutet das Loslassen des Menschen von sich selbst und von allen Dingen. 2. Abgeschiedenheit als Loslösung bezeichnet zugleich den Weg zur göttlichen Einheit, und 3.die Abgeschiedenheit ist die höchste göttliche Wirklichkeit selbst. Auf diese Losgelöstheit von allem bezieht sich der folgende Sinnspruch:

„Die Abgeschiedenheit.
Weil Abgeschiedenheit sich niemand macht gemein:
So muß sie ohne sucht und eine Jungfrau sein“ [61].

---

56 Ch. W. II, 30; S. 76.
57 Ch. W. I, 274; S. 67.
58 Ch. W. II, 135; S. 91.
59 Ch. W. IV, 39; S. 157.
60 Ch. W. II, 92; S. 85.
61 Ch. W. II, 67; S. 81.

Mit der Metapher Jungfrau erklärt Meister Eckhart das Leersein des Menschen von allen fremden Bildern, „so ledig wie er war, da er noch nicht war“ [62]. Der Meister verweist damit auf den Ursprung des Menschen in Gott. Dieses ursprüngliche und jungfräuliche Sein des Menschen in Gott ist aber die göttliche Abgeschiedenheit ohne alles Bildsein selbst. Meister Eckhart erklärt das ursprüngliche Ledig- und Leersein von allen Bildern mit folgenden Worten: „Wäre ich von so umfassender Vernunft (Bewusstsein), dass alle Bilder, die sämtliche Menschen je (in sich) aufnahmen und (zudem) die, die in Gott selbst sind, in meiner Vernunft stünden, doch so, dass ich frei von Ich-Bindung an sie wäre, dass ich ihrer keines im Tun noch im Lassen, mit Vor noch mit Nah als mir zu eigen ergriffen hätte, dass ich vielmehr in diesem gegenwärtigen Nun frei und ledig stünde für den liebsten Willen Gottes und ihn zu erfüllen ohne Unterlass wahrlich, so wäre ich eine Jungfrau ohne Behinderung durch alle Bilder, ebenso gewiss, wie ich es war, als ich noch nicht war“ [63]. Silesius setzt diese Jungfrauschaft als Leersein von Bildern mit der göttlichen Lauterkeit gleich:

„Jungfrauschafft.
Was ist die Jungfrauschafft? Frag was die Gottheit sey:
Doch kenstu Lauterkeit / so kennstu alle zwey“ [64].

Ebenso wie die Metapher „Jungfrau“ ist auch der Begriff Lauterkeit in der mystischen Überlieferung von grundlegender Bedeutung. Silesius beschreibt die Lauterkeit kurz in folgendem Sinnspruch:

„Die Lauterkeit.
Vollkomne Lauterkeit ist Bild-Form-Liebe-bloß:
Steht aller Eigenschafft / wie Gottes wesen bloß“ [65].

Aus dieser Lauterkeit, so Meister Eckhart, kommt der Mensch „in Einfaltigkeit und von der Einfaltigkeit in Unwandelbarkeit, und die bringen eine Gleichheit zwischen Gott und dem Menschen hervor“.[66] Die Gleichheit zwischen Gott und Mensch bedeutet für den Menschen seine Vergöttlichung oder, wie Silesius sagt, Vergottung.

„Wer gantz Vergottet ist.
Wer ist als wär’ er nicht / und wär’ er nie geworden:
Der ist (O seligkeit!) zu lauter GOtt worden“ [67].

62 Meister Eckhart, DW I, S. 434.
63 Meister Eckhart, DW I, S. 434.
64 Ch. W. II, 12; S. 73.
65 Ch. W. II, 70; S. 82.
66 Meister Eckhart, DW V, S. 542.
67 Ch. W. I, 92; S. 41.

Diese Einheit zwischen Gott und Mensch hat Silesius in zahlreichen Paradoxa zum Ausdruck gebracht:

„Gottes ander-Er.
Jch bin Gottes ander-Er / in mir findt Er allein
Was Jhm in Ewigkeit wird gleich und ähnlich seyn“ [68].

„Das Ende Gottes.
Daß gott kein ende hat / gesteh ich dir nicht zu:
Denn schau / Er sucht ja mich / dass erin mir beruh“ [69].

„ GOtt lebt nicht ohne mich.
Jch weiß daß ohne mich GOtt nicht ein Nun kan leben /
Werd' ich zu nicht Er muß von Noth den Geist aufgeben“ [70].

Mit diesen außergewöhnlich kühnen Sinnsprüchen will Silesius die in alle Ewigkeit unauflösbare Einheit von Gott und Mensch aussprechen. Der Mensch soll mit Gott und durch Gott in Gott verwandelt werden und in und mit ihm leben. Diese Vergöttlichung des Menschen ist das höchste und letzte Ziel aller Mystik.

Zum Abschluss

Die Sinnsprüche des „Cherubinischen Wandersmanns“ sind eine großartige Zusammenfassung der abendländischen Mystik von Dionysios Areopagites bis zu Jakob Böhme und Abraham von Franckenberg. „Der unaussprechliche Zauber des Cherubinischen Wandersmanns liegt darin, dass dieser Mystiker zugleich ein gottbegnadeter Dichter, ein Bundesgenosse der Heiligen war. Er hat seine Botschaft nicht wie üblich, in der unzulänglichen Form von Predigten, Traktaten und Abhandlungen vorgetragen. Silesius hat sie in eine künstlerische Form gegossen, weil er ein Dichter war und zwar ein mystischer Dichter, was eine Poesie in gesteigerter Potenz bedeutet. Er war nicht einer der vielen Schriftsteller, die über einen flüssigen Stil verfügen und sonst der Welt nicht viel zu sagen haben, er war ein erleuchteter Dichter, dies heißt soviel wie ein Gesandter Gottes in dieser Welt. Echte Dichtung fließt immer aus dem göttlichen Born und gibt darum den Menschen Führung und Geleit im Leben. Silesius ... dichtete,weil er Gott liebt, von Gott entzückt und hingerissen ist; er gerät beim Gedanken an Gott und Göttliches außer sich. Er ist kein Grübler, sondern ein in Liebe verzehrender Troubadour, diese Liebe zeigt sich immer wieder nur in ihrem Blitz... Gleich scharf geschliffenen Edelsteinen, die im magischen Licht funkeln, hat der Dichter seine kostbaren Verse dargeboten... Silesius

68 Ch. W. I, 278, S. 67.
69 Ch. W. I, 277, S. 67.
70 Ch. W. I, 8; S. 28.

war ein begnadeter Künstler, der in aller Begeisterung die Ordnungen liebte und um die ewige Schönheit Bescheid wusste, durch die die Welt verklärt wird. Dieser enthusiastische Mensch verfügte über ein erstaunliches Sprachvermögen, das ihm gestattete, das zu sagen, was andere nur hilflos zu stammeln vermögen. Sein religiöses Erleben fand de adäquaten Ausdruck, bei ihm sind Inhalt und Form völlig eins geworden. Form darf nie als bloße äußerliche Angelegenheit bewertet werden, sie hat es mit der Vollendung zu tun und deswegen ist die Kunst mit der Religion so nahe verwandt. Sie streben beide der Vollkommenheit zu. Der Sänger der mystischen Weisheit hat sie in seinem Werk nicht weniger erreicht als Mozart in seiner Musik. Die Mystik bedingt es, dass diese hohe Kunst mehr ist als nur Kunst und darin besteht die Qual und die Herrlichkeit des Cherubinischen Wandersmanns. Ist damit alles gesagt, was über den Cherubinischen Wandersmann zu sagen ist? Niemals, wie könnte dies auch je der Fall sein! Nicht der zehnte Teil ist angedeutet. Was man auch zu seinem Ruhme sagen mag, es reicht alles nicht aus, es ist ein Hauch nur gegenüber dem großen Atem der Dichtung. Der Cherubinische Wandersmann ist unausschöpfbar“ [71]. Silesius will mit den Sinnsprüchen des Wandersmanns, die mutatis mutandis sufischen Versen vergleich bar sind, seine Leser zur mystischen Erkenntnis des höchsten göttlichen Mysteriums führen. Damit dieses hohe und eigentliche Ziel des Menschseins erreicht werden kann, muss der Leser diese Erkenntnis selbst verwirklichen. Zum Abschluss des sechsten Buches seiner großen Dichtung ruft Silesius seinem Leser zu:

> „Beschluß.
> Freund es ist auch genug. Jm fall du mehr wilt lesen /
> So geh und werde selbst die Schrifft und selbst das Wesen“ [72].

71 Walter Nigg, a. a. O., S. 55 ff.
72 Ch. W. VI, 263; S. 285.

10 Franz von Baaders Briefe an Franz von Stransky auf Stranka und Greiffenfels über die mystisch-theosophische Lehre Jakob Böhmes

1 Einleitung

Franz von Baader und der böhmische Reichsritter Franz Otto von Stransky auf Stranka und Greiffenfels führten von 1805 bis 1841 einen Briefwechsel, der hauptsächlich der Theosophie Jakob Böhmes gewidmet war. Während die Briefe Baaders an Stransky nahezu vollständig erhalten sind[1], ist der größte Teil von Stranskys Briefen an Baader verloren gegangen. Baaders Briefe an Stransky vermitteln einen tiefen Einblick in sein Verstehen und Deuten der mystisch-theosophischen Lehre Jakob Böhmes, für den sich Stransky, der mit dem Werk des französischen Böhme-Kenners Louis Claude Saint-Martin[2] vertraut war, offensichtlich sehr interessierte. Bevor diese Briefe Baaders vor dem Hintergrund von Baaders Böhme- Deutung im Ganzen nach ihrem Inhalt geordnet vorgestellt werden, wird zunächst ein kurzer Überblick über Leben und Werk Franz von Baaders und Franz von Stranskys auf Stranka und Greiffenfels gegeben.

1.1 Franz von Baader

Benedikt Franz Xaver von Baader wurde am 27. März 1765 in München als Sohn des kurfürstlichen Leibarztes Franz Josef Baader und seiner Gattin Maria Dorothea Rosalia von Schöpf geboren. Er studierte von 1781–1784 in Ingolstadt und Wien Medizin und ließ sich anschließend in München als Arzt nieder. 1786 gab er den ärztlichen Beruf auf und studierte von 1788 bis 1792 an der Bergakademie zu Freiburg im Erzgebirge Bergwissenschaften und arbeitete anschließend bis 1796 in schottischen und englischen Bergwerken. Dort beschäftigte er sich unter dem

1 Die Briefe Baaders sind veröffentlicht in: Franz von Baader, Sämtliche Werke, hrsg. von Franz Hoffmann, Bd. 15, Leipzig 1857 (Nachdruck Aalen 1963), S. 161–704. Im Folgenden abgekürzt: Franz von Baader, S. 15. Außerdem in: Eugène Susini, Lettres inédites de Franz von Baader, Quatriéme Partie, Paris 1967. Im Folgendem abgekürzt: Susini.

2 Louis Claude Saint-Martin (1743–1804), französischer Philosoph, Mystiker und Theosoph, der sich u. a. auch auf die Lehre Jakob Böhmes gründet. Über sein Leben und Werk: Gerhard Wehr, Sain-Martin: Der „Unbekannte Philosoph", Berlin 1995.

Eindruck der Französischen Revolution mit der zeitgenössischen Philosophie, lernte die Schriften Saint-Martins und durch diesen auch Jakob Böhme kennen. Nach seiner Rückkehr arbeitete er in München ab 1797 als Münz- und Bergrat und ab 1800 als Oberbergmeister. Von 1805 an vertieft er sich in die Schriften Jakob Böhmes. Im Jahr 1807 wurde Baader zum Oberstbergrat befördert und ein Jahr später zum Mitglied der Bayrischen Akademie der Wissenschaften ernannt. Seit 1826 hielt er als Honorarprofessor an der neu gegründeten Universität in München Vorlesungen über philosophische Erkenntniswissenschaft, Religionsphilosophie und über die Lehre Jakob Böhmes. Weil er sich im Kölner Kirchstreit gegen jeden kirchlichen Absolutismus aussprach, wurde ihm 1838 vom bayerischen Innenminister Karl von Abel verboten, Vorlesungen über Religionsphilosophie zu halten. Baader starb am 23. Mai 1941 in München[3].

1.2 Franz Otto von Stransky auf Stranka und Greiffenfels

Franz Otto von Stransky auf Stranka und Greiffenfels wurde am 15. Oktober 1778 in Tschaslau (Čáslav) in Mittelböhmen als Sohns des Gubernialrates Josef Ritter von Stransky von Stranka und Greiffenfels (gest. am 23. April 1825 in Prag) geboren[4]. Nach dem Studium der Philosophie und Medizin promovierte er in beiden Fächern. „In den Thesen, die er bei seiner aufsehenerregenden Promotion in Bamberg verteidigte, hatte er sich nicht bloß zu den von A. W. und F. Schlegel im ‚Athenäum' vertretenen Anschauungen bekannt, sondern sich als Anhänger Schellingscher und Röschlaubscher Ideen erwiesen. 1805 erschienen von ihm zwei Schriften: „Beleuchtung physiologischer Gegenstände" und „Geist der natürlichen Dinge". Bei letzterer Schrift, einer philosophischen Skizze, ließ schon der Titel erkennen, dass sich der Verfasser mit dem französischen Theosophen Saint-Martin (1743–1804) vertraut gemacht hat"[5]. Später hat er die Zeitschrift „Geist der neuesten medizinischen und chirurgischen Schriften Deutschlands" herausgegeben. Im Jahr 1806 reiste er mit seiner Frau Christine, geb. Freiin von Schleich nach Böhmen und dann nach Wien. Seine Hoffnung, dort als Leibarzt einer Erzherzogin angestellt zu werden, erfüllte sich nicht. Stransky trat deshalb in den bayerischen Staatsdienst ein und war von 1809 an als Stadtgerichtsarzt in Eichstätt tätig und von 1817 an als Medizinalrat in Augsburg. 1824 wurde er zum Kreismedizinalrat in Bayreuth ernannt. Stransky starb am 29. Oktober 1845 in München.

Es ist nicht bekannt, wann und wo sich Baader und Stransky begegnet sind. Da der Briefwechsel im Jahr 1805 beginnt, kann dieses Jahr als wahrscheinlich ange-

3 Vgl. die Biographie über Franz von Baader, in: Franz von Baader, Sämtliche Werke, Bd. 15, S. 1–160.

4 Vgl. Genealogisches Taschenbuch der adeligen Häuser Österreichs, Bd. 5, Wien 1913, s. 583.

5 Friedrich Schlegels Briefe an Frau Christine von Stransky geborene Freiin von Schleich, hrsg. von M. Rottmanner, Bd. I, Wien 1907, S. XII.

nommen werden. Der Grund für ihre Begegnung und ihren Briefwechsel waren gemeinsame naturphilosophische und theosophischen Anschauungen, wie sie in Kreisen der Romantiker gepflegt wurden.

2 Franz von Baaders Briefe über die mystisch-theosophische Lehre Jakob Böhmes

Franz von Baader hat Böhme für Deutschland wiederentdeckt und ist sein bedeutendster Interpret im 19. Jahrhunderts. Seine Deutungen hat er in einer Reihe von Werken[6] vorgelegt, in denen er die Lehre des Philosophus Teutonicus zum Teil auch mit der Begrifflichkeit des deutschen Idealismus gründlich und umfassend darlegt. In seinen Briefen an Stransky beleuchtet er einzelne Anblicke dieser Lehre. Um diese Anblicke in den Zusammenhang seiner Böhme-Interpretation einordnen zu können, wird zunächst ein Überblick über das Ganze von Baaders Böhme-Deutung gegeben.

2.1 Überblick über das Ganze von Baaders Böhme-Deutung

Ausgangspunkt für Baaders Darstellung der mystisch-theosophischen Lehre Böhmes ist das absolute Sein Gottes. Baader versteht das absolute Sein Gottes als ewiges Leben Gottes, und demzufolge ist Gott „ein ewiges Sein und ewiges Werden zugleich“[7]. Gott ist ein ewiger Prozess, dessen ewige Kreisbewegungen sich vom ewigen Anfang immer durch die Mitte wieder in das ewige Ende schwingen und diese wiederum in den Anfang.[8] Diese Theogonie ist jedoch „keine Geschichte der Entstehung Gottes, sondern die Nachweisung des von Ewigkeit her waltenden lebendigen Processes im göttlichen Selbstbewusstsein“[9]. Damit ist der Begriff des absoluten Seins dialektisch offen, und es stellt sich die Frage, ob sich ein Weg hinter dieses Sein eröffnet: „Hinter das Sein kommen kann nichts Anderes sagen wollen, als dieses letzte selber als ein gewordenes, als ein werdendes, folglich auch wieder entwerdendes d. i. beständig sich erneuerndes Sein begreifen. Jedoch nicht so, dass ein indifferentes blosses Seinkönnen oder auch Wollen ihm vorginge, sondern so, dass man dem Sein als einem Factum die Factio als inneren, simultanen Grund unterlegt“[10]. Der Zusammenhang zwischen Factio und Factum wird von Baader auch als simultanes Gewirktwerden und Wirken und als simultane Innerlichkeit

6 Franz von Baader: Vorlesungen und Erläuterungen zu Jacob Böhmes Lehre, in: Franz von Baader, S. 13.
7 Franz von Baader, SW, 2, S. 21.
8 Vgl. Franz von Baader, SW S. 13, 65, Anmerkung.
9 Franz von Baader, SW, S. 13, S. 65
10 Franz von Baader, SW, S. 13, S. 168

und Äußerlichkeit bezeichnet. „In diesem Sinne haben ältere Theologen von einer Interiorität und Exteriorität Gottes gesprochen, von einem Esoterischen und Exoterischen seines Seins, wohin auch der Begriff vom logos enthetos und ekthetos gehört“[11]. Mit Nachdruck betont Baader in diesem Zusammenhang, dass Jakob Böhme „diese Innerlichkeit und Äußerlichkeit Gottes immanent fasst und nicht unter der Äußerlichkeit des göttlichen Seins sofort das geschöpfliche Sein begreift“[12]. Der esoterische und exoterische Anblick des einen und ewigen Gottes ist also in die immanente göttliche Selbstoffenabrung eingebunden, die sich in drei Momenten vollzieht. Unter ausdrücklicher Berufung auf Jakob Böhme unterscheidet Baader somit „drei Momente des Seins und des Wirkens, als 1) das stille, unoffenbare oder magische Sein, als Indifferenz oder Ungeschiedenheit der Innerlichkeit und Äußerlichkeit desselben. 2) Das in Innerlichkeit und Äußerlichkeit geschiedene, und 3) das in letzter beider Conjunction concrete Sein und Wirken“[13]. Die dialektische Vermittlung dieser drei Momente besteht nun darin, dass das Seiende sich innerlich ist, insofern „es seine Vielheit in seiner Einheit aufgehoben, ruhend und begründet hält, beides durch dieselbe Mitte“[14]. Noch genauer spricht Baader von diesen drei Momenten, wenn er feststellt: „1. Die Vielheit, in der Einheit aufgehoben; 2. das Hervortreten der Schiedlichkeit durch die und in der Natur; 3. die Wiederaufhebung der Schiedlichkeit in der Einheit, wo das Gliederleben in der Einheit ausgestaltet ist. Nun wird zugleich mit der Vielfalt auch die Einheit lebendig. Im ersten Moment war Gott nur entzündlich (zum Licht), im zweiten zeugt er sein Entzündendes, und im dritten entzündet er sich wirklich zum Lichte“[15]. In dieser Dialektik der drei Momente erscheint der Begriff der ewigen Natur in Gott, durch den sich Gott nach außen, aber immer noch in Gott, offenbart. Dazu stellt Baader fest, dass Jakob Böhme zuerst den Ternar aufstellt und dann zeigt, „wie dieser den Dualismus der Natur und der Sophia in sich setzt, und, indem er ihn setzt, aufhebt und durch sich selbst manifest wird“[16]. Dieser Vorgang gründet im ungründlichen göttlichen Willen, denn „derselbe ungründliche Wille, der heisset und ist der Einige Gott, welcher sich in sich selber fasset und findet, und Gott aus Gott gebiert“[17]. Die Selbstfassung entspricht nach Baader der ewigen Selbstbewusstwerdung Gottes. On diesem Prozeß müssen wiederum drei Momente unterschieden werden. „Der erste Moment nemlich des

11 Franz von Baader, SW, 13, S. 168.
12 Franz von Baader, SW, 13, S. 168 f.
13 Franz von Baader, S. 7, S. 298 f, Anmerkung.
14 Franz von Baader, S. 9, S. 182 Anmerkung.
15 Franz von Baader, S. 13, S. 77.
16 Franz von Baader, S. 13, S. 64.
17 Franz von Baader, S. 14, S. 64. Das Böhme-Zitat stammt aus Jakob Böhmes Gnadenwahl 1, 4.

Selbstbewusstseins ist die Fassung. Diese geht unmittelbar über in das Gefasste (den Sohn der Fassung) und dieses Gefasste, indem es sich findet, spricht sich aus, und vollendet den Ternar im Ausgesprochensein"[18]. Im „tiefsten Mysterium der Gottheit ist aber nach J. Böhme der heil. Ternar nur in potentia oder essential und tritt nur erst durch das Medium der ewigen Natur (Begierde) in actum als personaliter (in essentiam unitas, in personis proprietas)"[19]. Der persönliche exoterische Gott offenbart sich aus der unpersönlichen exoterischen Gottheit. Mit anderen Worten, erst durch „die ewige Natur (ihre Wiederaufhebung) gebirt sich nach J. Böhme jenes tiefe Mysterium der Gottheit zum offenbaren Gott aus, zum dreifaltigen, naturfreien, aber nicht naturlosen Geist[20]". Diese ewige Natur als unmittelbar schaffendes Prinzip im göttlichen Selbstoffenbarungsprozess darf nicht pantheistisch missverstanden werden. Im Gegenteil, „darin unterscheidet sich J. Böhme von allen Naturphilosophen, dass er den stillen, esoterischen Gott (den jene auch annehmen) nicht wie jene durch die Creatur, sondern durch die ewige Natur in sich, sich selbst offenbar werden lässt[21]". Die ewige Natur wird von den sieben Naturgestalten oder Qualitäten, nämlich Begierde, Bitternis, Angst, Feuerblitz, Liebe, Schall und Wesen, gebildet. Baader betont, dass man die Darstellung der sieben Naturgestalten beim Feuer beginnen müsse, weil es die Mitte ist, aus der alle Gestalten entstehen[22]. In der Tat entsteht der Feuerblitz in der Mitte aus der „Conjunction der Natur und Übernatur[23]". Dieser Feuerblitz zwischen esoterischer Gottheit und exoterischem Gott ist das Kernstück der Lehre Böhmes. Im Feuerblitz scheidet sich das Licht- und Freudenreich als II. Prinzip vom Zornfeuer Gottes als I. Prinzip. Mit diesem Gegensatz ist aber die göttliche Selbstoffenbarung keineswegs auf einen im göttlichen Ungrund verborgenen Dualismus von Gut und Böse reduzierbar, vielmehr dient er zur Offenbarung der Weisheit Gottes. Die ternarische Struktur der göttlichen Selbstoffenbarung spiegelt sich auch in der ganzen Schöpfung wider, deren Höhepunkt der Mensch ist. In ihm als dem androgynen Urmenschen zeigt sich Gott gewissermaßen ganz"[24]. Durch den Fall verliert der Mensch diese Vollkommenheit und wird getrennt als Mann und Frau in die Zeitlichkeit versetzt. Die Zeit ist aber auch eine Gnadenzeit. Durch die Gnade der Menschwerdung Gottes wird er aber wiedergeboren und findet den Weg zur erneuten Hochzeit mit der himmlischen Jungfrau. Gott selbst hat alles vorbereitet, dass der durch die Zeitlichkeit und Materialität gehemmte

18 Franz von Baader, S. 13, S. 64.
19 Franz von Baader, S. 2, S. 305.
20 Franz von Baader, S. 2, S. 306.
21 Franz von Baader, S. 13, S. 66 Anmerkung.
22 Vgl. Franz von Baader, S. 13, S. 84.
23 Franz von Baader, S. 13, S. 256.
24 Franz von Baader, S. 8, S. 58 Anmerkung.

Weltprozess endlich seine Vollendung finden kann. Der Mensch darf dabei Gott nicht daran hindern, „sich seiner (des Menschen) zur Vermittlung seines (Gottes) Descensus und Ascensus zu bedienen, er soll das Niedersteigen des Himmels in und durch sich zur Erde, so wie das mit ihren Kräften sich Erheben der letzteren in den Himmel ... nicht hemmen“[25]. Vielmehr soll der Mensch seinen Willen dem Willen Gottes übergeben. Damit wird der Mensch wieder zum Träger des Gottesbildes und steht in innigster Gemeinschaft mit dem göttlichen Urbild selber. Dieser Vorgang ist nichts anderes als die Wiedergeburt des Lichtlebens und der Aufgang der Sophia oder himmlischen Jungfrau im Menschen. Dieses göttliche Leben, das im Menschen als Gottesbild wie eine Blume aufwächst, bezeichnet Baader als Gebet. Und das durch das Gebet im Menschen aufblühende Gottesbild „muss immer als ein Ritter stehen, und ist ihr (dem Bildnis) am nützlichsten, dass sie sich in Geduld wickle, unter's Kreuz hülle und immer in Liebe aufquelle; denn diese ist ihr Schwert, womit sie als mit dem sanften Wasser des ewigen Lebens sowohl den Teufel niederschlägt als das irdische Wesen austreibt, denn beide vertragen sich nicht mit der Liebe“[26]. Entsprechend diesem kurzen Überblick über das Ganze von Baaders Böhme-Deutung werden im Folgenden die Briefauszüge thematisch zusammengestellt.

2.1 Das absolute Sein Gottes und die göttlichen Offenbarungen

Aus dem Brief vom 7. September 1838:

„Man versteht die Quadruplicität des Seins so lange nicht als man nicht erkennt, dass das unoffenbare Sein (als Sein in der stillen ungeschiedenen, unentwickelten, unmittelbaren Temperatur, was sie das indifferente nennen) durch das differente Sein (als Sein durch das verdeckte und verwickelte in das innerlich und äusserlich geoffenbarte Sein (als Polarität) tritt, und von da wieder in jenes stille sein rückkehrt. Dieser Übergang aus dem verdeckten in das offenbare Sein geschieht durch Aufhebung des differenten Seins mittelst einer Selbstfassung aus dem ersten unentwickelten Sein, wodurch die Gebärmutter gebrochen (geöffnet) wird, weil sie hiemit die Kraft zu gebären gewinnt. Was sohin in die Gebärung tritt und zum Vorschein kommen will und soll, das muss in die Verhüllung, Einschliessung oder Finsterung, was sich gliedern soll, muss in die Differenz (in den Formationsstreit) eingehen, welche Gliederung also nur als aufgehobene Differenz, welches Licht nur als aufgehobene Finsternis, welche Liebe des Lebens nur als dessen aufgehobener Zorn begriffen wird, und zwar so, dass es in der Normalität gar nicht zum Ausbruche der Differenz, Finsternis oder des Zorns kömmt. Wenn darum hier

25 Franz von Baader, S. 8, 290 f.

26 Franz von Baader, S. 14, S. 486. Baader zitiert hier aus Jakob Böhmes „Menschwerdung Jesu Christi“ T. 3; 7, 5.

vom Vater gesagt wird, dass er in seiner Gebärung sich verfinstere, so wie durch den Geborenen erleuchte, so versteh man des Vaters Natur (nicht den freien Willen zur Natur), deren Verfinsterung aber nie ad actum kömmt, und also immer in der Aufhebung (Erleuchtung) bleibt, weil der Revelator immer geboren wird"[27].

Aus dem Brief vom 31. Dezember 1838:

„Es genügt nicht, dass die Theologen immer von göttlicher Offenbarung reden, wenn sie nicht tiefer, als sie bisher gethan, in den Begriff der Offenbarung überhaupt eintragen. Falls sie aber dieses thun, so werden sie finden: 1) dass dieser Begriff mit jenem des Gebärens zusammenfällt, was auch schon die Wurzel bar sagt. 2) Dass kein Offenbaren anders als wechselseitig oder als ein gedoppeltes geschieht, nemlich als die Offenabarung eines Höheren, Descendirenden und Elevirenden und eines Niedrigern, Elevirtwerdenden, so dass zwischen beiden ein solidärer Verband stattfindet, mag man die Offenbarung nur immanent als Selbstoffenbarung oder Selbstgeburt fassen oder nicht. – Es ist immer ein Höheres, einem Tieferen als solchem Unfassliches, was sich diesem einsenkend in ihm seine Unfasslichkeit aufhebt (suspendirt), will sonst keine Verbindung geschähe, damit dieses Tiefere im Reascensus der Unfasslichkeit (der höheren Natur) des Ersteren theilhaft werde. Dieser allein richtige Begriff der Offenbarung spricht also jenen einer Transmutation oder Wandlung aus, und wendet man diesen Begriff auf die Offenbarung des Schöpfers dem Geschöpf an, so enthüllt sich uns das tiefste Mysterium des Christenthums, indem wir sofort einsehen, dass eine solche Offenbarung (als wechselseitige Eingeburt) nicht geschähe, falls der Schöpfer das Geschöpf nicht seiner schöpferischen Natur theilhaft machte, so wie er sich der geschöpflichen Natur theilhaft macht, ohne dass jedoch eine pantheistische Homousie und Confusion beider Naturen stattfände, in welcher beide sich nicht als beiwohnend finden, sondern in einander verlieren würden. Diese Theorie der Offenbarung, deren Ermanglung bis jetzt alles Verständnis der Mensch- oder Creaturwerden Gottes unmöglich machte, ist aber bereits im Evangelium ausgesprochen, wo es heisst: Wer sich selbst gegen Gott als den allein Höheren und Erhöhenden vertieft und verbringt, hiemit der Offenbarung Gottes dient (sich zu derselben gibt), wer also nicht sich, sondern Gott offenbart (Gott in sich gebären macht), den offenbart (gebärt) Gott. Denn Gott will nicht ohne das Geschöpf und dieses kann nicht ohne Gott offenbar werden, wesswegen es auch nicht ohne oder gegen Gott soll offenbar sein wollen"[28].

27 Franz von Baader, S. 15, S. 582 f.
28 Franz von Baader, S. 15, S. 598 ff.

Aus dem Brief vom 27. Januar 1840:

„Versteht man unter dem Wort: Absolutheit des Seienden dessen Absolvirtheit als Vollendtheit (Integrität, Totalität, Erfülltheit, Ganzheit – Einheit – denn das Ende ist hier nicht Aufhören des Seienden, sondern dessen Vollendtheit und Sabbat), so kann man diese Absolutheit sowohl im absoluten als relativen Sinne nehmen, sowohl für den primitiv Seienden (Gott) als für die derivirt seiende Creatur, welche letzte an der Absolutheit (sibi sufficientia) Gottes Theil nimmt ohne Theil desselben zu werden. – Aber keiner der bisherigen Philosophen (besonders seit Cartesius), J. Böhme ausgenommen, hat dieses sich Absolviren oder Absolvirtwerden des Seienden (welches mit seinem Sichgründen, Begründen und Selbstigen zusammenfällt) als einen Process, als ein Geschehen nach seinen einzelnen Momenten begriffen, (wie denn die Vorstellung des Absoluten in der Naturphilosophie nur ein logisches Gespenst ist) und noch weniger konnten sie die Normalität und Abnormalität dieses Processes als eine Evolution (somit von einer Stagnation und Revolution desselben) Rechenschaft geben; in welcher Unwissenheit denn der Hauptgrund des Unverstandes dieser Philosophie in den Religionsdoctrinen liegt. – Der Begriff des Grundes eines Daseienden (Existenten) fällt nemlich mit jenem des in sich oder in einem andern oder durch ein anderes Seiendes Mittegewinnens zusammen, dieser mit jenem des Sich-mit-sich-Zusammenschliessens (Rundens) und Beschlossenhaltens, dieser Begriff endlich mit jenem des sich Vollendens, Ergänzens, Integrirens des Daseienden. Wie denn der Sohn sagt, dass Er mit dem Vater Eins sei, oder dass sich beide zusammen ergänzten, so wie dass seine Jünger in ihm vollkommen (vollendet) in Eins seien, und wie jedes Organ nur in sich ganz ist, wenn es alle übrigen Organe sich ergänzen hilft. – Diese vollendete Gründung wird somit als ein Process, dieser als Process begriffen, dessen Vollendung mit dem Regress (innere Circulation) zugleich eintritt, womit also der Process aus der Zeit in die Ewigkeit tritt, so dass der Begriff des ewigen Daseins mit jenem des ewigen Werdens, Erneuerns oder Lebens zusammenfällt, und in welchem man, wie gesagt, einzelne Stadia als Momente unterscheidet, durch welche dieser Process aus- und eingeht, wie schon Aristoteles die Seele eine sich fortbewegende Entelechie oder eine sich fort und wieder zurückzählende Zahl nennt. J. Böhme hat diese Sichselbstgründungs- und Selbstvollendungsmomente in Gott nach allen Momenten nachgewiesen und gezeigt, wie mit der Ingeburt des Sohns der ewige Sabbat in Gott eintritt (wie es denn heisst, dass Gott in Ihm (seinem Sohne) vollkommenes Genügen findet). J. Böhme zeigte ferner, dass dieser Vermittlungs- und Absolvirungsprocess, der in Gott uncreatürlich statt findet, in der Creation nachbildlich statt finden soll, dass aber die Vollendung der Creation (ihr Sabbat) nur durch Theilhaftwerdung an dem ewigen Sabbat in Gott geschehen kann. J. Böhme bemerkt nur nicht, dass so wie die Vollendung des Seins Gottes nur durch die Ingeburt des Sohns Gottes geschieht, als den Generationsprocess schliessend, eben so die Vollendung der Creation nur durch Schaffung des Menschen als Schlussgeschöpfs möglich wird, und J. Böhme bemerkte darum auch nicht, dass die in der Evolution des Schöpfungsprocesses entstandene Katastrophe (als revolutionäre Gegenbewegung) nothwendig gegen die Schöpfung und den Bestand jenes Schlussgeschöpfes gerichtet werden konnte. Die Überwindung oder Besiegung dieser revolutionären Bewegung und das Wiederfortgehen des Schöpfungsprocesses zu seiner Vollendung als zur Menschenschaffung hub mit der Gründung der Erde aus dem Chaos (tohu-vabohu) an, als arrêt der Entgründung (weswegen die Erde arez, Erz, terra, per inversionem arreter, hart etc. heisst), und darum heisst es bei Isaias , dass die Morgensterne (die nicht sich empört habenden Geister) jauchzten über der Gründung der Erde“[29].

2.2 Über den heiligen Ternar

Aus dem Brief vom 27. Juni 1828:

„Ich habe letzthin in meinen Vorlesungen über speculative Dogmatik eine Construction des Ternars nach J. Böhme'schen Principien aufgestellt, von welcher ich E. Hochw. einiges mittheilen will, besonders einer in selber enthaltenen physiologischen Ansicht wegen. Der Fehler aller bisherigen Darstellungen des Ternars ist der, dass sie die geschiedene Persönlichkeit des Geistes nicht klar machen. Wenn aber der Geist, als Hauch oder das Gehauchte (spiritus spiratus) in J. Böhme's Sprache, das gefasste Wort mit dem ausgesprochenen Wort verbindet, so könnte er nicht geschieden, und gegen den Vater und das Wort als drittes agens bestehen, er könnte nicht von diesen beiden spirirt werden, wenn nicht zugleich mit ihm ein Wesen ausginge, in welches eingehend er in ihm das ausgesprochene Wort (Sophia, Bild, Gedanke, λογος προφορικος) eröffnet. So könnte die Luft vom Feuer und licht nicht unterschieden ent- und bestehen, wenn nicht mit ihr als Geist zugleich ein Wesen (das Materielle der Luft als Subject) ausginge, und eben die bisherige Verkennung eines Passiven in Relation mit dem dreifachen Activen, als den drei Agenten des Ternars, ist es, was den Begriff des letztern bis jetzt dunkel liess. Ich habe aber in meinen Vorlesungen gezeigt, dass überall, wo in der Natur ein Quaternar erscheint, dieser in einen activen Ternar und in ein passives Subject sich unterscheidet. So z. B. ist in den 4 Weltgegenden der Abend recipiens. – Quand on est a trois, on est a quatre. J. Böhme nennt nun dieses durch den Geist (eigentlich durch den gesammten Ternar) Ausgesprochene den Leib des Ternars, als dessen Umschluss und Wohnung, und aus seiner Darstellung ergibt sich, dass nicht, wie so oft gesagt wird, Seele, Geist und Leib ein Bild des Ternars sind, sondern Seele

29 Franz von Baader, S. 15, S. 642 ff.

und Geist, weil jene ein Zweifaches (Feuer- und Lichtseele, Vater und Sohn) ist, und der Leib hier die durch den Geist eröffnete Wesenheit oder Sophia vorstellt, so wie blut- und Nervenseele den eigentlichen Lebensgeist spiriren, welcher ins Organ (Fleisch) gehend dieses eröffnet. J. Böhme nennt dieses Ausgesprochene auch Spiegel und Auge Gottes oder den Urgedanken Gottes (Pensée Dieu, nicht Pensée de Dieu), weil in der That der Gedanke als Subject des dreifachen Actes des Selbstbewusstseins dessen erster geistiger Leib und Wohnung ist. Das Sichfassen (Concipiren) und das Sichaussprechen (Nennen) fsllen zwar zusammen, müssen aber doch unterschieden werden, sowie der sich selbst wissende Geist zugleich (nicht succesiv) der sich fassende, der gefasste, der aus der Fassung sich aussprechende (nennende) und der ausgesprochene (genannte; – Name) ist. Diese Acte sind aber alle immanent, und man muss dieses immanente Sichselberaussprechen Gottes nicht mit dem emanenten creatürlichen Aussprechen vermengen. Eine Vermengung, welche, sie mag sich verwahren, wie sie will (wie jetzt Schelling thut), doch pantheistisch ist. – In der deutschen Theologie wird der irrige Satz aufgestellt: „Deus est in se, fit in creaturis“, womit der Begriff der Genesis aus Gott hinaus gewiesen, und dessen Sein, abgesehen von Seiner creatürlichen Manifestation, als ein unwirksames, unwirkliches, stilles oder magisches Sein, und als nichtactuoser Schemen vorgestellt wird. Gott ist nach dieser Vorstellung (welche auch die Hegel's ist) nur Anfang (Princip) und vollendet sich erst im Geschöpf, welches somit zu Gott sagen könnte: Du hast zwar mich gemacht, dafür aber mache auch ich wieder Dich. –

Der Spiegel (das Auge), sagt J. Böhme ferner, erzeugt das Bild nicht, das in ihm eröffnet wird, sondern er hält stille dem ihn beschattenden, eröffnenden Geist, und er nennt diese Idea darum Jungfrau, weil sie gegen den Ternar willenlos und nicht per se agens ist, folglich nicht etwa eine 4. Persönlichkeit in Gott. Von dieser Idea (eigentlich von der ihr aus-, nicht abgehenden und der Creatur inwohnenden) sagt J. Böhme ferner, dass sie in der Ehe mit Gott sei, d. h. als das Ungeschaffene in letzter keine Vermischung mit deren Willen leide, so wie das Auge keine Vermischung mit irdischem Wesen“[30].

Aus dem Brief vom 6. März 1840:

„Der Begriff des Wortes schliesst jenen des Infassens (Sprechens, Eingebärens) und des Aussprechens, somit Ausgesprochenseins desselben A ein. Das heisst: das ingefasste Wort setzt ein ungefasstes, insofern unbestimmtes Schauen und Schauliches (Vision) voraus, welches ins oder zum Wort gefasst, hiemit aber diese und wesentliche und unbestimmte Vision zur wesentlichen und bestimmten, und aus der ersten magischen (imaginirenden) Impression (Begierde) durchs Wort

30 Franz von Baader, S. 15, S. 446–449.

als distinctes, bestimmtes und erfülltes Schauliches ausgeführt wird. Die logische Identitätsformel A = A oder das Subject ist das Prädicat, drückt darum dieses Sichgleichsein eines nichtoffenbaren Schaulichen oder Schauens mit diesem als offenbaren aus mittelst des Wortes als des Existenzgebenden, welches mit dem A ist A ausgedrückt wird, es mag übrigens mit dem indistinct und verborgen Schauen oder Schaulichen ein solches als primitives gemeint sein, oder nur ein relativ unoffenbares, wenn nemlich das in einer andern Region Offenbare nur in einer zweiten nicht offenbar oder (wie das Wort bar sagt) dieser nicht eingeboren ist. Der Vater, welcher das Wort spricht oder gebiert, oder es aus seiner verborgenen unausgesprochenen Weisheit (Idea) ins oder zum Wort (Sohn) fasst, geht in und mit diesem Sprechen als Aussprechen oder Aussprecher (Geist) ins Ausgesprochene (Weisheit oder Idea) ein, womit der Unterschied einer verborgenen und offenbaren Weisheit bei J. Böhme klar wird. Indem der Vater Etwas (als Grund, Widerhalt und Kraft) in sich suchend findet, findet er im Ausgang als Geist sich in Etwas, welches Sich-in-sich-Finden und Empfinden ein Fühlen, so wie das sich aus sich in Etwas Finden und Empfinden ein Schauen (im engeren Sinne des Wortes) ist, welcher Eingang und Ausgang im normalen Process simultan als Progress (Egress) und als Ingress (Regress), als doppelte durch eine Mitte (Herz) bedungene Circulation zu begreifen ist. – Die Physiologen hätten übrigens schon in dem allgemeinsten Gesetze der Alimentation dasselbe hier ausgesprochene Gesetz erkennen können, indem das Feuer ein Unmittelbares und Verborgenes (Speise) in sich ziehen und verzehren oder aufheben muss, um dieses Aufgehobene aus sich und sich in ihm als seinem Leib einzugebären, denn wie der Hunger nach Speise als Intussusception erfüllt und gestillt ist (welche Intussusception sie als Juxtaposition nehmen, also leugnen), so verwandelt sich das zehrende Feuer in ein wachsthümliches. Wenn darum J. Böhme von Gott als Schöpfer sagt, dass es seine Lust sei, sein Gleichnis oder Bild zu besitzen (meine Lust, sagt die Weisheit bei Salomon, ist bei den Menschenkindern), so darf man diesen Satz nur dahin erweitern, dass man sagt, es sei die Lust des Schöpfers wie des Geschöpfes, sein Gleichnis zu besitzen und von ihm besessen zu sein, es in sich zu finden, also zu gebären, wie aus sich sich in ihm zu finden und von ihm geboren zu werden (welches Gebären, wie gesagt, ein Schwängern voraussetzt), um das Grundgesetz des Lebens auszusprechen. – Das Leben findet sich in seinem Genügen und Vergnügen, wenn es fühlt, was es sieht und sieht, was es fühlt und eines das andere setzt“[31].

31 Franz von Baader, S. 15, S. 651 ff.

2.3 Über die ewige Natur in Gott und die sieben Naturgestalten

Aus dem Brief vom 12. August 1838:

„Sie werden, hochv. Fr., wohl thun, sich mit meinem Begriffe der Polarität (als Innerlichkeit und Äusserlichkeit) alles Daseienden recht vertraut zu machen, weil ohne diesen Schlüssel das Mysterium des natürlichen und göttlichen Lebens unaufgeschlossen bleibt, ut historia docet. Wenn z. B. J. Böhme sagt, dass nur der Geist actualiter sieht, so versteht er unter Geist den in seinen Grund eingegangenen, hiemit auf- und ausgehenden (nicht abgehenden), zur Verselbstigung (Geistigkeit) wordenen Willen, welch' letzterer als noch ungefasst und seine Mitte (Gründung) nicht gewonnen haben nur ein potentiales (disseminirtes) Sehen ist, welches sich erst ideal fasst, um sich real fassen zu können, was denn auch vom Sprechen und Thun gilt. Aber diese Mitte oder Gründung (des Schauenes, Sprechens und Wirkens) ist zugleich Unterscheidung (nicht Scheidung). – Denn von der Mitte geht der Geist aus, sowohl in die concentrirte Tiefe und Verborgenheit, als in die disseminirte, und die wahrhafte Höhe ist die Mitte zweier Tiefen (der microscopischen und der telescopischen, entgegen der gemeinen Ansicht, welche Höhe und Tiefe dualistisch fassen will) oder der Begriff beider. – Wenn ich ferner den Begriff der Androgyne in die Union der zwei Causalitäten oder Causalitätshälften in einen positiven Grund (Mitte) setze, so weise ich hiemit abermal nur auf dieselbe Polarität des Daseins zurück, welche in Eintracht im positiven Grunde, in Zwietracht und Differenz im negativen Grunde gehalten wird. J. Böhme hat in den zwei ersten Naturgestalten (deren Verständnis jenes seiner Naturphilosophie bedingt) als in der einschliessenden (niedersteigenden, concentrirenden) und in der aufschliessenden (aufsteigenden, excentrirenden) bereits den ersten Ansatz zu dieser Polarität (der Untiefe der Innerlichkeit und Äusserlichkeit) angedeutet, welche aber hier in ihrem unmittelbaren oder Naturgrund und in dieser negativen Mitte (Angst-Centrum – Gedränge und Enge des Urstandes des Naturlebens) sich wechselseitig negiren, so dass es keineswegs, wie man sich gewöhnlich vorstellt, zu einem wirklichen Descendiren oder Ascendiren in indefinitum kömmt, sondern nur zu einer tantalischen Sucht nach beiden. – Diesen seines innern Masses oder Gesetztes ermangelnden Doppeltrieb gewahrt man übrigens sowohl in intelligenten als in nichtintelligenten Naturen, z. B. in der Schwere bleibt auch bei äusserem Aufhalten das innere Versinken als innere Unruhe (der Stein mag von einem Berge getragen werden, oder im Innersten der Erde liegen) und es ist eine falsche und flache Vorstellung, sich die Function der Schwere anders als die des aggregirenden Todtengräbers zu denken, und dieselbe mit der Attractio viva zu vermengen, wie noch alle Astronomen thun. Ebenso ist das Gemüth schwer, kleinmüthig und in Verzweiflung versinkend, welches in seinem Sinken keine innere

Aufrichtung inne wird, so wie das Gemüth hochfahrend ist, das keine Gränze seines Aufsteigens in sich findet. Wie aber Erhabenheit (innere Begränzung in der freien Bewunderung) und Demuth oder Tiefmuth (innere Begränzung des Sinkens) in solidum verbunden sind, so Hochfart und Niederträchtigkeit, und es ist nur unverständig, von einer Begründung des Senkens und nicht auch von jener des Aufsteigens zu sprechen. Sagt man darum vom Feuer (als aufsteigendem Feuergeist), dass es nicht ohne Aliment bestehe, so meint man, dass, indem dieses letztere (als niedersteigender Wassergeist) sich mit ihm verbindet, beide sich Gränzen setzen, hiemit aber Bestand gewinnen, wie man sagt, dass Mann und Weib in einen Leib zusammengehen, denn auch der Wassergeist besteht für sich nicht, und die Speise (das Weib) bedarf zu ihrem Bestand nicht minder des Hungers (des Mannes) als dieser jener, weil nur die wechselseitige Intussusceptio sie beide substanzirt, d.h. ihre ab intus productio als gemeinsamen Leib hervorbringt. – Aber man versteht dieses allgemeine Gesetz der doppelten in einen Grund oder eine Mitte zusammengehenden Causalität als Pluralität nicht, – sowohl wenn man nicht weiss, wie und dass diese Duplicität in den (negativen oder positiven) Grund eingehend zur Triplicität wird, und nicht etwa als ob der Grund der dritte Terminus wäre – weil nicht zwei, sondern nur drei eine fixe Mitte geben und eine Figur schliessen, – als wenn man nicht zwischen unmittelbarer Gründung (der Differenz des in Grund Gegangene) als der für sich negativen und der durch ihre Aufhebung entstehenden positiven oder gliedernden Gründung (Centrum oder Mitte) unterscheidet ... Der ewige Wille zur Natur (welcher Gott der Vater ist) ist tiefer, als diese ewige Natur (als deren wahres a priori), und die Creatur muss den ihr unmittelbar gegebenen eigenen Willen (Willengeist) erst diesem Urwillen wieder eingeben (opfern), so führt ihn dieser aus der Angstnatur in seinen andern oder Sohneswillen, somit in die Freiheit, ausser seiner eigenen Feuerqual durch Gottes heiliges Feuer ins Licht ein; da bekömmt er für Viel alles, nicht aber zu seinem eigenen Ruhm oder Gewalt, sondern zu Gottes Ruhm und Herrschaft, der in ihm als Willen sein Willen, in ihm als Thun sein Thun ist“[32].

Aus dem Brief vom 29. September 1838:

„Indem die Qualitäten des Lebens in ihrem Urstand als im Anfang der Natur ununterschieden, unentwickelt, ineinander sich treibend, in Differenz und also nicht von einander frei sind, so können sie auch durch ihr wechselseitiges Ineinander Wirken (Inqualiren) sich nicht einander von dem Unmaass und der Unganzheit ihrer Egoität befreien. Welche Egoität sohin in diesem ersten Moment und an sich nicht böse ist, und nur solches wird, falls die Natur in ihrer Explication oder Vollendung gehemmt oder rückgängig gemacht wird. So lange übrigens die

32 Franz von Baader, S. 15, S. 574–577.

Philosophie das Princip dieser Qualitäten somit Jener der Specification der Natur nicht ergriffen hat und die Leistungen J. B. und Theosophie nicht gethan“[33].

Aus dem Brief vom 22. Januar 1939:
„Merken Sie wohl, was ich von dem Naturanfang als einer binomen, binairen oder zweigeschlechtlichen (bipolaren) Wurzel sagte, welche als indigentia unionis in der Impotenz des Gebärens bleibt, und sich in der Wirre (rota) verzehrend herumtreibt. J. Böhme bezeichnet sie -- Skizze – mit dem Zirkel, in welchem das Kreuz + , d. i. der Ternarius mit seiner Terre vierge entsteht, womit jenes Rad zwar nicht getilgt, aber ad separatum als Wurzel gehalten wird. Merken Sie ferner, dass nur der Descensus und das als Potenz sich zur Wurzel Depotenziren des Höheren diesen Durchbruch und Elevation ins Kreuz bewirken kann, worüber das dreifache Leben und die 40 Fragen übr die Seele von J. Böhme Ihnen die beste Anleitung geben“[34].

Aus dem Brief vom 18. Januar 1840:
„Die ersten zwei Naturgestalten J. Böhme's werden Ihnen begreiflich werden, wenn Sie erwägen, dass die Attraction unmittelbar deprimirend (einschliessend) wirkt, und dass sie somit einen Gegensatz in sich hervorruft, welcher in diesem Conflicte nicht expandirend, sondern explodirend (zersprengend) wirkt oder zu wirken strebt, so wie die Attraction nicht als solche, sondern als comprimirende richten“[35].

Aus dem Brief vom 24. März 1840:
„In schier allen Tractaten J. Böhmes finden Sie hochverehrter Freund, dass der Urwille, indem er sich in der Geburt seines Wortes in seinen ewigen Sabbat einführet, obschon er in sich frei ist, in seiner Begierde Fassung (als in der Geburt der ewigen Natur) eine Hemmung, Trübung und Beengung in sich erweckt, als eine negative Affection, welche ihn bestimmt zur Schöpfung und Fassung eines neuen Willens aus sich oder seiner Freiheit, als gleichsam zur Zersprengung dieser beengenden Bande im Feuer (welche Beengung jeder von uns suo modo in der genesis seiner Begierde inne wird, falls eine Hemmung ihrer Erfüllung eintritt), womit aber der Urwille (Vater) seine Geburtskraft des Sohnes gewinnt. Fände darum der Urwille sich nicht durch seine gefasste Begierde zur Selbstoffenbarung negativ afficirt (obschon in Gott diese negative Affection immer in actu primo, somit latent bleibt, und aber doch in der Latenz wirkt, wie das Pflanzliche insensibel im Thier wirkt, falls letzteres gesund ist), so würde er sich nicht zu dieser Selbstschöpfung eines zweiten Willens durch tieferes Eingehen in sich bestimmen, und also jene ne-

33 Franz von Baader, Susini S. 330.
34 Franz von Baader, S. 15, S. 610.
35 Franz von Baader, S. 15, S. 639 f.

gative Affection nicht in die positive – das Verzehren und die Peinlichkeit nicht in Gebären und Freude, die Finsternis nicht in Licht, die Stumme nicht in Laut verwandelt oder angehen. (Auch hievon kann sich jeder überzeugen, nemlich, dass, wenn der Wille im ersten Momente der Fassung als Begierde sich beengt fühlt, er durch eine neue tiefere Fassung in und aus sich diese Hemmung überwindet, und sich erst in diesem zweiten Moment effectiv macht.) – Der erste Wille (Vater) erlöset hiemit sich (sein in der Begierde entstehendes oder geborenes Naturleben) ewig durch diese zweite Fassung, somit durch Ein- und Ausgeburt seines Sohnes in diesem Natur- oder Angstleben, und kömmt ewig diesem beengten Leben zu Hilfe, als Liebhaber des Lebens, und als barmherzig (miseri-cors), und diese ewige Erlösung und Erhebung des Naturlebens ins göttliche Leben geschieht, wie Sie aus J. Böhme sehen können, sowohl in einer Conjunction des Naturfeuers mit dem Licht, als in einer Scheidung der finsteren Wurzel von beiden (als dem Wurm des Lebens, welcher nie selber zum Leben kommen soll und doch das latente irritans zum Leben ist). – Wie nun aber dieser Selbsterlösungsprocess als primitiver ewig besteht, so kann jeder secundäre (creatürliche) Lebensprocess gleichfalls nur als Theilhaftwerdung und Nachbildung dieses primitiven Processes begriffen werden, und der Unterschied ist nur der, dass in jenem göttlichen Process dieser Erlösungsprocess als solcher nur hervortritt, weil die freie Evolution des Lebens ihn nie arretirt, wogegen einer solcher arrêt allerdings in der Creatur hervortreten muss, falls die freie Evolution in ihr sistirt oder nicht fixirt wird, wo sodann derselbe Erlösungsprocess – als vis naturae medicatrix – sich als gesondert, als missus vom Vater – kund geben wird, und hieraus wird jener Spruch Pauli an die Ebräer begreiflich (9, 12), wo es heisst: dass er in das Heiligste einging, und dort eine ewige Erlösung erfunden hat. – Dasselbe sehen wir sowohl in der Wiedergeburt des gefallenen Menschen, als in der durch Schuld des Menschen des Menschen rückgängig gewordenen Creatur (in ihrer Verlarvung), indem z. B. der Transmutationsprocess (die Ausgeburt des Lapis philosophorum) alle jene Momente in der äusseren Region durchläuft, und welche Christus den Menschen als Exempel vormachte. Hier stehen freilich unsere theologischen und philosophischen Ochsen am Berge. Zu einiger Nachhilfe schreibe ich Ihnen hier noch eine Stelle aus J. Böhme's Menschwerdung II. 5. 14 ab: Gleich als wir erkennen, dass das ewige Wort des Vaters, dessen Herz oder Mitte von Ewigkeit zu Ewigkeit aus dem Grimm des Todes der Finsternis durch's Vaters Feuer ausgeboren wird, und in sich selber das rechte Centrum der heiligen Dreifaltigkeit (denn wie der Vater in ihm, so radicirt der Geist des Vaters in ihm, der in ihm bleibend aus ihm geht ohne abzugeben) und aus sich selber mit dem ausgehenden, die Sophia (gleich dem ewigen Gestirn) eröffnenden, Geist die lichtflammende Majestät oder Lichtwelt ist; in gleicher Weise und Eigenschaft müssen wir mit unserem Herz, Sinn und

Gemüth, aus der herben, strengen, bösen Irdigkeit (dem schwarzen Docht des erloschenen Lichtes als dem offenbarwordenen carbonne radical oder centrum naturae) aus uns selber als aus dem verderbten adamischen Menschen ausgehen, denselben mit unserem ernsten Willen zerbrechen und tödten (zersprengen) und frei in das Angstrad eingehen, um durch Tödtung dieses Verderbnisses in die freie Stromlinie des Gottlebens wieder eintreten zu können."[36].

Aus dem Brief vom 21. Juli 1840:
„Über das Verhalten der Natur zur Übernatur (folglich auch zur Unternatur oder zum Abgrund). Wenn diese Philosophen uns immer von Natur, die Theologen immer von Übernatur sprechen, so dass jenen die Übernatur, diesen die Natur überflüssig erscheint, – so geben sie uns doch keine Auskunft über das normale und über das abnorme Verhalten beider , weil ihnen die Einsicht mangelt, dass und wie die Übernatur ohne Natur aus ihrem Unoffenbarsein nicht in die Offenbarung träte, wobei also die Natur, in Bezug auf den Mitwirker oder das Organ des Princips als der werkzeugliche Wirker (nach J. Böhme als Fiat und Schaffer) zu begreifen ist. Woraus nun folgt: 1) dass wer eine ewige Natur leugnet (was sie fast alle thun) auch eine ewige Offenbarung der Übernatur leugnet, 2) dass die ewige über und ausser der Natur in der ewigen Übernatur geschehende Geburt des Worts sowohl von dessen ewiger Offenbarung durch die ewige Natur, als von der creatürlichen Offenbarung desselben durch die creatürlich gewordene Natur (ewige und zeitliche) zu unterscheiden, somit weder zu trennen, noch zu confundiren ist; wogegen Philosophen und Theologen hierüber nur ein Mischmasch vorbringen. Wenn ferner die Übernatur sich nur durch ihr Offenbarsein vollendet, so muss dasselbe suo sensu auch von der Natur gelten, dass nemlich auch sie nur , wenn sie den Dienst der Offenbarung der Übernatur leistet, zur Vollendtheit ihrer eigenen Offenbarung gelangt. Hierüber war z. B. Hegel ganz im Irrthum, indem er zwar den Dienst erkannte, den die Natur zur Offenbarung der Übernatur zu leisten hat (womit er über die Naturphilosophie hinaus kam), die Natur aber hierbei als ein seinen Dienst geleistet habendes Werkzeug fallen liess oder wegwarf, und keine Ahnung von jener Erhebung der Natur hatte, zu welcher sie durch ihre Aufhebung durch die Übernatur gelangt. Dagegen sprach sich der Philosophus Teutonicus über diesen Punct mit der grössten Bestimmtheit aus, indem er den Urstand der Natur in der creativen Begierde des Willens nachwies, so dass ein per hypothesin begierde- und naturfreier, somit ihrer mächtiger und gewaltiger. Wie, muss man nun fragen, ist bei einem solchen allgemeinen Nichtverstehen des Verhaltens der Natur zur Übernatur ein Verständnis der Religionsdoctrin bis jetzt möglich gewesen, welch' letzte lehrt, dass die normale Manifestation der

36 Franz von Baader, S. 15, S. 656–658.

Natur (somit Creatur) lediglich durch den Dienst bedungen ist, welchen sie zur Manifestation der Übernatur zu leisten hat! Wie es denn ungeschickt ist, dass der Zweck der Schöpfung die Existenz der Geschöpfe sei, und nicht die durch diese zu leistende Offenbarung des Schöpfers als Übernatur. – Wollen Sie übrigens über en Ternar oder das Mysterium der Dreieinigkeit Gottes sich von Theologen und Philosophen nicht mystificiren lassen, so bedenken Sie Folgendes: Gleich irrig würde es sein, falls man die von mir aufgestellte Dreiheit von Princip, Organ und Werkzeug entweder mit dem primitiven heiligen Ternar vereinerleien, oder ihren Bezug auf letztern verkennen wollte. Dieser Ternar ist nemlich schon im Princip (im verborgenen Gott) ganz mit der Weisheit vorhanen: – von welchem verborgenen Gott es heisst: ‚In principio erat verbum' (Organon) – und es ist doch nur dasselbe Wort, von dem es (so wie es durch die Natur hervorgegangen) heisst: ‚Et verbum erat apud Deum' (als Mitwirker). Weil man aber bisher die ausser der ewigen Natur geschehende Geburt des Wortes mit der durch die Natur geschehenden Offenbarung desselben vermengte, konnte man auch über den Johannitischen Begriff des Wortes nur irre werden – wie z. B. Göthe den Faust fabeln lässt: ‚Im Anfang war die That.' – Noch muss bemerkt werden, das (nach dem Gesagten) nur jene Creatur das Vermögen erhält, sich selber (inner der Offenbarung der Übernatur, der sie dient) auszusprechen, sich zu offenbaren oder als Licht im Lichte zu scheinen, welche diesen Dienst leistet, dass aber jene, welche sich diesem Dienst entzieht, indem sie entweder sich für sich und nicht die Übernatur manifestiren will, oder ein anderes als letzte, ihr eigenes Offenbarungsvermögen verliert, welches in Finsterniss und Stummheit verschlungen wird. Lucifer und Adam"[37].

2.4 Vom irdischen und himmlischen Menschen

Aus dem Brief vom 4. April 1840:

„Ohne Zweifel haben Ihnen unsere Psychologen und Theologen so wenig als z. B. Gerber mit ihrer Trilogie von Seele, Geist und Leib Genüge gethan, und diese nicht mit dem Dualismus von Seele oder Geist und Leib vereinbarlich dargestellt. Auch hierüber blieben diese Herren Ignoranten, weil sie die Principien J. Böhme's ignorirten, welcher zuerst lehrte, dass so wie der Mensch aus drei Principien (Gottes) in ein Bild (Wesen oder Leib) geschaffen, ihm auch der Geist oder Odem der Seele aus allen drei Principien eingehaucht ward, so dass dem dreifachen Geist oder Seele eine dreifache Wesenheit oder Leiblichkeit entspricht, und zwar so, dass mit der Primatie des einen Geistes oder der einen Seeleneigenschaft jene ihrer Leibeseigenschaft entspricht, so dass im Geist die andern zwei Geisteseigenschaften, im Leib die Leibeseigenschaften nachgehen oder

37 Franz von Naader, S. 15, 669 ff.

verborgen nachwirken. Und sind doch nicht drei Seelen, sondern nur eine (wie nicht drei Leiber, sondern einer), aber sie stehet in drei Principien wie Gott selber, und könnte man nicht sagen, die Liebe fahre in Himmel und Hölle, so das nicht in ihr (constitutiv) wäre. – Hiemit begreifen Sie das Irrige jener Trilogie von Seele, Geist und Leib in dem Sinne der Neuern, indem diese 1) die Seele selber nicht als dreifach nehmen, und die Identität des Seele- und Geistseins nicht anerkennen, indem sie unter Geist nur Gottes Lichtgeist meinen, sie hiebei auf eine falsche Deutung eines Paulinischen Textes beziehend, ferner 2) den Leib als geschaffenes Wesen (Wesen ist immer unter dem Geist als dessen Bild) mit zur Triplicität von Feuerodem, Lichtodem und Luftodem rechnen, somit Geist und Leib vermengen, da doch schon Moses dem geschaffenen Wesen gleichsam die Priorität vor dem eingehauchten Odem und Seele gibt. – Auch darf es Sie nicht irren, wenn J. Böhme gewöhnlich der feurigen Eigenschaft der Seele den Namen Seele ausschliessend gibt, wogegen er die Lichteigenschaft meist Geist heisst, indem derselbe eben so oft vom Lichtgeist als von der Lichtseele spricht“[38].

Aus dem Brief vom 29. Juni 1840:
„Nach J. Böhme machen im Normalstande der äussere (vier-elementische und Sternen-) Mensch, der innere himmlische Mensch und die Seele drei Principien oder Anfänge desselben Menschen, und da die Seele als Feuer und als selber noch Natur das ewige Centrum zur Natur in sich hält, welches an sich finster ist, so steht sie, sowie sie Gottes Licht verliert, oder der innere Lichtmensch und Lichtleib in ihr durch Infection, die von ihr selber ausgeht, erlischt (in welchem Lichtleib das Centrum des Lichts als Übernatur offen steht), in sich selber im Abgrund oder in der finstern Welt, welche hiemit in ihr offenbar wird. In diesem Falle verliert der in der Zeit lebende Mensch seine manifeste Triplicität, und gibt nur noch dualistisch als äusserer Elementar- und Sternenmensch und als innerer finsterer Feuergeist als Seele sich kund; denn die Seele ist nie ohne Geist und ohne Bildnis (sei auch ihr Geist Ungeist, ihr Bildniss ungestaltet oder monströs), wie das Feuer nie ohne Luft oder Odem, der aus ihm wallt, wie er in ihr eingeht, so dass nur im Aus- und Eingang das Bildnis in der Seele bleibt. Die Seele, als Natur ihren Feuerodem der Übernatur (dem sanften Lichtodem) gebend, diesen hiemit entzündend, verbindet sich somit erst mit letzterer zu dem, was die Schrift den Geist im Menschen als den Tempel und Leib des dreifaltigen Gottgeistes nennt als zum inneren himmlischen Menschen, welcher der bereits in der Zeitwelt geborene Engel ist, und keiner Auferstehung bedarf, indem er unsterblich ist, es sei denn, dass die Seele in der Zeit dieser Welt ihn wieder vergifte, in welcher noch keine wirkliche Vermälung des Feuers und Lichts im Menschen geschieht. Dieser

38 Franz von Baader, S. 15, S. 660 f.

himmlische Mensch und geistige Leib wartet auch nur der Wiedererweckung des äusseren Mysteriums (im Weltgericht) als des dritten Princips, darin er (nemlich im äusseren Menschen) alle seine Wunder und Werke gewirkt und eingesäet, welche aber das äussere Zeitleben (die Elemente) verschlungen haben und halten, dieselben aber wiedergeben und aus dem mysterio darstellen muss, an jenem grossen Assisentag. Womit der Auferstehungsleib gleich einer Glorie und Herrlichkeit des inneren ewigen schon vor bestandenen Leibes als dessen Enveloppe sich zeigen und der Mensch in diesen seinen Werken den ewigen Sabbat feiern wird, wie Gott in seinen Werken. – Wie nun J. Böhme hiemit die Meinung Jener widerlegt, welche den Geist, wie gesagt, oder den inneren Menschen als ein bereits ohne die Seele Fertiges und zu dieser nur Hinzutretendes nehmen (da doch dieser Geist nur aus der Verbindung der Natur und Übernatur entsteht), so ist J. Böhme auch von jener (z. B. noch jetzt von Allen, welche im Menschen Seele, Geist und Leib unterscheiden, behaupteten) Vorstellung fern, die den Menschen als Individuum, somit als indivisibel und immiscibel, aus Seele, Geist und Leib als aus für sich fertigen Bestandstücken gleich einer Uhr componirt und wieder decomponibel sich einbilden. Endlich statuirt J. Böhme keine absolute Trennung dieser constitutiven Principien oder gar eine Vernichtung des einen derselben, wie er denn in seiner Schrift: Die Morgenröthe im Aufgang 21, 55 sagt: „weil die Seele die Zeit über, in welcher der äussere Leib im Tode geworden (jene Werke und Wunder im Tode gleich einem Krystall in einem Menstruum aufgelöset), verborgen im Wort ruht, und dasselbe Wort auch innerlich die Erde hält, so inqualirt sie auch durchs Wort die Zeit ihrer Verborgenheit mit ihrem gleichfalls verborgenen Leib (mit jenen ihren Werken und Wundern) und ist Leib und Seele bis zu ihrer Auferstehung nie voneinander geschieden." – Spricht man darum von einem sich Heraussetzen eines dieser Principien aus dem andern, oder einem Aussersich- und Vonsich-Kommen des Menschen, so ist hiebei zu bemerken: 1) dass derlei Versetzungen nur am noch irdisch lebenden Menschen stattfinden, 2) dass hiemit nur das abnorm dominirende Hervortreten der einen Seins- und Wirkensweise über die andere gemeint ist, und dass 3) der Mensch im irdischen Leben allerdings aus jenen Principien nur zusammengesetzt scheint, oder erscheint, und zwar in Folge seines Herausgesetzt- und Herausgefallenseins aus der Einheit, wie dieselben Glieder eines Organismus in ihrer Verrenkung und Versetztheit als zusammengesetzt sich zeigen, welche Zusammengesetztheit jedoch mit ihrer Wiedereinrichtung wieder verschwindet. – Da aber bei jeder solchen anscheinenden Zusammengesetztheit, somit anscheinenden Zusammengesetztheit, somit anscheinenden Zersetzbarkeit eine Alteration (Differenz) jener constitutiven Principien statt findet, welche sich ihrer wahrhaften Einung, nicht bloss ihrem äusseren Zusammengehaltensein, widersetzt, und welche Alteration also zu heben ist, damit jene Reunion wieder geschehe, so hat man nicht minder den Urstand dieser Differenz, als deren Wiederaufhebung zu erklären“[39].

Aus dem Brief vom 22. April 1841:
„Wenn sich, sagt J. Böhme (3 Principien 1, 6), Gott einen eifernden, zornigen Gott nennt, so ist es nicht der Verstand, dass Gott sich in sich selber erzürne, sondern im Geist der Creatur, welcher sich entzündet, wo denn dieser Pein leidet, nicht Gott, und ibid. i. d. Vorrede sagt er: Was böse heisst, gehört zur Bildung und Beweglichkeit und Unterschiedlichkeit, wie das Gute zur Liebe (Temperatur) und das Strenge und Widerwillige zur Freude. Sofern die Creatur im Lichte Gottes ist, so macht dasselbe die aufsteigende ewige Freude, was, falls das Licht Gottes erlischt, in der Creatur die aufsteigende peinliche qual und das höllische Feuer macht. – Man hat sich aber von J. Böhme noch nicht darüber belehren lassen, dass dieses Strenge (Enge) als die Macht der selbstischen sich allem entziehenden, alles in sich ziehenden und verbergenden Contraction – im Gegentheile des sich Gemeinsamens in Gott (insofern er dich durch seine ewige Natur offenbart) als ewiges Holocaust dient, damit in dessen Verbrennen im göttlichen Liebefeuer die göttliche sich gemeinsamende Liebe und Barmherzigkeit sich ausgebäre; dass folglich, falls nicht ewig in Gottes Offenbarung etwas entwürde, nicht ewig ein anderes würde. In welcher Hinsicht jenes inspirirte Wort des Dichters: non ignara mali miseris suurrere discor, eine ungleich tiefere, selbst über den Fall der Creatur reichende Bedeutung hat, was ich auch schon in meiner letzten Schrift mit der ewigen Erlösung anzeigte. Der unoffenbare Gott kann sich nicht offenbar sein (welches Sichoffenbarsein und fürsichsein Gottes nicht mit dessen creatürlichem Offenbarsein und für die Creatur Sein zu vermengen ist) ohne seine ewige Natur (diese als Princip und nicht mit Hegel als Creatur genommen) und ohne Erregung und Actuosität derselben; aber diese Erregung kann eben so wenig ohne das Streben zur Verselbstigung, somit zum Fürsichsein und zum Sichoofenbarsein dieses Naturprincips gedacht werden, so dass also ohne eine Aufhebung und Aufgehobenhaltung dieser Egoität des Naturprincips (nicht dieses selber), ohne welche Aufhebung Gott der absolute Egoist wäre, keine Offenbarung zu Stande käme. Dasselbe gilt nur auf andere, secundäre Weise von der Erregung des Naturprincips in der Creatur, so dass eine gegen ihren Schöpfer (dessen Manifestation) sich erhebende, diesen durch sich verleugnende Creatur (ego sum) als eine solche zu betrachten ist, in welcher jene Egoität, die in Gott nur als aufgehoben ist, durch Schuld des eigenen sein Naturprincip entzündenden Willens der Creatur in dieser nicht aufgehoben sich befindet, und man von einer solchen Creatur sagen kann, dass sie ein Dieu manqué, d. i. ein in seiner Evolution

39 Franz von Baader, S. 15, S. 666–669.

zum vollen Dasein arretirter und in der Geburt stecken gebliebener Mikrotheos ist, welche hiebei doch des Imperativs zur Vollendtheit ihres Daseins (Erfülltheit ihre Gesetzes) nicht los wird, d.h. ihres Theilhaftseins (nicht pantheistischen Theilseins) der Vollendtheit und des Selbstgenügens (Seligkeit) der Lebensgeburt Gottes. – Nur einer solchen egoistischen Erhebung und Ichheit der Creatur stellt sich Gott als absolutes Ich entgegen. Und dieses müssen, um mit Meister Eckhart zu reden, grobe Leute glauben, erleuchteten aber ist es wissen.[40]"

2.5 Von der Menschwerdung Gottes

Aus dem Brief vom 17. Januar 1839:

Was in meiner Schrift über Hegel S. 56 vom homme-miracle gesagt wird, versteht man nur, wenn man den Menschen in seiner Dignität als Schlussgeschöpf (Schlussstein oder Clef des Gewölbes, wie denn der Mensch wirklich der Schlüssel der Creation ist) erkennt, hiemit aber auch einsieht, dass er dem Gottsohn nähr steht, als irgend ein anderes Geschöpf, wovon freilich die Theologen uns keine Kunde geben, obschon diese Lehre Schriftlehre ist, wie ich in meinem Sendschreiben über den Paulinischen Lehrbegriff nachwies. Paulus sagt nemlich, dass erst mit der Menschwerdung des Gottsohns das bis dahin verborgen gewesene Geheimnis offenbar geworden sei, dass Gott (der Vater als Princip oder Anfänger par excellence) alles mit seinem Sohn (Wort – Organ) geschaffen oder, wie die Schrift sagt, gemacht und alles Gemachte zu und in seinem Sohn als Haupt des Systems gestellt und befasst habe; obschon mit dieser ersten unmittelbaren Infassung noch keine Fixierung geschah, und die Möglichkeit eines Abfalls vom Sohn (hiemit vom Vater) noch vorhanden und nicht getilgt war. – Mit der Offenbarung dieses Geheimnisses der Menschwerdung (homificatio verbi) gegeben. Weil nemlich die Creatur als das Werk Gottes nicht unabfallbar von und vor ihm bestehen kann, so lange dasselbe Organ (Wort), mit welchem die Creatur vom Princip geschaffen ward (gethan ward, denn Gottes Thun ist Schaffen) und wird, nicht in die Creatur ihr inwohnend (sie nicht bloss durchwohnend und unerfüllt lassend) eingegangen ist (welcher Eingang in der Schrift der Sabbat oder das Ruhen (freies Wirken) des Schöpfers im Geschöpf, so wie dieses in jendem heisst), somit creatürlich Wesen an sich genommen hat, womit die schöpferische und die geschöpfliche Natur sich indissolubel (sacramental) verbinden, ohne sich zu vermischen; – so braucht man nur zu bedenken, dass der Mensch als Schluss- und Centralgeschöpf (alle Geschöpfe von ihm gleichsam recolligirend) allein dieses unmittelbaren Eingangs des Worts als Organs des Schöpfers fähig war, somit die Creaturwerdung jenes nur durch dessen Menschwerdung darum Paulus (an die

40 S. 15, S. 690 ff.

Ebräer) als den ewigen Sabbat bedingend darstellt, wie schon der zeitliche (bewegliche) Sabbat durch den Hervorgang des Menschen als letzten Geschöpfes bedungen, weil, wie ein alter Kirchenlehrer sagt, die ganze Schöpfung vor dem Menschen dem Schöpfer noch zu enge war, um in sie eingehen, in ihr ruhen zu können, und Selber nur im Menschen hiezu Raum fand, wie denn auch dem Menschen der ganze Sternenhimmel zu klein ist, um sein Herz in ihn zu ergiessen, und nur ein anderes Menschenherz ihn hiezu Raum gibt. – Man begreifft nun hieraus, dass auch ohne den Fall der Engel der Mensch hätte geschaffen werden müssen, welcher somit nicht, wie die Theologen sagen, ein blosses Postscriptum der ohne ihn bereits fertigen Schöpfung und als das Deficit des gefallenen Engels etc. ersetzend zu betrachten ist; – so wie man hieraus begreift, dass die Menschwerdung auch ohne des Menschen Fall nur auf andere Weise stattgefunden haben müsste. – Denn es ist Gesetz, dass so wie ein Princip (Incipiens) nicht unmittelbar, sondern nur mittelst seines Organs (Mitwirkers: – Mein Vater wirket und ich wirke auch) sein Werk thut, selbes auch nur mittelst desselben Organs seinem Werk inwohnen, und durch diese Inwohnung untrennbar und unabfallbar mit selbem sich verbinden kann. Wie es denn heisst: dass der Vater nür in seinem Sohn, und in allem was Er in diesem, oder worin Er diesen findet, sein Wohlgefallen, Genügen und ruhe findet, und frei sich in ihm expandiren kann. Diese Erhöhung des Menschen über die vor ihm geschaffenen Engel ist durchaus Schriftlehre; wie denn der Psalmist ausdrücklich vom Menschen sagt, dass Gott ihn auf eine kleine Zeit (in seinem Urstand) unter die Engel erniedrigt habe, um ihn in seiner Evolution oder seinem Wachsthum (auch ohne Fall) über sie auszuführen. Das Höchste musste in der tiefsten Tiefe begonnen werden, woraus der solidaire Verband des Menschen mit der Erde (sowohl mit der primitiven Terre vierge als seine Complicität mit der dem Verderbnis heimgefallenen) begreiflich wird. Denn die Terra virgo ward zur Terra femina -, über welchen Gedankenstrich unsern Theologen der Gedanke längst ausgegangen ist.

Dass alles Zusammenschliessen (Vollenden) sowohl unter sich, als mit seinem Producens ein Vermitteln, somit ein Mittegewinnen und von der Mitte Ausgehen ist, dass also der Mensch als Schlussgeschöpf das von ihm noch Ungeschlossene als vermittelnd in sich und mit dem Schöpfer zusammen schliesst, kann man schon daraus abnehmen, dass die Genesis mit der Schöpfung des Himmels und der Erde als einem (unzusammengeschossenen) Dualismus beginnt, aber mit der schöpfung des von beiden gefassten und darum beide verbindenden und vermittelnden (die gesamte Schöpfung sowohl mit dem Schöpfer als unter sich verbindenden) Menschen endet, welche Function des Menschen auch in der Apocalypse als eine ewige angedeutet ist, indem er ewige neue Himmel und die ewige neue Erde durch die ewige Stadt Gottes (und deren Inwohner als Menschen ‚nach deren Offenbarung als Kinder Gottes alle Creatur seufzet und die Engel gelüstet zu schauen') ewig verbunden werden.[41]"

2.6 Über die heilige Jungfrau Sophia

Aus dem Brief vom 16. Februar 1840:

„Im 11. Capitel der Signatura rerum können Sie, hoch verehrter Freund, ausführlich lesen, wie im Kreuzestode Christi die Liebe (die Jungfrau) ihr himmlisches Blut zugleich mit dem irdischen (des Jünglings) vergoss, und wie sie jene dem Grimm oder feurigen Zorn (der erhobenen Selbheit in letzterem) ganz als in dem Tod eingab, und ihr Blut (gleich einem Samen) im Grimm als ein Wesen stehen oder von sich gehen liess, welches Wesen dem Tode zum Tod ward, so dass also hier jener bei Moses schon vorkommende Begriff eines Blutbräutigams sich realisirte. Wenn nemlich die Liebe dem Grimm in den ersten drei Gestalten als ihren Mördern sich eingibt, hiemit aber auch diese in sie dringen, so erschrecken sie beide (welcher Schreck ein beiderseitiger Todesschreck ist) als vor der fremden Eigenschaft, die sie beide in ihrer Getrenntheit angenommen haben. Nemlich die Feueressenz (aus dem Vater weichend) hat eine falsche Selbheit als Ichheit (Mannheit) an sich genommen, so wie die Liebeessenz von jener geschieden eine Selblosigkeit als Unmacht an sich genommen oder sich mit ihr bekleidet hat; und man kann sagen, dass in dieser Trennung die Feuersmacht zum Mann, die Liebe zum Weib ausgeartet und einander entfremdet geworden; wesswegen in dieser Todeconjunction auch in beiden nur diese fremdartige Eigenschaft abgeht und stirbt, und die Jungfrau zusammt dem Jüngling als Androgynen[42], als von jenen beiden entfremdeten Eigenschaften erlöst, als in Gott Eins geworden, auferstehen. Aus dem rothen Feuerlöwen (dem rothen Theil der Tinctur) und dem weissen Lamme (dem weissen Theil der Tinctur) ist nun, wie die Alchemiker sagen, der rosinfarbenen Löwe und Ritter – der Jüngling mit dem Junfrauenherzen urgeständet. – Noch klarer möchte Ihnen aber dieses Mysterium durch folgende Darstellung werden. – Nachdem in der Creatur (im Menschen) die dem uncreatürlichen Vater entsprechende Feueressenz und die dem uncreatürlichen Sohn entsprechende Liebeessenz sich getrennt, entfremdet und entstellt (unwiedervereinbar) gemacht hatten, ging das uncreatürliche Herz in die Menschheit, und konnte also der Vater nicht anders wieder in sein Herz eingehen und sich mit ihm verbinden, als dadurch, dass er selber wieder in die Menschheit einging (denn die Menschen waren des Vaters, aber sie fielen vom Vater ab, und der gab sie dem Sohne, damit der Vater, im Sohn sich findend, auch die Menschen wieder in Ihm

41 S. 15, S. 607 ff.

42 Vgl. Franz von Baader, Ausgewählte Schriften zum androgynen Menschenbild, hrsg. von Roland Pietsch, Bensheim 1991.

und sich in den Menschen finde). Das vom Vater ausgegangene, in die Menschheit eingegangene Herz dürstete wieder nach dem Vater, wie erst das Herz nach der Menschheit dürstete. Nachdem also der (creatürliche) Vater und Sohn sich trennten, musste auch der uncreatürliche Sohn von seinem Vater sich gleichsam trennen, damit (weil letzte beide doch untrennbar sind) der Sohn den Vater wieder in die Creatur zöge, und der Sohn sich von der Menschheit nun ebenso wenig wieder scheiden könnte, als vom Vater, so dass der Vater in die Feueressenz der Creatur, der Sohn in ihre Liebessenz eingegangen, beide wieder an der Union des uncreatürlichen Vaters und sohnes Theil nehmen könnte"[43].

2.7 Über das Gebet

Aus dem Brief vom 6. März 1840

„Wer mich als Bittenden erhören soll, muss mich hören, d.h. innerlich von mir berührt oder aifficirt sein, d.h. gerührt, weil hiemit die innerliche Berührung, eigentlich die Mitte ausgesprochen ist. Ich muss meinen Willen (Odem, Wallen, Spiratio) aus meinem Seelenfeuer als Willengeist ihm eingeben, in ihn als solchen eindringen, so wie er diesem Eindringen sich offen halten und öffnen (sein Herz, wie man sagt, mir nicht verschliessen) muss, wenn gleich hiebei keine zwingliche Determination eintritt, und es meinerseits nur bei einer Sollicitation zu einer solchen freien Selbstbestimmung von Seite dessen, in den ich bittend eindringe, bleibt. Dieses Eindringen oder Eingehen von Seite des Bittenden (oder auch Fragenden, denn die Interrogatio eines mir Höheren gegen mich Freien ist rogatio) setzt also eine von Seite des Bittenden nach Innen gehende (denn das Innere ist das Höhere) sowie von Seite des Gebetenen eine von Innen heraus kommende Action voraus, unter welcher Innerlichkeit man aber hier (was bisher von den dualistischen Psychologen ignorirt ward) eigentlich die Mitte eines Inneren und Äusseren versteht. – Ferner ist zu bemerken, dass dieses sollicitirende Eingehen in den Gebetenen doch nicht zuerst vom Bittenden oder in diesem entsteht, sondern eine verborgene sollicitirende Einwirkung von Seite des Ersteren als Anmuthung voraussetzt, somit einen Descensus, welcher mir die Kraft des Ascensus erst geben soll, und nur in diesem Sinne begreift man, dass das Gebet mir gegeben (preces Deo datae), das actuose Eindringen in den Gebetenen aufgegeben ist, weil es in meinem Belieben steht, durch Annahme jener mir dargebotenen Gebetskraft mich erheben zu lassen (preces ascendunt) oder durch Selbsterhebung und luciferische Hoffart – so auch durch Niederträchtigkeit (Trachten nach und Gebundensein an Niedrigem) der Lösung jener Aufgabe mich zu entziehen. – Von diesem Standpunkte aus gewinnt man nun allein den richtigen Begriff des

43 S. 15, S. 645 ff.

Gebetes. Man versteht nemlich nichts vom Gebet, wenn man J. Böhme's drei Principien (dreierlei Lebensanfänge) nicht versteht, und also nicht weiss, warum und wie Drei um den Willensgeist des Menschen streiten, weil jedes gesondert, so lange der Creations-Formationsstreit währt, welcher mit der Scheidung der Principien, d. h. mit ihrer gliedernden Unterscheidung aufhört, die Lust hat, diesen Willensgeist als sein Bild, Gleichnis oder Wesen zu besitzen, und durch ihn seine Wunder gesondert zu offenbaren oder ins Wesen zu bringen. Aber der Mensch soll nur gegen das Urprincip offenherzig sein und sein Herz als Mitte demselben als Mitte der beiden andern einräumen. Es steht nemlich in uns 1) des Feuers Centrum (in diesem Zeitleben), wie denn das Leben im Feuer brennt; 2) finden wir die Begierde zur Liebe in uns, welche im Wort des Lebens im ungeschaffenen Himmel urständet, da Gottes Herz gegen uns gleichfalls mit seiner Imagination steht, und uns gleichfalls in sein Mysterium (das par excellence Göttliche) zieht (sollicitirt). Endlich brennt 3) auch das magische Reich dieser Welt in uns und zieht uns heftig in seine Wunder, weil es gleichfalls durch den Menschen offenbar sein will und nur durch ihn dieses sein kann, auch ist der Mensch zu dem Ende darein erschaffen worden, dass er dieses Mysterium offenbare und die Wunder ans Licht und in Formen nach der ewigen Weisheit bringe. Wenn er nun dieses thun soll und, wie gesagt, in einem dreifachen Feuer brennt, so hat der rechte Geist, in dem das göttliche oder Lichtbildniss steckt (der zu dieser gestaltet und geboren werden soll), grosse Unruhe und ist in grosser Gefahr, denn er wandelt auf einem sehr schmalen Steig, und hat zwei Feinde, die ihn immer ziehen, weil jeder für sich in dem Willengeist als seiner Bildnis sein (Wohnung machen) und seine Qual (Eigenschaft, Qualität) hineinführen will, als das innere und äussere Feuer (beide vom göttlichen mittleren Feuer unterschieden), das innere Reich des Grimms und das äussere des Spiegels, und steckt also die rechte Bildnis mitten in der Quetsche (wesswegen der unwiedergeborene Mensch, in welchem das Lichtreich nicht als Mitte sich begründet hat, nur dualistisch ist.) Denn das innere Reich will durch das äussere seine Wunder eröffnen; weil es aber zu scharf und rauh ist, so flieht das äusssere Reich vor dem inneren, und greift nach dem mittleren (worin allein die Versuchung Adams vom Spiritus mundi zu suchen ist), welche in der Freiheit Gottes steht, und flicht sich also in die Bildniss ein. Denn alles, sagt J. Böhme, greift nach dem Herzen Gottes als nach dem Centrum oder der Mitte des Freundenreiches. Jetzt thut der Bildnis (dem Willengeiste) Noth, dass sie sich wehre, um den irdischen Geist nicht einzulassen (wie Adam), noch viel weniger den feurigen (wie Lucifer), und sie wird doch aus beiden erboren, nemlich aus dem Feuer das Leben und aus dem äusseren die Wunder. – Hier verstehen wir also den mächtigen Streit im Menschen um seine d. i. um Gottes Bildnis, denn es streiten, wie gesagt, Drei darum: 1) das strenge Feuerleben als Machtleben aus dem

Centrum naturae, 2) das göttliche Leben, und 3) das irdische Leben, zwischen welcher das edle Bild in Mitte steckt als von Dreien gezogen. – Jetzt ist es schon noth, dass sich's im Glauben in das Mysterium still stehe, da denn der Teufel von innen heraus im inneren Feuerleben in's äussere Leben, in Hoffart, falschem Geiz über die edle Bildnis herreitet und will sie in's Feuer- und Angstleben einführen und zerbrechen (zu seinem Bild vergestalten); denn ermeint immer, der Locus dieser Welt sei sein Königreich und leide keine andere Bildniss in sich. Diese edle Bildnis (einer andern Welt) fällt darum im Kreuz, Trübsal, Angst und Noth, und es gehört ein ernster Kampf dazu, um das edle Ritterlkränzlein der Bildnis Gottes zu fechten (Schwert mit Myrthenkranz).

Ich seh' ein Schwert (Römisch-Schwert) mit Myrthen dicht umschlungen,

Wer hat dem Schwerte Myrthen beigesellt?

Daher urständet das Gebet, dass die Bildnis stets aus dem eingeführten, niederträchtigen irdischen Wesen und auch aus den hoffärtigen, höllischen Greueln mit dem Gebet ausgehe, und immer in Gottes Leben in seine Liebe eingehe. Also tödtet die rechte Bildnis immer den irdischen Adam und auch den höllischen Hoffartsteufel, und muss immer als ein Ritter stehen, und ist ihr am nützlichsten, dass sie sich in Geduld wickele, unters Kreuz halte und immer in Liebe aufquelle, denn diese ist ihr Schwert, womit sie (als mit dem sanften Wasser des ewigen Lebens) den Teufel schlägt, und das irdische Wesen austreibt.

Wenn aber auf solche Weise der religiöse Affect (der sich im Gebete als affectiv effectiv macht) den Menschen allein vom Hoffarts- und Niederträchtigkeits-affect befreit, so weiss man nicht, was man von jener hölzernen (z. B. der Hegel'schen) Philosophie sagen soll, welche den Zweck, wie sie sagen, hat, den Menschen absolut affectfrei, d. h. los zu machen, welche aber in der That ihm nur die Andacht (das Denken) an Gott verwehrt, nicht aber die Selbstvergötterung und Bauchandacht! Es ist übrigens lehrreich, dass gerade die Franzosen durch Cartesius (welcher freilich hieran noch nicht dachte) zu dieser Philosophie sans prière den Grund oder oder Ungrund legten, indem durch ihn zuerst Naturalismus und Theismus sich trennten, dann in Opposition traten. Die ihre Mitte verloren habende Speculation kann aber nur hoffärtig oder niederträchtig, d. h. beides zugleich sein, ut historia docet. Sie sprechen und schreiben wie die Götter, und – leben wie das Vieh"[44].

44 Franz von Baader, S. 15, S. 647–651.

3 Zum Abschluss

Die nach Themen zusammengestellten Auszüge aus Briefen Franz von Baaders an seinen Freund Franz von Stransky vermitteln einen unmittelbaren Einblick in die Werkstatt seiner Böhme-Deutung. Sie zeigen, dass Baader den Philosophus Teutonicus ohne jede Einschränkung als seinen großen Lehrer und Meister[45] verehrte. Zugleich wird deutlich, dass Baader die Lehre Böhmes mit Hilfe der philosophischen Begrifflichkeit seines Zeitalters eigenständig frei weiter zu entwickeln vermochte. Böhme war für ihn die Grundlage für seine kritische Auseinandersetzung mit der neuzeitlichen Philosophie von Descartes bis Hegel. Dabei war er sich darüber im Klaren, dass er bei seinen Zeitgenossen auf Unverständnis und Widerspruch stoßen würde. Die deutsche Philosophie ist ihm aber – von Böhme gar nicht zu reden – bis heute eine kritische Würdigung schuldig geblieben. Die wenigen hier zusammengestellten Brieffragmente, aber vor allem sein philosophisches Gesamtwerk bezeugen eine metaphysische Denkkraft, die heute mehr denn je gefordert ist.

45 Vgl.Franz von Baader, S. 15, S. 267.

Verzeichnis der Erstveröffentlichungen der in diesem Band wiederabgedruckten Beiträge

1. Die Göttliche Weisheit – Eine Blume des Lichts aus dem Herzen Gottes. Ein Überblick über die Grundlagen der Sophiologie von Jakob Böhme, In: Gnostika, Zeitschrift für Symbolsysteme, 67, 2021, S. 91–137.

2. Wandlungen und Verwandlungen der Gegensätze Zhou Dunyi: Yin -Yang -- Jakob Böhme: Feuer- und Lichtprinzip. Eine Gegenüberstellung, In: Gnostika, Zeitschrift für Symbolsysteme, 69, 2023, S. 43–57.

3. Über die Gegensätze von Gut und Böse im Menschen und in der Welt. Jakob Böhmes Lehre vom Ursprung des Bösen, In: Gnostika, Zeitschrift für Symbolsysteme, 70, 2024, S. 147–172.

4. Johan Georg Gichtel und seine Bild-Figuren als Wegzeichen zur Wiedergeburt, In: Gnostika, Zeitschrift für Symbolsysteme, 71, 2025, S. 45–64.